KB164298

HANGIL
GREAT BOOKS

인류의위대한지적유산

HANGIL
GREAT BOOKS
172

법률론

마르쿠스 툴리우스 키케로 지음 | 성염 옮김

한길사

HANGIL
GREAT BOOKS
172

Marcus Tullius Cicero
De Legibus

Translated by Seong Youm

Published by Hnagilsa Publishing Co. Ltd., Korea, 2021

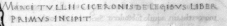

MARCI TVLLII CICERONIS DE LEGIBVS LIBER
PRIMVS INCIPIT

ATTICVS

VCVS QVIDEM ILLE ET HEC
apinatium quercuf agnofcitur fepe a me
lectuf in mario Sin manet illa quercuf hec
profecto et enim eft fane uetuf quintus
Manet uero attice nofter & femper manebit
Sata eft enim ingenio nulliuf agricole cultu ftirpf tam diu-
turna q̃ poete uerfu feminari poteft Atticuf Quo tandem mo
aut quale eft iftuc qd poete ferunt Mihi enim uiderif fra-
trem laudando fuffragari tibi quitus Sit ita fane uerū Verq̃
tamen dum latine loquentur littere quercuf huic loco non de
erit que mariana dicatur Eaq: ut ait fceuola de fratrif mei
mario canefcet feculif inumerabilibuf Nifi forte Athene tue
fempiternam in arce oleam tenere potuerunt aut qd home-
ricuf ulixef delife procetam & teneram palmam iudiffe dixit
hodie monftrant eandem Multaq: alia multif locif diutiuf
comemoratione manent q̃ natura ftare potuerunt Quare qla
difera illa quercuf ex qua olim euolauit nūtia fulua iouif
miranda uifa figura nunc fit hec Sed cum ea tempeftaf uetu-
ftafue confumpfit tamen erit in hiis locif qua marianam
quercum uocant Atticuf Non dubito id quidem Sed hoc iam
non ex te quinte quero uerum ex ipo poetatū ne uerfuf hic
quercum feuerunt an ita factum de mario ut fcribif acce-
perif Cicero Refpondeo tibi equidem fed non ante q̃ tu ipe
mihi refponderif athice Certe non longe a tuif edibuf inam-
bulanf poft exceffum fuū Romuluf proculo iulio dixerit fe
deum effe et quirinū uocari templumq: fibi dedicari iuffe

키케로의 『법률론』 제1권 첫머리

이 수사본은 키케로 『법률론』 제1권 첫머리를 담고 있다.
이 사본은 바티칸 도서관(Biblioteca Apostolica Vaticana)에 소장된
오토보니 라틴어 수집본(Ottoboniani Latini)에 속하며,
문서번호는 otto.lat.1944.f.69r.이다.

키케로의 고향 아르피눔 원경

"사투르누스 신이 건설한 아르피눔은/볼스키인들의 도성이요 로마인들의 자치도시로서/
웅변의 대가 마르쿠스 툴리우스 키케로와/일곱 차례 정무관을 지낸 카이우스 마리우스의 고향
이라오/통수권을 쥐려고 승리의 독수리가/예서 날아올라 온 세계를 정복하였으니/
길손이여, 이 도성에 들어오거든/그대 이 도성의 존귀함을 인정하여/
우리 손님이 되어주오"(아르피눔 성문의 명문).

아크로폴리스의 외눈박이 성문
아크로폴리스의 구시가는 석회를 쓰지 않고 돌만으로 쌓아올린
성벽으로 둘러싸여 있다. 외눈박이 거인의 눈을 연상시키며
주민들이 '뾰족 아치'(arco a sesto acuto)라고
부르는 성문이 지금도 보존되어 있다.
이곳의 유구한 역사를 보여주는 대표적인 유적이다.

아르피눔 아크로폴리스 전경

아르피눔은 기원전 7세기에 볼스키인(Volsci)이 창건했고
기원전 4세기 삼니움인(Samnites)의 지배를 거쳐 로마에 귀속되지만,
곧 자치도시(municipium)의 위상을 확보한다. 로마사에 나오는 아르피눔은
현재 아크로폴리스 또는 구시가라고 부르는 산정의 도성을 일컫는다.

키케로 별장터에서 나온 독수리와 로마군 중대기

『법률론』첫머리에서부터 마리우스에 대해 느끼고 있는 키케로의 대단한 긍지가 엿보인다.
키케로는 『마리우스』라는 시집에서 마리우스를 참나무에 비견하여 "헤일 수 없는
세기를 두고 창연(蒼然)하리라"고 칭송한다. 또 그는 마리우스를 독수리에 견주어
"놀라운 모습으로 유피테르의 황금빛 사자(使者)가 눈에 띄었네"라고 노래한다.

키케로 별장터에 세워진 기념비

키케로 별장터에는 현재 성 도메니코 성당과 시토 수도원이 자리 잡고 있지만
스무 세기 동안 내려온 전승대로 이곳에는 다음과 같은 기념비가
세워져 있다. "일찍이 아르피나스 집안의 장원이었던 이곳이/
지금은 소라의 시유지이지만/ 마르쿠스 툴리우스 키케로가/
조상 대대의 이 장원에서 태어났고 오래 머문 곳이어서/1912년 기념비를 세우다."

리리스 강과 피브레누스 강이 만나는 곳
"어느새 우리는 섬에 당도했구먼. 이보다 풍광 좋은 곳은 아무 데도 없겠네.
섬이 배의 부리마냥 피브레누스 강을 찌르니 강물이 똑같은 폭으로 갈라져 양 옆구리를
적시면서 흐르네그려. 피브레누스는 곧장 리리스 강으로 떨어지는구먼. 나는 많은 강물을
보았지만 이 강물보다 차가운 물은 만져본 적이 없다네. 괜찮다면, 여기 그늘에 앉아서 우리가
벗어난 아까 그 얘기의 그 부분으로 돌아가기로 하세"(『법률론』2. 3. 6).

툴리우스 가문의 별장터

툴리우스 가문의 별장터에는 중세부터 '성 도메니코 성당'과 공동 영역에서
각자가 철저하게 고립된 생활을 하는 수도원인 '시토 수도원'이 자리 잡고 있다.
성당 기초벽과 지하성당, 시토 수도원의 여러 기층에는 로마 시대의
건축물에서 볼 만한 흔적이 많이 남아 있다. 성당 문설주만 해도
로마 건축물에서 떼어다 기둥으로 쓴 것이다(사진의 인물은 옮긴이).

중세의 모습을 그대로 간직하고 있는 아르피눔
아르피눔은 오늘날 '초차리아'라고 부르는 로마 시대 장화로 이름나 있고
올리브 농사로 유명한 곳이다. 성문을 들어서면 중세의 모습을 상당히 많이 간직한
도성이 있고 산 위로는 아크로폴리스가 올려다보인다. 인문계 고등학생을 대상으로
'키케로 문장을 번역 주해하는 학술대회'(Certamen Ciceronianum Arpinas)를
열어 지금도 위대한 라틴 문장가의 기백을 이어가고 있다.

아르피눔 광장에 있는 키케로의 청동상

아르피눔 시 광장에는 시민들이 세운 키케로의 청동상이
세워져 있는데, 웅변가나 정치가의 모습이라기보다는
장군의 기상을 하고 있다. 카틸리나의 음모를 분쇄한 다음에
"복스러운 로마여, 나의 통령 임기로 인해 다시 태어난 로마여!"라고
자찬하던 그의 음성이 들리는 듯하다.

아르피눔의 아크로폴리스를 둘러싼 성벽

구시가 아르피눔의 아크로폴리스를 둘러싼 성벽은 석회를 일절 쓰지
않고 자연석을 다듬지 않은 채 쌓아올려 축조한 것으로, 이른바
'외눈박이 거인들이 쌓았음직한 성벽'(mura ciclopiche)이라 전한다.
지중해 해안에 있는 고대 성벽 가운데 상당수가 이러한 공법으로 되어 있는데,
중부 이탈리아에서는 치비타베키아 등지에서도 볼 수 있다(사진의 인물은 옮긴이).

공화정의 수호자 키케로

아르피눔의 기사 신분 출신으로 부유한 집안의 아들로 태어나 그리스 철학·역사·정치를 섭렵
했으며, 웅변가이자 수사학의 혁신자·연설가·정치사상가·작가로 활약했다. 기원전 54년에
불안한 정치적인 휴지기가 시작되자, 『국가론』에 이어 기원전 52년 『법률론』을 쓰기 시작했다.
이 글들은 그리스 정치사의 관점에서 로마 역사를 해석하려는 시도로 씌어졌다. 기원전 44년
카이사르가 암살되자 옥타비아누스와 안토니우스를 분열시켜 공화정의 회복을 열망했다가
기원전 43년 제2차 삼두정치가 등장하면서 안토니우스파 군인들에게 피살당했다.

HANGIL GREAT BOOKS 172

법률론

마르쿠스 툴리우스 키케로 지음 | 성염 옮김

한길사

법률론

일러두기

1. 이 책의 번역 텍스트는 M. Tullius Cicero, Konrat Zigler ed., *De Legibus*, Heidelberg 1950, F. H. Kerle Verlag(Heidelberger Texte Lateinische Reihe, Band 20)이다.

2. 고유명사는 한국서양고전학회가 정한 『서양고전어 한글 표기』 원칙을 따랐으며 라틴명은 라틴식으로 표기하고(예: Caesar은 카이사르), 그리스명은 그리스식 독음으로 표기했다(예: Panaetius는 파나이티오스, Plato는 플라톤). 그러나 관례화된 표기는 그대로 따랐다(예: Athenae는 아테네). 라틴어의 이중자음은 하나의 음으로 표기한다(예: Atticus는 아티쿠스). 유음이 중복되면 표기를 살린다(예: Hannibal은 한니발).

3. 각주는 독자의 이해를 돕기 위해 옮긴이가 달았다.

탁류 속에 피어난 라틴문학의 금자탑

성염 전 서강대학교 교수 · 철학과

키케로의 생애

키케로(Marcus Tullius Cicero)는 로마의 가장 걸출한 웅변가이자 라틴 문학의 최고 문장가요 공화정(共和政)에서 제정(帝政)으로 넘어가던 로마 정치사 한가운데서 이념적으로 결연하게 공화정을 수호하던 정치가이며, 그리스와 로마로 표방되는 서양 고대 문학의 대가들 가운데 한 명이다. 그는 기원전 106년 1월 3일 이탈리아 아르피눔에서 출생했고 기원전 43년 12월 7일 포르미아이에서 안토니우스가 보낸 자객에게 피살당해 그 목이 로마 광장의 연단에 걸림으로써 공화정 시대의 종말을 고했다. 키케로는 원래 기사(騎士)계급 출신으로 로마에서 철저한 교육을 받았고 그리스 아테네와 로도스 섬으로 건너가 철학과 수사학을 연구해 당대에 가장 진지한 로마인 철학자로 활동했다.

키케로는 웅변이 탁월해 재무관(quaestor), 법무관(praetor), 통령(consul)을 차례로 지냈으며 통령직에서 이룬 탁월한 업적은 카틸리나의 정부전복음모(coniuratio Catilinae)를 알아내서 일당을 소탕한 일이다(기원전 63년).[1] 귀족의 공화정을 수호하려는 그의 정치적 입지는 카이사르와 맞서는 것이었으므로 삼두정치가 출현한 다음해인 기원전 58년에 유배를 가기도 했지만 폼페이우스의 중재로 귀환할 수 있었다. 그 뒤 기원전 51년에는 이태 동안 킬리키아의 총독을 지내기도 했다. 내란 중에는 폼페이우스와 원로원을 편들었으며 카이사르의 암살(기원전 44년) 이후에는 안토니우스와 맞서서 원로원의 입지를 완강하게 수호했다.[2] 안토니우스가 보낸 자객들이 키케로를 살해한 것은 키케로가 공화정을 회복시켜줄 인물로 기대하면서 적극 옹호하던 옥타비아누스의 묵인 아래 이루어졌다.

키케로는 한 세기에 걸친 로마의 내란(마리우스와 술라, 카이사르와 폼페이우스, 안토니우스와 브루투스, 안토니우스와 옥타비아누스의 대결) 중에서 평화를 애호했고 정치적으로는 시종일관 원로원의 귀족정치를 옹호하고 평민들의 정치 참여와 권리신장을 반대하는 보수적인 태도를 견지했다.

키케로의 저술

그의 방대한 저작과 특히 서간집이 고스란히 보존됨으로써 고대 인물 가운데 (아우구스티누스를 제외한다면) 본인의 생애와 사상 그리고 발언이 가장 정확하게 전수되는 인물이다. 현존하는 키케로의 저작 가운데 두드러진 작품들은 연설문,[3] 수사학 저서,[4] 철학서(대

---

1) 그 과정은 키케로의 『카틸리나 성토』(*Orationes in Catilinam*)로 전해온다. 역사가 살루스티우스(Sallustius)는 이 사건에 관해 견해가 사뭇 다르다(『카틸리나의 음모』*De coniuratione Catilinae*).

2) 안토니우스에 대한 그의 성토문은 『필립비 연설』(*Orationes Philippicae*)로 전해온다.

3) 57편의 연설문(orationes)이 전문으로 전해오며 단편이 남아 있는 것이 20편, 이름만 알려진 것이 40편이다. 변론문(*Oratio pro Quinctio, pro Roscio Amerino,*

키케로 연표

기원전 106.1.6	키케로 출생
102~101	마리우스의 게르마니아 정벌
91~89	로마와 이탈리아 동맹국 사이의 동맹전쟁
87	키케로, 로마에서 라리사의 필론에게서 수학
82~80	술라의 독재정치와 대살육
78	키케로, 아테네에서 아스칼론의 안티오코스에게서 수학
63	키케로, 통령에 선출. 카틸리나 음모 분쇄
61	호민관 클로디우스에 대한 기소와 방면
60	제1차 삼두정치 성립
58	키케로 자진해서 유배를 감
57	키케로의 귀환
54~52	『국가론』(De republica) 집필
53	키케로, 조점관에 피선
52~51	『법률론』(De legibus) 집필
51~50	키케로, 킬리키아 총독 부임
49	카이사르의 루비콘 도강과 내란
47~44	카이사르의 독재정치
45	키케로, 철학서적들 집필
44	안토니우스를 성토하는 『필립비 연설』 발표
43.12.7	키케로, 안토니우스의 자객들에게 피살

pro Caelio, pro Annio Milone 등), 성토문(Orationes in Pisonem, in Verrem, in Catilinam, Philippicae), 정치적 연설문(Oratio pro reditu, de imperio Cn. Pompei 등)으로 나뉜다.

4) De oratore, Brutus(De claris oratoribus), Orator(ad M. Brutum), De inventione, De partitione oratoria, Topica, De optimo genere oratorum 등이 전해온다.

부분 대화체)[5]이며 서간집[6]은 특히 귀중한 문헌이다.[7]

웅변가로서 키케로의 위상은 파란만장한 유혈의 정치판도에서 그가 원로원과 집권자들을 상대로 사법의 이름으로 희생당하는 정치가들을 변호하거나 탐관오리들을 기소한 27편의 연설문에 생생하게 남아 있다. 연설문은 그의 서간들과 더불어 수사학적 품격과 문장론 그리고 화용론 측면에서 라틴문학의 최고봉을 이룸은 물론이려니와 공화정 말기의 역사적 흐름을 구체적으로 알려주는 귀중한 사료이기도 하다.

또 이상적인 로마 웅변가를 그려낸 저작『웅변가론』(*De oratore*)에서도 키케로의 수사학이 선명하게 드러나는데 그가 희구하는 인물은 자유학예를 모두 답습했고, 문학과 철학에 정통하며, 현실사회의 정치에 관심을 갖고 깊숙이 참여하고, 이상적인 로마 귀족에게 요구되는 품성과 덕목을 모두 갖춘 사람이다. 이런 인물상은『국가론』에 나오는「스키피오의 꿈」(*somnium Scipionis*)에서 찾는 위대한 정치가상과 더불어 후대의 인간 양성과 교육의 표본으로 통했다. 그밖에도 로마 웅변술의 역사를 정리한 작품『브루투스』(*Brutus*), 라틴어 수사학과 웅변술을 전문적으로 확립한 작품『웅변가』(*Orator*)가 당대 문장술과 수사학에 대한 소중한 문헌이자 고대 라틴 수사학자들에 관한 사료가 된다.

---

5) 정치철학(*De republica, De legibus*), 사변철학 내지 도덕철학(*Academica priora, posteriora, De finibus bonorum et malorum, Tusculanae disputationes, Cato maior de senectute, Laelius de amicitia, De officiis, Paradoxa*), 종교철학(*De natura deorum, De divinatione, De fato*) 등이 전부 또는 일부가 탈락된 채로 전해온다.

6) *Epistulae ad familiares, ad Atticum, ad Quintum fratrem, ad Brutum.*

7) 그의 저서 가운데 걸작을 꼽는다면 연설문으로는『안니우스 밀로 변론』(*Oratio pro Annio Milone*), 수사학으로는『웅변가론』(*De oratore*), 철학서로는『최고선악론』(*De finibus bonorum et malorum*)을 든다.

키케로의 철학서들은 당대 서구사회에 흐르던 정치이론, 종교사상, 철학사조들을 광범위하게 망라하고 있다. 그는 독창적인 사상가라기보다는 로마인답게 실천적이고 실용적으로 당대의 사상들을 종합하고 응용하는 지성인이었고 그리스 철학자들의 사상을 유려한 라틴어로 로마 세계에 소개하는 위치에 선다. 놀라운 것은 그 많은 철학서 대부분을 기원전 46년부터 44년까지 불과 3년간, 즉 카이사르의 독재정권 아래서 정치적으로 도태된 상황에서 스스로 은둔하며 독서와 집필(doloris medicina)로 소일할 수밖에 없던 무렵에 썼다는 점이다.[8]

그의 철학사상을 간추리자면 인식론에서는 회의주의적인 신(新)아카데미아 학파 사상을 견지하면서도 윤리학에서는 우주와 대자연의 이치가 인간 이성에 깃들어 있다는 스토아 학파를 따른다. 또한 에피쿠로스 학파 계열의 유물론과 대중의 미신적 종교사상을 배격하지만 스토아에 입각해 신적 섭리와 영혼의 불멸을 믿고 옹호했다. 생애 중기의 작품(기원전 54~51)이면서 그의 정치사상을 담은 두 저서 『국가론』과 『법률론』에서는 로마 공화정 역사에 비추어 본 이상국가론, 로마의 정치 파국을 막아보려는 진지한 충언, 인간 존엄성의 천명, 인간 개개인이 인류와 우주에 참여하는 존재라는 보편사상을 피력하고 있으며, 스토아 철학에 입각해 인간 이성에서 유래하고 신적으로 재가된 자연법(自然法) 사상을 역설하고 있다.

그의 인식론서 『아카데미아 후편』(Academica posteriora)을 보면 신아카데미아 학파의 지론에 경도되어 진리 인식의 불가능을 주장하지

---

8) 그의 저서 『점술론』(De divinatione, 기원전 44년 전후의 작품) 2.1.1~4에는 그간에 간행된 자기 저서들의 목록(Hortensius, Academica, Tusculanae disputationes, De natura deorum, De divinatione, De fato, De republica, De consolatione, De senectute, Cato, De oratore, Brutus, Orator)이 실려 있는데 집필동기와 내용도 간략하게 언급된다.

만 어떤 실재는 그래도 다른 것보다 낫다는 개연론(蓋然論)을 따른다. 철학 학파들은 진리에 관한 나름대로의 견해일 뿐(simillima veri)이라면서 일정한 진리를 절대적이라고 주장할 것이 아니라 그때그때 가장 적절한 주장을 견지한다는 실용주의 진리관에 서 있다.

윤리철학을 정리한 대표적 저서로는 『최고선악론』[9]과 『투스쿨룸 대화편』[10]이 있다. 전자는 스토아 사상에 입각하면서도 에피쿠로스 견해를 이해하려는 태도로 최고선(最高善)이 무엇이냐는 근본문제를 토론하며 구(舊)아카데미아 학파의 견해도 소개한다. 후자는 행복의 문제와 결부된 죽음, 고통, 슬픔, 공포, 정욕 등을 논하고 덕(德)이야말로 인생문제를 극복하는 열쇠라는 실천적 결론에 이른다. 키케로의 『의무론』[11]은 윤리도덕을 다룬 그의 최후 작품으로서 인간의 사회적 행동에 대한 다양한 문제 제기에 대해서 스토아 사상의 계율에 입각해 해답을 시도한다.

종교철학 내지 자연철학 작품은 유물론적 세계관을 견지하던 에피쿠로스 학파, 신들의 본성과 신적 존재의 실존에 대해 확신하면서 인간 역사와 국가에서 신들의 섭리를 진지하게 고찰한 스토아 사상, 플라톤 이래의 이념과 원리로서의 신을 말하는 아카데미아 신관을 소개하고 스토아의 견해를 편드는 저서가 있는가 하면(『신들의 본성』 De natura deorum), 운명에 관한 스토아의 고정적 관념을 비판하면서도(『운명론』De fato), 신들의 섭리가 드러나는 제반현상에 경외심을 품고 임하는 사람들과 전통적인 종교의식과 경신행위를 긍정적으로 해설하는 작품(『점술론』De divinatione)도 있다.

---

9) *De finibus bonorum et malorum*, 김창성 옮김, 1999, 서광사.
10) *Tusculanae disputationes*. 김남우 옮김, 2014, 아카넷.
11) *De officiis*, 허승일 옮김, 1989, 서광사.

키케로의 문학사적 위치

키케로는 라틴어문학에서 베르길리우스를 제외하면 고중세 그리스도교문화에 가장 막강한 영향력을 행사한다. 로마 제국의 그리스도교 지성인들도 이교도 학원에서 교육을 받았으므로 키케로의 사상과 문체 그리고 사고방식을 귀감으로 해서 교육받았다. 그리고 호교론자(護敎論者)들[12]은 키케로의 저서와 그의 권위를 내세워 당대의 다신교 종교들과 이교철학을 반박했다. 호교론자들 가운데서도 락탄티우스는 '그리스도교 키케로'라고 불릴 정도로 그의 문장술과 사상에 심취했다.[13] 교부 암브로시우스의 『의무론』[14]은 내용으로도 문체로도 같은 제목의 키케로의 저작과 연관이 깊고, 히에로니무스의 저작과 서간에서도 키케로의 문장이 많이 느껴진다. 아우구스티누스는 젊어서부터 지금은 유실된 키케로의 작품[15]을 읽고 진리추구에 대한 열의를 얻었을뿐더러 교부의 『신국론』[16]은 키케로의 『국가론』을 폭넓게 인용해 로마 지성인들을 설득하고 반박한다. 자신이 수사학 교수이기도 했던 아우구스티누스의 저서들에 드러나는 수사와 기교는 키케로의 문장과 연관이 깊다. 보에티우스의 대화체와 문장 형식에서도 그의 수사학이 흔적을 보인다.[17]

---

12) 미누키우스 펠릭스(Minucius Felix), 아르노비우스(Arnobius), 락탄티우스(Lactantius)를 꼽을 만하다. 특히 키케로의『신들의 본성』(De natura Deorum, 강대진 옮김, 2019, 그린비),『점술론』을 많이 인용했다.

13)『신적 교양』(Divinae institutiones) 전체가 키케로의 문장을 표준으로 집필된다.

14) Ambrosius, 『성직자의 의무』(De officiis ministrorum, 최원오 옮김, 2020, 아카넷)

15)『호르텐시우스』(Hortensius): 키케로 자신도 언급하는 저작이다.

16) Auqustinus, De civitate Dei, 성염 옮김, 2004, 분도출판사.

17) Boethius, 『철학의 위안』(De consolatione Philosophiae, 정의채 옮김, 2007 성바오로)에는 키케로의 문장이 강렬하게 반영되고 키케로의『변론입문』(Topica)을 주석하기도 했다.

중세에는 정치철학자로서나 웅변가로서의 키케로의 비중은 거의 망각된 시대였지만 수사학 입문서[18]는 중세 라틴어의 문장론과 수사학의 교본으로 널리 사용되어왔다. 중세 그리스도교 세계에서 가장 많이 읽힌 키케로의 철학서는 『투스쿨룸 대화편』과 『의무론』이었고 소책자들[19]도 널리 읽혔다.

특히 르네상스에서 시도한 문예부흥은 로마문학에 관한 한, 키케로의 재발견과 그의 문장에 대한 직접 모방을 가리켰으므로 그는 라틴 문장의 귀감과 스승으로서의 위상을 얻었고 '인문주의의 할아버지'라는 말이 있을 정도로 작가들은 앞 다투어 키케로의 문장을 구사해 저술했다. 또 문예부흥과 계몽주의 시대만 해도 라틴 철학의 용어와 방법론을 확립한 키케로의 라틴어 저서들을 공부해서 그리스 철학의 입문으로 삼던 풍조가 있었다. 르네상스 시대에는 무엇보다도 키케로의 문장술과 사생활 측면이 흥미를 끌었다. 페트라르카가 키케로의 『아르키아 변론』(Oratio pro Archia)에서 깊은 인상을 받고 근세 라틴문학은 로마 시대로 거슬러 올라가야 한다는 운동을 시작했을 정도다. 고전학자들은 키케로의 서간집을 편찬하면서[20] 그의 인물됨과 정감에 깊이 동감하기도 했다.

키케로에 대한 재평가에서 그의 웅변술과 문장술에 깊이 매료된 지성인들은[21] 정치문제에 대한 키케로의 적극 참여에도 깊은 인상을 받았으므로 그의 웅변을 담은 연설문들을 하나씩 주해하는 작업

---

18) 「수사학」(Partitiones oratoriale), 안재원 옮김, 2006, 길, 키케로의 작품으로 전해 오던 『헤렌니우스에게』(Auctor ad Herennium)도 많이 사용되었다.

19) 『노년론』(De senectute)과 『우정론』(De amicitia)(청병희 옮김, 2005 숲).

20) Epistulae ad Atticum, Ad Brutum, Ad Quintum fratrem, Ad familiares 등이 당시에 편집 간행되었다.

21) 예를 들어 당대 명사 레오나르도 브루니(Leonardo Bruni, 1369~1444)에게 '새로 나온 키케로'라는 칭호를 바칠 정도였다.

에 열을 올렸고 키케로의 문장을 모방해 집필하는 일이 학계의 유행이 되었다. 그 때문에 일부 지성인들이 지나친 키케로 위주의 문학에 반발하는 풍조까지 생겼는데 그중 에라스무스가 대표적으로 꼽힌다.[22]

근대에 접하는 17세기에도 키케로의 작품이 가장 많이 출판되고 비판본 작업이 이루어졌으며 라틴어 교본으로 사용되어왔다. 현대의 라틴문학에서도 옥스퍼드판이나 라이프치히판[23]을 위시해 라틴 고전문학 작품원문들을 복원하고 번역 주석하는 작업에서 단연 첫 자리를 차지하는 것은 키케로다.

『법률론』의 집필과 그 배경

키케로가 자진했던 유배생활에서 돌아온 기원전 57년, 그는 공화정(res publica)을 열렬히 수호하던 자기의 정치적 영향력이 현저하게 감소되어 있음을 인정해야 했다. 더구나 로마시민들도 모르게 기원전 56년 4월 루카에서 밀담을 나눠 삼두정치를 이룬 실권자들에게 환멸을 느끼고 독자적인 정치활동을 줄이는 대신에 자기의 정치적 이상을 집필로 남기는 일에 몰두한다. 그리하여 기원전 55년에는 로마를 떠나 고향 아르피눔에서 은둔하며[24] 철학연구에도 비중을 둔

---

22) Ersamus(1469~1536)의 "나는 키케로가 아니다. 나는 내 문장을 표현했다"라는 문장이 대표적이다. 『우신예찬』(Encomium moirae)이 그의 대표적 라틴어 작품이다.

23) 옥스퍼드의 Scriptorum classicorum bibliotheca Oxoniensis 문고와 라이프치히의 Bibliotheca scriptorum Graecorum et Romanorum Teubneriana 문고로 출판되고 있다.

24) Ad Atticum 2.15.35: "조상네 묏부리며 우리네 보금자리로 가려는 중이오"(in montes patrios et in incunabula nostra).

다. 그곳에서 먼저 덕성과 영혼불멸을 가볍게 다루었고(『세스티우스 변론』*Oratio pro Sestio*) 철학과 웅변을 연관시키기도 하면서(『웅변가론』 *Orator*) 자기의 정치이론을 펼 『국가론』(*De republica*)과 『법률론』(*De legibus*)을 집필할 영감을 얻었다.

두 책의 제목이나 대화체 형식이나 앞뒤 순서에서 키케로는 플라톤의 본을 따르지만, 정치철학이나 법철학 사상은 스토아적이며, 거기 담긴 내용이나 국가체제, 정무직(政務職) 그리고 그가 입안하는 구체적인 법조문은 로마식이다. 『국가론』으로 말하더라도 플라톤의 국가론이 이상향적이고 일정한 철학사상보다는 덕(德)의 실천 위에 정부를 세우고자 한 데 비해서, 키케로는 로마력 625년에 소(少)스키피오와 라일리우스 사이에 이루어진 대화를 가상하면서 최선의 정부형태를 모색하되 역사상 구체적으로 실현되고 있던 로마 헌정(憲政)을 이상적인 정부로 간주하고 있다. 로마 헌정은 군주정치로부터는 통령을 도입하고, 귀족정치에서는 원로원을 채택하고, 민주정치에서는 각종 의회와 호민관을 받아들였다는 것이 키케로의 주장이다.

이 책에서도 토론하지만,[25] 예를 들어 호민관 제도는 귀족층에 많은 견제를 가하기는 하지만 시민 개인의 자유 확보에 이바지하는 바가 있으므로 보존되어야 한다는 것이요 그것이 한 시대의 산물이 아니고 한 정치가의 발상도 아니며 오랜 시대의 산물이기 때문임을 천명한다.[26]

---

25) 이 책 3.8.19~11.26에서는 호민관제의 폐해에 대해 퀸투스가 성토하고, 그래도 이 제도가 평민의 권리를 보호한다는 키케로의 옹호발언이 나온다.

26) "우리나라는 한 사람의 재능에 의해서가 아니라 다수에 의해(non unius genio, sed multorum), 한 사람의 생이 아니라 여러 세기와 세대에 걸쳐서(aliquot constituta saeculis et aetatibus) 구성되어왔던 것이지요."(국가론*De republica*

키케로는 그라쿠스 형제의 개혁이 시도되기 이전의[27] 공화정을 이상적인 형태로 간주했고[28] 따라서 그 이전까지 개진된 로마의 역사가 대화의 줄거리를 이룬다. 그리고 이 대화는 후대에 '스키피오의 꿈'으로 불리는 유명한 대목으로 끝맺는데[29] 그 꿈은 영혼의 불멸과 인간사의 허망함을 암시하면서도[30] 역사적 공헌만이 진정한 불멸성을 부여한다는 주장으로 간추려져 있다.[31]

『법률론』은 키케로가 『국가론』을 탈고한 연후에 집필한 것으로 되어 있다. 다소 이견이 있지만 키케로도 『법률론』을 『국가론』의 후속편으로 보았으리라는 의견이 압도적이다.[32] 그렇다면 전자는 기원전 54년경, 후자는 기원전 52년경에 착수했고 집필을 마친 시기 역시 『국가론』 탈고인 기원전 44년 이후로 추정된다.

2.1.2)

27) 그라쿠스 형제(Tiberius Gracchus: 기원전 133년, Gaius Gracchus: 기원전 123~122년)는 호민관직에 있으면서 토지개혁을 시도하다 참살당한다.

28) "아티쿠스: 나는 민주적 제도라는 것이 조금도 마음에 들지 않았다네. 나는 이 사람이 통령으로서 확립한 그대로, 곧 귀족들의 권한에 있는 국가가 최선의 국가라고 말하겠네"(이 책 3.17.37).

29) 마크로비우스의 주석으로 그 원문과 주석이 전해온다. Macrobius, *Commentarius ex Cicerone in Somnium Scipionis*.

30) "태양이 뜨거나 지는 먼 지역에서 또는 북이나 남쪽의 부분에서 너의 이름을 누가 듣겠는가? 그렇다면 너희 영광이 얼마나 비좁은 곳에서 과시되기를 원하는지 너는 완전히 깨달을 것이다. 한편 우리들에 관해서 말하는 자가 있다고 해도 얼마나 길게 이야기할 것인가?"(국가론 6.20.21)

31) "너는 최선의 것들 속에서 이것을 행하라! 조국의 안녕에 대한 관심이 최선인데, 이런 것에 의해서 움직여지고 강해진 정신은 이 자리로 그리고 자신의 집으로 더 빨리 날아갈 것이며, 그 길을 더욱 재촉할 것이다."(국가론 6.26.29)

32) 키케로 자신이 그 연속성을 『법률론』에서 수차(1.6.15, 8.20, 11.27; 2.3.6, 6.14, 10.23; 3.2.4, 5.12~13, 14.32, 16.37, 17.38 등) 언명하고 있다. "국가의 최상의 상태에 관해서 이미 자네가 쓴 바 있으므로 자네가 똑같이 법률에 관해서 글을 쓰는 것이 연속성이 있어 보이네"(이 책 1.5.15).

집필에 착수한 것을 대개 기원전 52년 5월부터 51년 5월 사이로 추정하는 까닭은 자기의 정적(政敵) 호민관 클로디우스의 죽음과[33] 키케로 자신이 조점관으로 선출된 사실(기원전 53년의 일)이 본문에 언급되어 있는 까닭이다.[34] 그 후 키케로는 킬리키아 속주 총독으로 복무했을 뿐 아니라(기원전 51~50년) 바로 이어서 카이사르와 폼페이우스 사이에 내란(기원전 49~48년)이 발발했으므로 키케로가 차분하게 저작 활동을 할 수 있었던 시기는 기원전 47~46년이었을 것이고 실제로 그가 남긴 서한을 보면 기원전 46년에 이 책을 집필하고 있었다.[35] 그러나 그것이 키케로 생전에 간행되었는지, 적어도 완성을 보았는지는 확인된 바 없다.

만약 『법률론』이 『국가론』의 후속편이었다면 책의 편집도 『국가론』처럼 5권 내지 6권으로 구성되어 있었을 것으로 추정한다.[36] 그렇지만 우리에게 전수된 것은 처음 세 권뿐이고, 그나마 제1권은 제대로 되어 있고 지은이의 손질도 거친 것으로 보이지만, 나머지 제2, 3권은 초고의 형태로 추고(追告)를 보지 못한 채 나머지와 함께 미완

---

33) "자네들은 (누군지 이름을 거명할 계제는 결코 아니네만) 사건의 결말이 어떻게 났는지 진중하고 예리하게 둘러보게나"(이 책 2.17.42).

34) "국가에서 가장 크고 가장 출중한 권리는 조점관들의 권리며 그 권리에는 결의권이 위임되어 있네. 그것은 내 자신이 조점관이어서 그렇게 생각하는 것이 아니고 우리는 당연히 그렇게 생각해야 할 필요가 있기 때문일세"(이 책 2.12.31).

35) "우리가 더 이상 원로원과 법정에서 할 일이 없을 바에야 글이나 저서로 공화국에 이바지하고 관습과 법률에 관해 논하는 데 몰두하는 것이 당연하네"(in litteris et libris……gnavare rem publicam, et de moribus ac legibus quaerere). (*Epistulae ad familiares*) 9.2.5)

36) 로마 제국 말기의 인물 마크로비우스는 5권까지 인용하고 있다: "이 단어 umbracula를 두고…… 키케로도 '『법률론』 제5권에서(Cicero in quinto de legibus)' 이런 표현을 쓴다."(Macrobius, *Saturnalia* 6.4.8)

성으로 남았던 것 같다.[37] 더구나 사본의 훼손으로 보이는 곳들이 군데군데 보인다.

한 가지 유의할 점은 키케로가 『점술론』[38] 둘째 권에 서론을 삽입하여 자기 저술들의 내용이며 집필 목적 그리고 동기를 적으면서 『국가론』 여섯 권을 언급했으면서도[39] 이상하게 『법률론』에 관해서는 언급하지 않았다는 사실이다. 『법률론』을 읽어보면 여러 군데에서 키케로의 고상하고 격조 높은 사상과 착상들을 엿볼 수 있고 이 대문장가의 특징이라 할, 박력 있고 우아한 문체들이 거듭 발견되며 대화체, 결구(結句), 문장 등에서 그의 특유한 수사학적 수식들이 현저하며 사법상의 일정한 현안문제를 토론하고 그에 관한 흥미를 유발하면서 독자의 관심을 끌어가는 수법 등이 엿보여 『법률론』이 그의 작품임을 분명하게 드러낸다.

그러면 그가 왜 이 저서를 자기 저서목록에서 거명하지 않았을까? 공화정을 위기로 몰고가는 급변하는 정치상황 때문에 그 책을 출간하지 않음이 현명하리라고 판단했고 따라서 아직 책이 출간되지 않았기 때문에 언급을 유보한 것이 아닐까? 누가 패권을 잡을지도 모르는 터에 세도가들을 자극할 필요가 없겠다 싶어서였을까? 그가 『국가론』에서 그려내는 공화정은 통령, 원로원, 호민관이 있는 정체(政體)이며 『법률론』에서 묘사하는 법체계도 공화정의 정무직들에 상응한 것인 데 비해서 제2차 삼두정치가 수립되는 것을 보면서 로

---

37) A. Du Mesnil(*De Legibus*, Leipzig, 1879)은 이 책이 8권으로 구성되었으리라는 독창적인 주장을 내놓기도 했다.

38) 이 책은 카이사르의 암살(기원전 44년 3월 15일)이 일어난 해 여름 이후의 저술이다.

39) "여기에 『국가론』 여섯 권을 덧붙여야 하는데 국가의 키를 내가 쥐고 있던 바로 그때 기록한 것이다"(sex *De republica*, quos tunc scripsimus cum gubernacula reipublicae tenebamus). (*De divinatione* 2,1,3)

마에 실제로 구현되는 것은 군주정이라는 판단이 서면서 자신의 정치 이념이 이미 사양길에 들어섰다는 자괴감이 들어 그 출판을 유보하고 있었을지도 모른다.

키케로의 저서들은 상당수가 이 책의 대화에 참여하는 아티쿠스가 출간했으므로 이 책 역시 키케로의 사후에 아티쿠스가 간행했으리라 추정되지만 그의 해방노예 티로(Tiro)[40]가 출판했다는 언급도 있다.

『법률론』의 대화형식과 등장인물

이 책은 키케로 자신과 그의 아우 퀸투스, 그리고 이 형제가 벗으로 사귀어온 폼포니우스 아티쿠스[41] 셋이 나누는 대화체로 꾸며져 있다. 아티쿠스의 누이 폼포니아를 퀸투스가 아내로 맞았으니까 둘은 처남매부지간이기도 하다. 이 책 외에 다른 저서[42]에서도 키케로는 자기와 당대 인물이나 친우들 사이의 대화체를 사용한다. 다른 대화체 저서에서는 역사적 인물들을 등장시켜서 대화를 이어간다.

질문과 답변으로 이어지는 이 대화체는 법률가의 변론과정을 연상시킨다. 키케로는 화자 중 어느 한편이 양보해서 합의에 도달하거나 이후 주대화자를 바꿈으로써 주제를 변화시키는 관행을 따르지 않고 키케로 자신이 개진한 의견에 대해서 다른 화자의 입으로 상당히

---

40) "키케로의 피해방민인 마르쿠스 툴리우스 티로가…… 푸테올리의 농장에서 계속 살아서 100세에 이르렀는데……"(M. Tulius Tiro Ciceronis libertus…… in Puteolano praedio usque ad centesimum annum consenescit). (Hieronymus, *Chronicon*(Eusebius, *Chronica*의 번역물))

41) Titus Pomponius Atticus: 이 책의 사본에는 그의 별호인 Atticus[A]로 표기되지만 대화 중에 키케로는 그의 본 이름 '폼포니우스'로 부른다.

42) *Brutus, De divinatione, Tusculanae disputationes, Accademica priora et posteriora.*

철저한 반론을 제기하게 만든다.[43] 아카데미아 학파의 회의주의로 요약되는 그의 철학적 견해에서 에피쿠로스 학파의 것이든 스토아 학파의 것이든 극단적 주장은 피하며, 진리는 있는 그대로 알 수 있는 것이 아니라, 더 적절한 추론과 논리를 통해서 그것에 더욱 접근할 뿐이라는, 법률가다운 태도를 견지한다.

적어도 배심원 앞에 선 변호사의 입장을 선보이는 방법론인데 배심원에 해당하는 독자가 올바른 판단을 하게 하려면 일방의 의견이 아니라 상충되는 의견을 제시해야 하는 것이다. 물론 자신감이 있는 키케로는 상대방의 주장 때문에 오히려 자신의 주장이 더욱 훌륭한 것으로 돋보일 것이고, 독자의 배심에 어필할 것이라고 자신하고 있다.[44]

등장인물 퀸투스 키케로(Quintus Tullius Cicero, 기원전 102~43)는 마르쿠스보다 네 살 어린 아우로서 부친의 극진한 보살핌 속에 형과 더불어 당대의 거의 모든 인문학을 수학했고 그때마다 아티쿠스와도 함께 공부했다. 웅변가 크라수스[45] 문하에서도 셋이 함께 수사학을 공부했다.[46] 그는 순탄하게 관직 생활을 거치다가[47] 기원전 58년에 형이 자진해서 유배를 가자 일시 관직을 물러났고, 기원전 51년에 형이 킬리키아 총독으로 가자 형을 수행했다. 기원전 51년 카이사르

---

43) 이 책 3.8.19~11.26에 나오는 호민관제의 필요성에 관해 아우와 벌이는 토론이 대표적이다.

44) 이 책 3.15.33~17.39에서 시민들에게 자유 비밀투표를 허용할 것인가 말 것인가 하는 토론에서도 같은 슬기가 엿보인다.

45) Lucius Licinius Crassus: 키케로는 그에게 *De oratore*을 헌정한다.

46) 퀸투스는 청년시절에 비극(제목만 전해옴)을 쓰기도 하고 형도 『마리우스』(*Marius*)라는 서사시를 지어 이 책에 한 구절이 인용되기도 한다(이 책 1.1.2 참조).

47) 관리관(aedilis, 기원전 66), 법무관(praetor, 기원전 62), 속주 아시아 총독(propraetor, 기원전 61~58).

의 영국 정벌과 갈리아 토벌에 부장(副將)으로 참전했는데 카이사르로서도 키케로의 정치적인 영향력을 고려해서 볼모로 곁에 둔 듯하다.[48] 내란 중에는 귀족당을 옹호하는 폼페이우스 편에 섰지만 카이사르가 승리해 귀국하자 그의 편으로 돌아선다.

퀸투스는 형과 오랫동안 서간들을 나누어 형제간의 우애와 정치상황에 대한 자세한 정보를 남겼다.[49] 형 마르쿠스에게는 더할 나위 없이 헌신적이었지만, 이 책에서 호민관직이나 인민투표권을 두고 하는 발언에서도 잘 나타나듯이,[50] 화를 잘 내고 저돌적인 성격이었던 것 같다. 형이 기원전 43년에 안토니우스의 자객들에게 피살당한 며칠 후 그도 60세 나이로 아들과 함께 피살당한다.

폼포니우스(기원전 109~32)는 로마의 유서 깊은 기사 가문에서 출생해 마리우스의 아들, 토르콰투스(L. Torquatus), 키케로 형제와 더불어 수학동문이 된다. 키케로와 깊은 우정을 나눠 키케로가 암살당하기 직전까지 서신을 교환했고 키케로에게서 받은 396편의 서간을 키케로 사후에 16권으로 나누어 출간한 것도 아티쿠스였다.[51] 그러나 자기 주장이나 경향을 끝끝내 감추는 성품 때문인지 이 서간집에 아티쿠스의 글은 한 편도 실려 있지 않다.[52] 키케로와 일평생 우정을 지속하고 키케로가 위기에 봉착할 때마다 정신적·재정적으로 그를 지원했으며, 키케로는 감사의 정으로 그에게 몇 권의 저서를 헌정했

---

48) cf., *Epistulae ad Quintum fratrem* 2.15.
49) 같은 책. 형에게 쓴 비교적 긴 글(*De petitione consulatus*)도 있으며, 로마사의 연대기(*Annales*)도 집필했다는데 유실되고 없다.
50) 이 책 3.8.19~11.26과 3.15.33~17.39. 앞의 각주 43)과 44) 참조.
51) *Epistulae ad Atticum*.
52) 그는 다수의 필사자들을 고용해 유명 인사들의 책, 특히 키케로의 유고들을 편집하고 간행한 출판업자이기도 했다.

고[53] 일부 저서에서는 그를 화자로 등장시킨다.[54]

후대인들은 그의 생애에서 네 가지 특징을 보게 되는데 놀라운 재산 증식의 수완, 부유한 도서관 마련, 당대의 모든 저명 인사들과의 교분, 그러면서도 정치적 갈등과 내란의 소용돌이에서 거리를 유지한 에피쿠로스적 처신이 그것이다. 사실 그는 끝까지 비정치적으로 처신해 온갖 내란과 학살과 재산몰수의 격랑 시대를 거치면서도 해를 입지 않고 천수를 누렸는데 이것은 온갖 정치적 타협과 제안을 거부하면서도 놀라운 신사도와 교양, 친근성과 호감, 로마의 지인들과 부단히 우정을 이어가는 성격으로 인해서, 내란을 일으킨 당사자 모두에게 존경받는 인물로 처신한 그의 인생철학 덕이었다.[55] 또 정치와 거리를 유지하면서도 로마의 중대한 정치적 집회에는 출석하려고 노력했다.[56]

아티쿠스는 부친에게서 물려받은 막대한 재산을 모두 처분하고 나서 정쟁이 그치지 않는 로마를 떠나 그리스에 정착해 에피루스에 장원을 구입하고 티아미스 강가에 별장을 갖추고 유유자적한 생활을 누리면서도[57] 아테네인이 주는 시민권은 받아들이지 않았고 '아테

---

53) *Cato maior de senectute, Laelius de amicitia*(번역본: 앞의 각주 19 참조)가 그렇고 지금은 유실된 키케로의 『영광론』(*De gloria*)도 그에게 헌정된 것으로 전해온다.

54) *Academica posteriora, Brutus.*

55) 그는 마리우스나 술라와도 우정을 나누었고 카이사르와도 폼페이우스와도, 키케로와도 안토니우스와도 친분이 있었다. 그렇게 천수를 다 누리고 기원전 32년 77세의 나이로 세상을 떠났으며 그의 딸은 아그리파(Agrippa)에게 시집 갔고 거기서 태어난 폼포니아(Pomponia)는 네로(Claudius Nero)와 약혼해 결국 옥타비아누스와 인척이 된다.

56) 네포스(Cornelius Nepos), 『아티쿠스 전기』(*Atticus*) 4: "그는 로마 시민들의 민회에는 빈번하게 참석했고, 중요한 사안이 있을 때는 결코 빠진 적이 없었다."

57) "에피루스에 있는 자네의 티라미스 강도 경치로 말하자면 이 강에 조금도 뒤

네 사람'(Atticus)이라는 칭호만 받아들였다.[58]

그는 의당히 철학적으로는 에피쿠로스 학파로서 처신했으나 로마인답게 자기 생활이념에 맞는 부분만을 채택해 정직하고 평온한 삶, 검소한 의식주, 우정, 예술적 감각, 정치현실과의 거리유지 등을 받아들이는 대신에 극단적인 점은 기꺼이 포기했다. 그리하여 신은 존재하고 창조주이며 신들의 섭리로 만유가 주재된다는 스토아의 믿음도 받아들인다.[59]

이 책에서 그는 화자로서보다는 키케로의 얘기를 경청하고 동의를 표하고 간혹 말을 이어가도록 유도하는 역할로 그친다. 알고 싶어하고 묻고 질문하고 대답을 유도하고 반론을 제기하고 귀 기울여 듣지만 논리 전개와 논쟁 자체에는 개입하지 않는다.[60]

『법률론』 개괄

이 책의 제1권은 도입부로 법과 정의란 무엇인지를 논하는 법철학 개론이라고 하겠는데, 법이란 신과 인간에게 공통된 것이고, 시대를 초월하여 영원성을 띠는 무엇으로 정의되고 있다. 제2권에서는 종교

지지 않으리라 생각하네…… 퀸투스: 우리 아티쿠스 님의 아말테움과 그곳의 저 아름다운 플라타너스들보다 빼어난 경치가 있으리라고 생각하시면 안 됩니다"(이 책 2.3.7).

58) cf., Nepos, *Atticus* 3.

59) 이 책 1.7.21 참조.

60) 그가 키케로의 통령직에 관해서 글을 썼는데 문학적인 가치는 없었다. *Epistulae ad Atticum* 11.1: "자네의 그 글은 내가 보기에 거칠고 세련되지 못했지만 기꺼이 읽었네"(quamquam tua illa, legi enim libenter, horridula mihi atque incompta visa sunt). 로마의 연대기를 집필했다는 언급도 있으며(*Brutus* 14, 42, 72, 74) 족보연구(gens Iunia, Fabia, Aemilia)에도 일가견이 있었던 것으로 전한다.

법 내지 제관법이 소개되는데 신의 가호(pax deum)가 있어야 국가가 번성하고 개인들이 안녕을 누리기 때문에 신에게 드리는 일체의 제의(祭儀) 행위에서 인간과 사회가 갖추어야 할 자세를 소상히 언급하고 규정한다. 제3권은 국가를 관리하는 정무직에 관한 법률을 담고 있다. 정부조직법이라고도 하겠는데, 말미에 이 책의 전반적인 목차를 소개한다.

첫 권의 법철학에 뒤이어 나오는 다섯 권에서 키케로는 이러한 자연법 사상에 근거하는 최상의 실정법을 연역하고자 한다. 철학 이론에서 실천생활로 옮겨가는 방도의 하나로 최상의 정부형태를 논의했듯이 키케로는 여기서 자연법에 준한 로마의 실정법을 제시해보고자 한다. 제2권과 제3권에는 텍스트상 애매하고 불분명한 부분이 의외로 많아서 마치 초고 그대로 남겨졌고 지은이가 다시 손질할 겨를이 없지 않았나 추측할 정도다. 제4권과 제5권은 후대의 단편적 인용문은 있는데 본문은 남아 있지 않다. 제4권은 공권력의 행사(de potestatum iure), 제5권은 공법(de iure publico)을 다룬 듯하며, 『국가론』이 6권으로 되어 있으므로 이 책도 6권까지 아니었을까 추측한다면, 제6권은 아마도 민법(de iure civili) 개론이었을 것이다.[61]

그러나 키케로가 이 책에서 구체적으로 논하는 법률은 사실상 이

---

61) 이런 내용은 제3권 마지막 부분(3.20.48~49)에서 추정한 것이다. "로마 인민의 법제에 관해서(de iure populi romani...... dicendum nihil putas?)…… 사사로운 제의(祭儀)를 거행할 의무의 양도에 관해서(de sacrorum alienatione)…… 정무직의 각급 권력들이 갖고 있는 권리에 대해서(de potestatum iure)…… 우리로서는 별도로 자연법에 관해서(de iure naturae) 사유해야 하고 그것을 우리 입으로 해설해야 하네." 3.13.29: 완전한 법준수는 "모종의 교육에 의해서, 또 모종의 학문에 의해서가 아니면 현실적으로 어렵네. 이에 관해서는 그럴 만한 기회나 시간이 있다면…… 아마도 우리가 뭔가를 이야기하게 될 테지(educatione et disciplina, de qua dicemus)."

미 발효 중인 로마의 현행 법률들이었다. 로마의 헌정을 구성하고 있던 실정법들에 자연철학의 토대를 구축했거나 로마법의 여러 분야와 취급 학문들을 보편원리와 자연의 이치에 준해서 해석하고자 노력했다는 설명이 나올 법하다. 선한 법률들이라면 보편법을 포함하게 마련이라는 것이 키케로의 생각이었을 것이다.

작품의 구성으로 볼 때 『법률론』 전체에 대한 서언이 나오는데 제1권의 서문이 바로 그것이다.[62] 그 부분의 자연묘사는 사실상 대자연에서 연원하는 자연법의 정의를 도출하는 분위기 조성으로 보인다. 제2권에서도 한가하고 아름다운 자연과 그들의 고향 땅에 대해 언급함으로써 실정법은 자연이 인간에게 심어준 법도의 외적 표현일 따름이라는 인식을 갖기에 충분하다.[63] 플라톤을 인용하면서 키케로가 전개하는 "법률에 대한 찬가"[64]는 마치 제2권의 서문처럼 보인다.[65] 우선 자연법 내지 신법을 주장하는 근거로 신의 존재를 긍정하고 그에 기반해 신과 인간의 관계를 규정하는 제의법(祭儀法)을 상론한다. 또 제의법의 경건함을 더하는 뜻에서 키케로는 일부러 고어체(古語體) 문장, 곧 왕정법(lex regia)이나 12표법(XII tabulae)의 문장 형식을 구사했고, 법률 제안에 뒤이어 각 조문을 해설한다.[66] 제3권도 같은 순서를 답습한다. 플라톤에 대한 찬사를 허두로 삼아 공권력의 의의를 전제하고 나서[67] 각종 정무직의 비중과 임무와 한계를 규

---

62) 이 책 1.1.1~4.14까지의 서론 부분.

63) 이 책 2.1.1~3.7 참조.

64) 이 책 2.4.8~10 부분이 여기에 해당한다.

65) "내가 자네한테 제시하고 있는 바는 『법률론』 서론일세. 플라톤이 이것을 그렇게 불렀거든"(이 책 2.7.16).

66) 이 책 2권의 8.19~9.22에 제의법안이 조목조목 제시되고 10.23부터 27.69까지는 상세한 해설에 해당한다.

67) 이 책 3.1.1~2.5 참조.

정하되, 국가의 정무직에 대해 인민은 존경과 복종의 의무를 지기 때문에 일부러 고어체를 활용했다.[68] 그리하여 정무직 또는 행정제도에 대한 해설을 첨가하고[69] 뒤에 나올 세 권에 대한 구상을 언급하면서 끝난다.[70]

사실상 키케로의 『법률론』은 서구에서 법률의 보편원리(tota causa universi iuris ac legum)를 다룬 최초의 서적이다. 선대의 결의론(決疑論) 이론가들과는 달리 키케로는 당대까지 접근 가능한 자연철학에서 법의 정신과 토대를 구축하고 있다.[71] 이러한 토대만이 입법자들과 법을 준수해야 하는 인민에게 확고하고 불변하며 영원한 원리를 제공한다는 신념에서다.[72] 즉 키케로는 자연철학에 입각해서 로마 헌정과 현행법을 해설하고 또 그 원리에 준해서 법안을 수정 보완해 제시하고 있다.

그러므로 그가 제안하는 법률은 키케로 개인이 최초로 착안한 입법안이 아니고 로마에서 이미 시행되고 있는 것이었다. 예를 들면 제2권의 제의법은 구전으로 전해오다가 누마가 성문화했다는 것이고[73] 단지 이 법률을 두고 자기가 경험한 폐해를 줄이기 위해 새로운 요소를 몇 가지 보완하는 형태의 개정안일 뿐이다.[74] 사회생활을 면밀하

---

68) 이 책 3.3.6~4.11 참조.
69) 이 책 3.5.12~20.47 참조.
70) 이 책 3.20.48~49 참조.
71) 이 책 1.5.16~17 참조.
72) 예를 들어 12표법의 장례 규정(X)을 다루면서도 12표법이라는 "우리네 법제가 자연에 부합하다는 말을 들어 기쁘고 또한 선조들의 지혜가 대단히 반갑네(gaudeo iura ad naturam accomodari; maiorumque sapientia admodum delector)"라는 표현을 쓴다(이 책 2.25.62).
73) "자네가 간추린 그 종교 법전 제도라는 것이 누마의 법률이나 우리의 관습과 그다지 다르지 않은 것 같구면"(이 책 2.10.23).
74) "형님이 새로운 것을 약간 첨가하기는 하셨지만(a te paululum adlatum est

게 관찰하고 자기 경험을 살려서 좀더 공정하고 합리적인 법제도를 구상하며, 멀리는 로마 역사에서 그 경험을 도출해내어 모든 정황에 해당할 만한 새로운 법조항을 첨가한다.

그러면서도 도덕법이 선행하고 도덕에서 사회의 관습과 전통이 만들어진다고 연역하며[75] 도덕법이 인간의 관습과 전통을 낳고 이 후자가 결국 성문법으로 확립되어 한 사회의 법률이 되고 국법이 된다는 주장이다. 그렇다면 양심(良心), 이성(理性), 여론(輿論)에 부합하는 법만이 참다운 법이라는 주장도 되면서, 키케로 시대에 시행되던 로마법이야말로 양심과 이성과 여론에 가장 근사한 법률이라는 로마인다운 긍지도 나타낸다.[76] 그 이유는 그가 상고시대의 로마인은 자연이치에 따랐고 시민 개인들은 공익(res publica)을 앞세우고 그 선익에 일신의 사익(res privata)을 종속시켰으리라는 역사관을 고수했기 때문이다.[77]

『법률론』제1권에서 저자는 법의 원리 내지 법원(法源)을 인간 본성(本性, natura)에서 도출한다.[78] 그는 플라톤이 하듯이 법의 제일원천까지 소급해 올라가고 최상의 도덕법에서 실정법과 현행 인간 제

---

novi) 그 내용이 거의 우리 국가의 법제 그대로이군요."(이 책 3.5.12).

75) "법률이란 인간들의 재능으로 생각해낸 것이 아니며 백성들의 어떤 의결도 아니라는 것이네. 명(命)하고 금(禁)하는 예지를 갖고 전 세계를 통치하는 영원한 무엇이라는 것이네"(이 책 2.4.8).

76) 그러나 법을 위반하려는 인간의 타락된 결함도 모르지 않았으며, 다만 정확한 규정으로 공정하게 처벌되어야지 사법권을 가진 권력자들의 자의로 처벌되어서는 안 된다는 양형주의(量刑主義)가 근간을 이룬다.

77) "정치란 우리가 국가에 유용해지도록 만드는 기술(artes, quae efficiunt ut usui simus civitati)이다."(*Tusculanae disputationes* 1.4; 1.20:)

78) "나는 법의 원천을 자연본성에서부터 모색해나갈 작정이며(repetam stirpem iuris a natura) 우리는 자연본성을 길잡이로 해서 모든 논의를 설파해나가야 마땅하리라 보네"(이 책 1.6.20).

도를 연역해내고자 한다. 보편적이고 영원하고 수정이 불가능한 법원을 찾아내고자 한다. 법률은 인간사회의 시의적(時宜的) 발상이나 어느 권력자의 자의적(恣意的) 조처가 아니라 인간의 타고난 자연본성에서 나오고, 나아가서는 인간이 기원하는 신(神)에게서 제정된 것이다. 키케로는 이렇게 해서 법학에 철학적 토대를 마련한다.[79]

다시 말해서 법은 원래부터 인간의 본성과 양심에 호소하는 것이어야 하고 수천 년의 전통을 간직한 것이어야 하며 실정법은 이 법원을 구체사안에 적용한 사례에 불과해야 한다. 필연(必然)에서 연원한 법률은 명백하고 단순하고 만인의 수긍을 받아내고, 따라서 법이 도리어 분쟁의 빌미가 되는 것이 아니라 일반 상식과 전반적 여론에 부합하고 따라서 중인의 의지를 반영하는 것이어서 그 권위가 부여되면 아무도 시비를 걸지 않는 것이어야 한다. 법은 문자로 기록된 인민의 양심이어야 한다. 법은 양심에서 우러나는 것이지 억지로 부과되는 것이 아니다. 그렇게 시대와 민족들의 필요에서 자연스럽게 흘러나오는 것이고 관습에 근거하므로 실정법 역시 만민에게 공통된 이성의 표현이어야 한다. 그리고 이 인간 이성은 신적 이성과 흡사한 것이다.[80]

키케로 이전의 법률가들은 하나같이 실정법에 대한 해설에 치중했고 성문법을 맹목적이고 절대적으로 신뢰해서 현행법에 대해 이의를 발할 엄두도 내지 못했다. 그들의 저작은 한결같이 현행법의 법

---

79) "법학은 그 바탕이 되는 철학에서 이끌어내야 한다(ex intima philosophia hauriendam iuris disciplinam)…… 우리는 법의 본성을 해명해야 하는데 인간의 본성에서 연역해 해명하자는 것이지(natura iuris explicanda…… ab homine repetenda natura)"(이 책 1.5.17).

80) "대자연에서 유래하는 이치가 엄연히 존재했고…… 그것은 신적 지성과 동시에 발생했지. 따라서 참되고 으뜸가는…… 법률은 다름 아닌 최고신 유피테르의 바른 이성이네(ratio recta summi Iovis)"(이 책 2.4.10).

망에 어떻게 하면 걸리지 않을지, 그 법전을 이용해서 이루어질 만한 분쟁과 소송의 방법 그리고 절차를 가르치는 결의론(決疑論) 관점에서 법률을 논했다.[81]

이와는 달리 키케로는 법률가들의 법개념 자체를 초극해 유일하고 영원한 신 개념, 만민 평등, 인간과 신 사이의 유사성, 도덕법의 신적 원천, 신의 섭리, 인간은 선의 실현과 인간 완성 그리고 덕성의 함양을 지향하는 본성이 있다는 성선설(性善說), 정의(正義)가 법의 근본이며 정의의 개념은 동서고금에 불변한다는 신념 등 철학적 기본 개념을 도입했다. 이 모든 것이 법률의 토대가 된다는 확신을 품었다.[82]

우선 그가 도입하는 바는 자연법(自然法) 사상이다. 한마디로 도덕의 원리는 자연본성에 의해서 인간 본성에 새겨져 있고, 인간의 본성에는 어떤 빛이 있어서 인간 양심이 선과 악을 구분하게 가르치며, 이 기준은 어느 개인의 재능이 발견해내서 후세인에게 가르친 무엇이 아니고 어느 한 백성이 착상해 법령으로 제도화한 바가 아니다.[83]

---

81) "그분들은 거창한 주장을 내놓고 정작은 사소한 일에 몰두하고 말았지 (summos in civitate nostra viros magna professos, in parvis esse versatos)······ 사람들이 막상 '시민법'이라고 하면 인민에게 유익함을 주겠다는 의도에서만 그것을 다루었단 말일세. 그것은 실용적인 면에서는 필수적이겠지만 학문적인 면에서는 보잘것없다고"(이 책 1.4.14).

82) "법학이라는 것이 법무관의 포고령에서 기인하는 것도 아니고, 12표법이라는 실정법에서 유래하는 것도 아님에도(non praetoris edicto, neque a duodecim tabulis, hauriendam iuris disciplinam)"(이 책 1.5.17), 많은 법률가들은 "시민법을 정의의 방책으로 생각하지 않고 분쟁의 방책으로 생각한다(non tam iustitiae quam litigandi tradunt vias)"(이 책 1.6.18).

83) "법률이란 인간들의 재능으로 생각해낸 것이 아니며 백성들의 어떤 의결도 아니라는 것이네. 명(命)하고 금(禁)하는 예지를 갖고 전 세계를 통치하는 영원한 무엇(aeternum quiddam, quod universum mundum regeret, imperandi prohibendique sapientia)이라는 것이네"(이 책 2.4.8).

이어서 그는 실정법에 형이상학적 토대를 구축하는데 신개념(神概念), 합리적 신의 합리적 이성과 섭리와 창조에서 우주와 인간본성과 인간사회에 통용되는 최고이자 불변하는 보편법이 발생한다는 개념이 그것이다.[84]

제2권에서 키케로는 종교를 인간 본성에서 우러나는 것으로 존중하고 그 내면성을 강조하며 특히 종교의 도덕적 결실을 중시한다. 스토아 철학은 만인이 최고신의 이념에 젖어 있다고 가르치며 따라서 인간은 본성적으로 덕을 추구하고 신의 뜻을 따르고자 노력하므로 외적인 경신례, 특히 허식적 예식은 별 의미가 없다. 그렇지만 로마인답게 키케로는 전통적이고 외적인 경신례도 보존하고자 한다.

키케로의 논리 전개는 매우 선명하다.[85] 자연법 또는 영원법(永遠法)[86]이라는 것은 "최고신 유피테르의 바른 이성"[87]이요 더 정확하게 표현하자면 "신적 지성이 최고의 법률"[88]이다. 만유에 깃들여 있는 신의 지성이 정사(正邪)를 구분 못할 이유가 없다는 이치에서다.[89] 그렇다면 인류사회에 통용되는 모든 법률, 곧 실정법들이 갖는 구속력은 "천상 법률의 구속력"[90]에서 유래한다.[91] 다시 말해서 모

---

84) "신들이 인류에게 준 법률이란 명하고 금하기에 적절한, 현자의 이성이자 지성(ratio mensque sapientis ad iubendum et ad deterrendum idonea)일세"(같은 곳).

85) 이 책 2.4.9~5.11과 7.15~18에 핵심적 내용이 간추려져 있다.

86) "바르고 참된 것은 또한 영원한 것이며(quod est rectum verumque, aeternum quoque sit), 법령은 기록되는 문자와 더불어 발생하거나 소멸하는 것이 아니다"(이 책 2.5.11).

87) 앞의 각주 80) 참조.

88) illa divina mens summa lex est(이 책 2.5.11).

89) "신적 지성이 이치(理致)를 결할 리가 없고 신적 이치가 정(正)과 사(邪)를 판별하는 능력을 갖추지 못했을 리가 없는 까닭일세"(이 책 2.4.10).

90) vis istius caelestis legis(이 책 2.4.9).

91) "이런 법구(法句)나 백성들이 제정한 여타의 명령이나 금령들은 사람을 올바

든 실정법이 종교적 내지 경신적(敬神的) 성격을 띤다. 그러므로 키케로가 볼 때는 악법도 법(dura lex sed lex)이 아니고 신에게 있는 영원법이 인간의 양심 내지 예지로 박혀 있고 그것이 대다수가 인정하는 실정법으로 받아들여 질 때에 '법률'이라고 불리게 된다.[92] 따라서 정의롭지 않은 법은 법이 아니다.[93]

모든 법률은, '시민의 안녕과 국가의 안전과 인간들의 평온하고 행복한 생활'이라는 공공복리의 목적을 갖는다.[94] 그런데 '만물의 주인이요 통솔자는 신들이요, 운행되는 모든 것이 신들의 판결과 명령으로 운행되고, 신들이야말로 인류에 대해서 최상으로 은덕을 베푼다.'[95] 그렇다면 로마인들이 '신들과의 평화'(pax deum)라고 부르던, 무난한 대신관계(對神關係)가 성립되어 있지 않는 한, 국가의 안녕도 개인의 평온도 보장되지 않는다. 그리고 이런 종교적 생각을 한다면 사람은 '유익한 사상이나 참된 사상에서 돌아서는 일이 결코 없다.'[96] 종교는 내심으로 이루어지는 준법정신의 바탕이 된다는 말이다. '종교심에 바탕한 약조(約條)들이 우리의 안녕에 크게 이바지하

르게 행동하게 호소하고, 범죄에서 돌이켜 불러세우는 구속력을 갖는다고 말일세. 그리고 구속력은 백성들과 도시국가들의 연륜보다 오래된 것이며, 하늘과 땅을 보살피고 다스리는 신의 연륜과 동등한 것이네"(이 책 2.4.9).

92) "신적 지성이 최고의 법률이라네. ……인간 안에 그것이 완전히 갖추어져 있을 때, 인간은 현자…… 그것이 다양하게 또 시의에 따라서 백성들에게 성문화되면 법률이라는 이름을 갖게 된다"(이 책 2.5.11).

93) "'법률'이라는 명사를 해석하는 그 자체에, 정당(正當)함과 법도(法度)를 선택하겠다는 구속력(vim et sententiam iusti et iuris legendi)이 내포되어 있고 그렇게 하겠다는 사상이 내포되어 있음이 분명하네"(같은 곳).

94) "무릇 법률은 시민의 안녕과 국가의 안전과 인간들의 평온하고 행복한 생활을 위해 창안된 것임이 분명하네"(같은 곳).

95) 이 책 2.7.15 참조.

96) his enim rebus inbutae mentes haud sane abhorrebunt ab utili aut a vera sententia(이 책 2.7.16).

고 불사의 신들을 심판관이자 증인으로 중간에 세움으로써 시민들의 결사(結社)와 시민들 사이의 결속 역시 성스러워진다.'[97]

더구나 불사의 신들은 사멸할 인간들이 '어떤 생각으로 어떤 신심(信心)으로 종교를 봉행하는지 꿰뚫어보고, 경건한 사람들과 불경스러운 사람들의 셈을 헤아린다.'[98] 그래서 이 부분에서도 외적인 의례로 신들의 호의를 확보하려는 미신적 종교성향을 철학적 이론으로 극복하고자 노력한 흔적이 보인다. 신령(numen)들에게 제물과 황금만 바치면 어떤 계약도 체결할 수 있다는 미신을 타파하고 종교행사에서 순결무구함을 보전하고 경외심을 지키며 지나친 허세를 피하려는 조처를 법조문화 한다.[99] 그밖에 여성들의 야간 제전에 새 요소를 도입하기도 하고[100] 상례(喪禮)의 허세도 소상하게 통제하고자 한다.[101] 선대의 제관법(祭官法)이 국가적인 제의(祭儀) 외에 사인들이 바치는 사적 제례를 거의 언급하지 않는 데 대해서 가문이나 가장의 제례도 영구적인 관례로 확정하려는 시도로서 재산을 상속받는 사람에게 선조에 대한 제사의무도 승계시키는 제도를 상세하게 법제화하자고 제안한다.[102]

---

97) "이런 믿음으로 인해서 얼마나 많은 사안들이 맹서(盟誓)로 다짐이 되던가! 종교심에 바탕한 약조들이 우리의 안녕에 얼마나 이바지하던가! 신들이 내릴 죄벌이 무서워서 악행을 멈추는 사람들이 얼마나 많던가! 불사의 신들을 심판관이자 증인으로 중간에 세움으로써 시민들의 결사와 시민들 사이의 결속은 얼마나 성스러워지던가!"(이 책 2.7.16).

98) 이 책 2.7.15 참조.

99) "신들 앞에는 정갈하게 나아갈지어다"(이 책 2.8.19), "불경죄를 범한 자는 예물로 감히 신들의 분노를 무마하려 들지 말지어다. ……서원(誓願)은 철저하게 준수할지어다"(이 책 2.8.19).

100) "그야말로 중인(衆人)들의 환시(環視) 속에 대낮의 환한 빛이 여인들의 명예를 지켜줄 수 있게 법으로 철저하게 규정해두어야 하네"(이 책 2.15.37).

101) 이 책 2.21.54~27.68의 장황한 해설 참조.

제3권의 첫머리[103]에서 그는 국가통치를 구현하는 정무직의 철학적 위상을 확립한다. 우선 자연법론과 역사적인 국가 통치의 연관을 다음과 같이 분명하게 언명한다. '통치권만큼 자연의 법도와 체계, 곧 법률에 부합하는 것은 아무것도 없다. 통치권 없이는 가문도 국가도 민족도 인류도 존속하지 못하며, 심지어 대자연과 세계까지도 존속하지 못한다. 왜냐하면 세계도 신에게 순종하고 바다와 땅도 신에게 순명하며 인간 생명 역시 최고법의 명령에 복종하게 되어 있다.'[104]

왕정에서 공화정으로 넘어간 과정을 간략하게 언급하고 나서 '정무직의 슬기로움과 성실함이 없이는 국가가 존립하지 못하는 이상 정무직은 필요하며, 정무직의 편제에 모든 공화국의 원만한 통솔이 포함된다'는 주장으로 곧장 넘어간다.[105] 키케로가 제안하는 법조문들을 보면 공화정 정무직에 대한 키케로 나름의 개혁안이 돋보인다. 정무직을 수행하는 공무원에게는 명예로운 퇴직을 권장하되[106] 퇴직 공무원에게 면책특권을 부여하지 않는다.[107] 당시의 전관예우 제도인 '무임소 사절'[108] 제도를 제한하고자 하는데 이것은 키케로 자

---

102) 이 책 2.20.50~21.53 해설 참조.

103) 이 책 3.1.1~2.5 참조.

104) 이 책 3.1.3.

105) 이 책 3.2.4. 국왕 또는 통령 한 사람에게 권력이 집중되는 문제는 3.5.13~6.15에서 고대 사상가들을 거론하면서 다시 한 번 다룬다.

106) 정무직을 수행하는 자는 "자신과 부하들을 통솔하도록 할 것이며, 자기 국민의 영광을 선양할 것이며, 승리해 귀국함으로써 칭송을 받도록 할지어다 (domum cum laude redeunto)." '떳떳하게 향리로 돌아갈지어다'라는 해석도 가능하다(이 책 3.3.9).

107) "정무직에서 이직한 사인(私人)들은 호구조사관에게 봉직 기간의 업무에 대한 기록부를 제출할지어다. 그렇다고 법률로부터 더 면책되어서는 안 될지어다"(이 책 3.4.11).

신이 통령 재직 때 폐지를 시도했으나[109] 제한을 가하는 데 그쳤고, 이번의 법안에서 구체적 법조항으로 그 폐지를 다시 시도한 것이다.

귀족정치를 옹호하면서도 호민관직이 필요한 것이냐는 상당히 긴 토론에서는[110] 아우와도 견해차를 보였고 그것이 인민의 권리 수호에 유익하므로 보전해야 한다는 결론에 이르는데 그 논리가 정연하다. 호민관직도 통령직도 '저 제도에서 시도하는 선(善)은 그것을 남용하는 저런 악이 없이는 달성하지 못할 것이고'[111] '호민관직 덕분에 최고 계층은 증오를 사지 않고 평민들은 자신들의 권리에 대해 위험한 시비를 만들어내지 않았다'[112]는 것이다. 마르쿠스와 퀸투스 형제가 호민관 클로디우스에게 당한 박해를 따지는 아우에게도 "호민관 권력과 충돌한 우리의 사건은 호민관직 자체와는 아무런 시비가 없었다"[113]고 이야기했으며 심지어 술라가 유명무실하게 만든 호민관제를 폼페이우스가 다시 복원시킨 사건을 두고도 '그가 무엇을 최선이라고 보아야 했느냐만 중요한 것이 아니라 무엇이 필요하다고 보아야 했느냐는 것도 중요하다'는 현실적인 정치관에서 '그는 호민관이라는 권한이 이 국가에는 없을 수 없음을 간파했던 것이지. 우리 인민이 호민관직의 유용성을 아직 모르면서도 그토록 간절히 희구했다면, 유용성을 알게 된 마당에 그것 없이 살 수 있겠는가?'라고 반문했다.[114]

---

108) libera legatio: 국가 경비를 여비로 받아서 사무를 처리하고 다니는 폐습.
109) "이런 종류의 사절직함이라면 내가 통령이었을 적에, 어느 경박한 호민관이 내게 반대만 하지 않았더라면 거의 폐지될 뻔했다네"(이 책 3.8.18).
110) 이 책 3.8.19~11.26 참조.
111) 이 책 3.10.23.
112) 이 책 3.10.24.
113) 키케로는 호민관직(tribunatus) 자체와 호민관의 권한행사(tribunicia potestas)를 구분하자고 제안한다.

원로원 선출에서는 이미 유명무실해진 후보 명단제를 아예 폐지하자고 주장했다.[115] 원로원은 이미 전직 정무직 관료들로 구성되어왔고 그 정무직은 각종 선거를 통해서 시민이 선출하는 절차를 밟고 있었기 때문이다. 다만 이번 기회에 구체 법조문으로 그 폐지를 확정하고 싶었던 것이다. 정무직과 원로원의 청렴의무도 규정하고,[116] 호구조사관이 청렴문제를 감독할 권한을 갖는다고 규정한다. 실제로 원로원의 횡포가 심했던 까닭이다.[117]

부정선거를 막기 위한 상세한 규정이나 민회의 횡포를 막으려고, 민회 소청권과 원로원의 소청권을 제한하기 위해 비밀투표제의 폐지를 주장한 점은 특이한 발상이다.[118] 또 한 투표로는 한 안건만 취급하게 해서 일괄투표에 의한 정치타협을 막으려고 시도한 점도 눈에 띈다. 원로원 운영세칙으로 원로원의 출석의무를 규정한 점, 각자가 사전에 발언을 신청해 그 순서대로, 한 사람씩만 발언하자는 제

---

114) 이 책 3.10.26 참조.

115) cooptatio censoria(호구조사관이 원로원 후보 명단을 작성하는 권리). 이 책 3.12.28 참조.

116) "권좌에 출마한 동안도, 수행하는 동안도, 수행한 후에도 선물은 받지도 말고 주지도 말지어다"(이 책 3.4.11), 이 책 3.12.29 해설 참조.

117) 물론 이런 임무는 아티쿠스의 지적대로 적잖은 문제를 초래한다. 그런 감독은 "자칫하면 호구조사관들만 고생시키는 것이 아니라 재판관들도 모두 고생시킬 수 있겠구먼"(이 책 3.12.29).

118) 이 책 3.15.33~37의 논란 참조. "정무직의 선출, 인민의 판결, 양자의 명령과 금령을 표결에 회부할 때는 귀족들에게 통보할 것이며 평민들에게 투표의 자유를 부여할지어다"(lex tabellaria: suffragia optimatibus nota plebi libera sunto)(이 책 3.3.10)라는 조목에도 불구하고 "좋지 않은 사안에 대해 무작정 투표에 회부하려는 세도가들의 야욕을 박탈해야 합니다. 인민에게 비밀투표라는 은신처를 제공해서는 안 됩니다. 그런 여지가 마련되면 선량들이 누가 무엇을 어떻게 생각하는지 알지도 못하는 사이에 투표판이 사실상 부정한 투표를 은폐하는 결과를 빚습니다"(이 책 3.15.34)라는 주장이 없지 않았다.

안, 장시간 발언으로 지연작전을 펴지 못하게 막자는 제안도 참신한 것이며 이는 자신의 정치생활 경험에서 우러난 것으로 보인다.[119]

민회 등에서는 폭력을 써서는 안 되며 그런 사태에 대해서는 사회자가 책임을 져야 한다는 점,[120] 특히 민회나 정무직의 결정에 대해서 거부권(veto)을 행사하는 자는 국가에 공헌하는 용기 있는 인물로 간주되어야지, 정권에 도전하는 정적으로 간주되어서는 안 된다는 규정은 과거 어느 법전에도 언급된 바 없었다.[121] 특히 어느 특정한 정치인이나 정적을 상대로 특전을 부여하거나 매장하는 입법행위를 금지한 점[122]이라든지 법전(法典)을 원문대로 보전하는 규정이 없어서 문제가 많았으므로 그 일을 호구조사관의 의무사항으로 규정한 점[123]은 신선한 발상이다.

이 모든 노력은 지나간 100년의 내란으로 피폐된 정치사의 무질서를 법률로 극복해 이상적인 공화정을 수립하려는 그의 열성을 반영하고 있다. '정무직의 배치로 국가의 형태가 어떤 것인지 파악할 수

---

119) 이 책 3.4.11 참조.
120) "인민회에서 폭력이 있어서는 안 될지어다. ……회의를 진행하다가 소란이 발생했을 경우의 과실은 회의를 사회하는 당사자가 짊어질지어다"(같은 곳).
121) "좋은 않은 사안에 거부권을 행사하는 자는 국가의 안녕에 이바지하는 시민으로 간주될지어다(intercessor rei malae salutaris civis esto)"(같은 곳). 이유는 3.19.42~43에 간략하게 나온다.
122) "인민회에 특정인을 상대로 하는 사인법(私人法)을 상정하지 말지어다"(이 책 3.4.11)라는 구절을 "12표법에서 옮겨 쓴 아주 훌륭한 법조문"이라면서 "특정인을 상대로 하는 사인법을 금지한 것이고, 다른 하나는 시민의 기본권에 관한 법안은 인민회 총회에 의하지 않고는 의결을 내리지 말라는 것"(이 책 3.19.44)이라고 설명한다. 『12표법』의 IX(de iure publico: privilegia ne inrogando, de capite civis nisi per maximum…… ne ferunto)에서 온 단편이다.
123) "호구조사관들은 법률의 원본을 보존할지어다"(이 책 3.4.11, 3.20.46~47 해설 참조). 키케로의 말대로 한다면 종합적인 법전이 만들어질 것이다.

있다. 이 체제는 우리 선조의 손으로 지극히 현명하고 지극히 온건하
게 수립되어 있다'[124]는 전제 아래 '최선의 국가에는 그에 상응하는
법률을 부여할 필요가 있다'[125]고 단언한다.[126]

수사본과 번역본

키케로의 방대한 저작들 가운데, 아티쿠스의 편집이었는지 모르지
만, 철학서들[127]은 대개 수사본 한 권으로 전수되어온다. 『법률론』을
담은 수사본은,

-Codex Vossianus 84 [A][128]

-Codex Vossianus 86 [B][129]

-Codex Heinsianus 118 [H][130]

이 꼽힌다. 이밖에도 몇 가지 사본이 더 있으나, 위의 [A], [B]가 가
장 중요한 필사본으로 남아서 전해진다.[131]

---

124) 이 책 3.5.12.

125) 이 책 2.10.23.

126) 그러면서도 "최선의 국가를 감당할 만한······ 법률은 과거에 조상들의 관습
에 존재했던 그런 것일 테지"(이 책 2.10.23), 또는 "나로서도 법률에서 뜯어
고칠 점은 전혀 없다고 생각하거나 적어도 많지는 않다고 생각했네"(이 책
3.5.12)라는 겸양한 발언도 한다.

127) *De natura deorum, De divinatione, Timaeus, De fato, Topica, Paradoxa, Lucullus.*

128) 9세기 말 또는 10세기 초에 필사된 것으로 보시우스(Isaac Vossius)가 1650
년에 스웨덴 여왕 크리스티나를 위해서 정리해 헌정했으므로 이런 이름이
붙었다.

129) 12세기 이전에 필사된 것으로 간주되며 보시우스가 최초로 다루었다.

130) 11세기의 것으로 베네딕토회(Monte Cassino) 소장본에서 유래하며 1690년
경에 하인시우스(Nicolaus Heinsius)가 정리했다. 셋 다 레이덴 대학 소장본
이다.

131) 간혹 A¹ A² B¹ B²같이 윗첨자가 붙는 경우가 있는데 이는 사본에 수정을 가

『법률론』만 따로 꼽는다면 15세기부터 인쇄본이 나오기 시작했고[132] 19세기에 문헌학자들의 정밀한 텍스트 복원작업이 이루어져왔다.[133] 옮긴이가 번역 텍스트로 사용한 것은 M. Tullius Cicero, Konrat Ziegler ed., *De legibus*(Heidelberg 1950, F. H. Kerle Verlag) (Heidelberger Texte Lateinische Reihe, Band 20)이며, 번역과 주해에 참조한 대조본 또는 번역본들은 다음과 같다.

Cicero, James E. G. Zetzel ed., *On the Commonwealth and On the Laws*, Cambridge, 1999.

Cicero, Niall Rudd ed., *The Republic and The Laws*, Oxford, 1998.

Cicerone, L. Ferrero-N. Zorzetti eds., *Lo Stato, Le leggi, I doveri*, Roma 1997.

Cicero, Clinton W. Keyes ed., *De re publica, De legibus*, Cambridge Mass., 1970, Loeb.

Ciceron, Charles Appuhn ed., *De la republique*, Des lois, Paris 1959, Les Belles Lettres.

C. A. Costa ed., *Ciceronis De legibus*, Torino, 1936.

P. M. Rossi ed., *Ciceronis libri tres De legibus*, Roma, 1925.

한 경우 그 수정자를 구분하기 위해서 사용한다.

132) Editio princeps: Benedictus Hectoris 1494 이후로 Ascensius 1521/ Victorius 1536/ Robertus Stephanus 1554/ Camerarius 1540/ Lambinus 1565 등이 나타난다.

133) 비판본(textus criticus)을 소개한다면, Orelli-Baiter, Turici 1848 [B-H]/ Vahlen, Berolini 1871 [A, B (1883) H (1883)]/ Du Mesnil, Lipsiae 1879, Teubner/ Giacomo Sichirollo, Pataviae 1885/ Muller, Lipsiae 1897, Teubner/ Antonelli, Venezia 1857.

제1권

1

1   아티쿠스: 저 숲정이[1]와 아르피눔 사람들의 이 참나무를 한눈에 알아보겠네. 『마리우스』라는 시집에서[2] 간간이 읽은 얘기지. 그 참나무가 아직 남아 있다면 바로 이 나무임이 틀림없어. 아주 오래 묵은 나무거든.

퀸투스: 친애하는 아티쿠스, 아직 남아 있고말고요. 또 두고두고 남아 있을 것입니다. 그것을 심은 것은 인간의 재주였지요.[3] 어느 농부가 심어 가꾼 한 그루 나무도 시인의 시문(詩文)으로 씨뿌려진 것보다 오래갈 수는 없지요.[4]

---

1) lucus(←lux): 원래는 특정 신에게 바쳐진 성림(聖林).

2) lectus in Mario: *Marius*는 키케로가 젊었을 때 동향인 가이우스 마리우스(기원전 157~86)의 생애를 엮은 서사시. 참나무에서 독수리가 날아올라 뱀과 싸우고 나서 동쪽으로 날아가는 장면을 묘사하고 있다. *De divinatione* 1.47.106; *Epistulae ad Atticum* 2.15.3에 몇 구절 인용되었다.

3) sata est enim genio: "우리 형님 마르쿠스의 시재(詩才)로 인해서 유명해진 참나무이지요"라는 뜻.

4) agricolae cultu…… poetae versu: 각운으로 예술의 영원함을 표현했는데 키

아티쿠스: 퀸투스, 그게 어떻게 되지? '시인들이 씨를 뿌린다'는 것은 도대체 무슨 말인가? 내가 보기에 자네는 형님을 칭송하는 체하면서 자신을 은근히 내세우는 게 아닌가?[5]

2 퀸투스: 그럴지도 모르겠네요. 하지만 라틴어 문자를 문자로 쓰는 한, '마리우스 참나무'라고 부를 참나무 한 그루가 이 자리에 빠지지 않을 테지요. 스카이볼라[6]가 우리 형님의 시 『마리우스』를 두고 한 말도 그렇지요.[7]

> 헤일 수 없는 세기를 두고 창연(蒼然)하리라.[8]

당신네 아테네[9]가 영원한 올리브 한 그루를 그 성채(城砦)에 간직하지 않았던가요?[10] 또는 『오디세이아』에 나오는 울릭세스가 델로

케로의 시재는 그다지 높이 평가받지 못했다(Quintilianus, *Institutiones oratoriae* 11.24): "(키케로는) 시문만은 삼갔더라면 좋았을 것을…… 심술 사나운 사람들이 그 시문을 두고두고 헐뜯고 있으니."(in carminibus utinam pepercisset, quae non desierant carpere maligni)

5) 퀸투스도 시인으로 기원전 54년에 네 편의 비극을 저술한 것으로 형 마르쿠스가 언급했다. *Epistulae ad fratrem Quintum* 3.6.7.

6) Quintus Mucius Scaevola augur(+88): 키케로의 *De republica*, *De oratore*에 화자로 등장한다. 청년 키케로의 시구를 칭찬해준 듯하다.

7) ut ait Scaevola de fratris mei Mario: "스카이볼라가 우리 형님의 시집에 등장하는 마리우스를 두고 하는 말도"라는 번역도 가능하다.

8) canescet saeclis innumerabilibus: 『마리우스』라는 키케로의 시집이나 스카이볼라의 비문(碑文)에서 따온 구절인 듯하며 아테나 여신의 올리브나무나 울릭세스[오디세우스]의 종려나무 못지않게 마리우스의 참나무(quercus Mariana), 곧 자기 형의 작품이 영구하리라는 칭송이다.

9) Athenae tuae: 폼포니우스는 정계에 뛰어들지 않고 아테네에서 은거했으므로 '아테네인'(Atticus)이라는 별명이 붙었으므로 이런 표현이 나온다.

10) 아테네인은 아크로폴리스에 심어진 올리브나무는 아테나 여신이 (아테네의 이름을 두고 포세이돈과 다투면서) 솟아나게 한 것으로, 아티카의 모든 올리브

스 섬에서 키 크고 가냘픈 종려나무를 보았다고 말한[11] 그 나무를 오늘도 사람들이 내놓지 않습니까? 그리고 다른 많은 것들이 여러 곳에서 자연이 안배할 수 있던 것보다 더 오랜 기억 덕분에 남아 있지 않습니까? 그러니 이젠 바로 이 참나무야말로,

놀라운 모습으로 유피테르의 황금빛 사자가 눈에 들어왔다네.[12]

라고 한 저 참나무, 상수리를 내는 저 참나무라고 하겠습니다. 비록 폭풍이나 오랜 세월이 저 나무를 넘어뜨려도 여전히 이 자리에는 참나무 한 그루가 서 있을 테고, 사람들은 그것을 '마리우스 참나무'라고 부를 테지요.

3 아티쿠스: 그 말이야 나도 의심치 않네. 하지만 나는 이 물음을 퀸투스 그대에게 던지는 것이 아니고 시인에게 직접 하는 중일세. 정말 마르쿠스 자네의 시문이 이 참나무를 심은 셈인가? 그렇지 않으면 자네가 글에 적었듯이, 그런 일이 마리우스에게 일어난 것으로 자네가 믿었다는 말인가?[13]

마르쿠스: 내가 자네에게 대답하겠네. 그렇지만 아티쿠스 자네가 내게 먼저 대답을 해야 하네. 로물루스가 자기 사후에 자네 저택이 서 있는 곳에서 많이 떨어지지 않은 근방을 헤매다가[14] 프로쿨루스

나무의 원조라고 믿었다(Herodotus, *Historiae* 8.55).

11) cf., *Odysseia* 6.162~163.

12) nuntia fulva Iovis miranda visa figura: 황금 독수리는 유피테르의 전갈을 옮기는 사자(使者)다. 시구는 *Marius*의 한 구절로 추정된다.

13) tuine versus…… an ita factum: 시집 *Marius*에 나오는 참나무 얘기가 허구냐 전해 들은 사실이냐(fictane an vera)에 대한 물음이다.

14) 아티쿠스는 퀴리날리스 언덕에 저택(domus Tamphiliana)을 갖고 있었다(Cornelius Nepos, *Atticus* 13.2).

율리우스라는 자를 만나서 자기는 신이라고 말했다는데, 또 자기가 장차 퀴리누스[15]라 불릴 거라는 말도 했고, 바로 그 자리에 신전을 세우라는 명을 내렸다는데, 그게 사실인가 아니면 허구인가?[16] 더구나 아테네에 있는 자네의 예전 집 근처에서 멀지 않은 곳에서 북풍의 신이 오리티야를 납치해가버렸다고 하는데 그게 확실한가?[17] 그러니까 내가 하려는 말은 얘기가 그렇게 전해온다는 것일세.

4　　아티쿠스: 무슨 생각에서, 무슨 속셈으로 그런 걸 묻나?

마르쿠스: 다른 의도는 전혀 없네, 저렇게 기억으로 전해오는 얘기들을 두고 너무 심각하게 의문을 제기하지 말라는 것 외에는.

아티쿠스: 하지만 자네의 시집 『마리우스』에 실린 여러 가지 얘기를 두고 그것이 가상인지 사실인지 의문들이 제기되고 있다고. 더구나 그 책에서 자네가 기억에 생생한 일들을 다루고 있고, 아르피눔 사람에 대해 시로 읊었으므로 적잖은 사람들이 자네에게 진상을 밝히라고 요구하는 중이지.

마르쿠스: 맙소사. 난 거짓말쟁이로 취급받는 것은 전혀 바라지 않는다네. 하지만 친애하는 티투스, 자네가 말하는 적잖은 사람들이 하는 행동은 순진하기만 하지.[18] 저런 문학적 시도에서 무엇이 사실인지 찾아내려면 시인이 아니라 목격증인에게 부탁을 해야 하니. 저 사람들로 말할 것 같으면 정말로 누마가 에게리아 여신과 얘기를 나눴

---

15) Quirinus: 사비니의 마르스 신에게 붙이던 칭호로 로물루스의 별칭이 되었고 그 후예임을 자랑하는 로마인들은 퀴리테스(Quirites)라고 자칭했다.

16) Cicero, *De republica* 2.30.52; 프로쿨루스 율리우스는 율리아 가문의 시조로 간주된다(Livius, *Ab urbe condita* 1.30.1.2).

17) 오리티야(Orithyia)는 아테네 왕 에렉테오스의 딸로 보레아스에게 납치되었는데 아테네의 일리소스 강에서 일어난 일이라고 한다(Ovidius, *Metamorphoses* 7.694~726).

18) a non nullis를 받아서 non nulli isti(faciunt imperite)로 응수한다.

다고 생각할 테고,[19] 타르퀴니우스의 머리에 모자를 씌워준 것이 독수리였다고 생각할 것임에 의심이 없네.[20]

5 퀸투스: 형님 말씀인즉, 역사서(歷史書)에서 따를 법도가 따로 있고 시가(詩歌)에서 따를 법도가 따로 있다는 뜻으로 알겠습니다.

마르쿠스: 물론이지, 퀸투스. 전자에서는 모든 것이 사실(事實)과 연관되고 후자에서는 대개가 오락(娛樂)으로 귀결되지. 비록 역사의 아버지 헤로도토스의 글에도, 테오폼포스의 글에도 설화(說話)들이 헤아릴 수 없이 많이 나오기는 하지만.[21]

2

아티쿠스: 자네의 그 말을 내가 바라던 토론의 실마리로 삼았으면 하네. 그걸 놓칠 생각이 없네.

마르쿠스: 티투스, 그게 무슨 얘기인가?

아티쿠스: 자네는 오래전부터 역사서를 쓰라는 부탁을 받아왔네. 아니 압력을 받았지. 사람들은 자네가 역사를 다룬다면 그 분야에서도 우리가 그리스에 뒤지지 않게 해낼 수 있다고 생각하네. 내가 어떻게 생각하고 있는지 자네는 들어둬야 하네. 역사서를 쓰는 것은 단지 자네의 문학작품을 즐기는 사람들의 열성에 보답하는 것뿐만 아

---

19) 누마는 님프 에게리아(Egeria)에게서 신탁을 받아 경신(敬神)제도를 제정했다고 전한다. 누마의 부인 이름이 에게리아였다고도 한다(Livius, *Ab urbe condita* 1.21.3).

20) 타르퀴니우스 프리스쿠스(Tarquinius Priscus)가 왕위에 오르기 전에 독수리가 나타나 그의 모자를 벗겨갔다가 다시 씌워주었다는 전설이 있었다(Cicero, *De oratore* 2.53.220; Livius, *Ab urbe condita* 1.34.8).

21) "헤로도토스는 언변이 탁월하고 사람을 몹시 즐겁게 한다"(*De oratore* 2.13. 36). 테오폼포스(Theopompos)는 이소크라테스의 제자요 역사가다(*Historiae Graeccae, Philippicae*; *De oratore* 2.23.94).

니라 자네는 조국에 대해 그런 일을 할 만한 의무를 지고 있네. 자네 덕분에 구원을 받은 조국이니[22] 자네 덕분에 영예도 누려야 마땅하네. 우리 문학에는 역사가 빠져 있어.[23] 이것은 나도 그렇게 생각하고 있고 자네가 종종 그런 얘기를 하는 것을 나는 들어왔지. 또 자네라면 바로 이것을 필요한 만큼 충족시켜줄 수 있네. 자네에게도 그렇게 보이겠지만 이 분야야말로 유일하게 연설문에 더없이 가깝거든.[24] **6** 그러니까 제발 부탁이니 한번 덤벼보라고. 이 일에다 시간을 내라고. 우리나라 사람들이 아직 모르는 분야이기도 하고 사람들에게 여전히 홀대받고 있는 일이니까 말일세. 대제관들의 연대기[25](더구나 이보다 더 매력 있는 자료가 또 있을 수 없기는 하지만)를 빼놓고는 아무것도 없네. 자네가 뭔가 알아보려면 파비우스든, 자네가 늘 입에 올리는 카토든, 피소든, 판니우스든, 벤노니우스든 그들을 찾아가본다면,[26] 그 인물들 각자가 제각기 다른 사람보다 더 나은 점

---

22) quae salva per te est: 키케로가 통령으로서 카틸리나 음모를 분쇄한 사건을 지칭하며 그 정치적인 공적에 대한 키케로 자신의 자부심이 대단했다(Oh fortunatam natam me consule Romam "통령이던 내 덕택에 새로 태어난 행운의 로마여!"(Quintilianus, *Institutio oratoria* 9.4.41; 11.1.24).

23) historia: 학문으로서의 역사(ista res). 사건으로서의 역사(res gestae), 역사가 (rerum scriptor), 역사적 지식(memoriam rerum Romanarum tenere) 등의 용어가 키케로에 의해서 확립된다.

24) 역사는 수사학에 사례를 제공하고, 수사학은 역사적 서술을 생동감 있게 만든다는 것이 키케로의 생각이었다(*De oratore* 2.12.51~15.66).

25) Annales pontificum maximorum: 수석대제관들이 국가의 주요한 연중 사건들을 일지 형태로 흰색 목판에 기록하던 문서(in album relata)다. 이 자료들을 모아서 기원전 130년 대사제인 스카이볼라가 80권의 대연대기(*Annales maximi*)로 간행했다고 한다. cf., *De oratore* 2.12.52~53; *De republica* 1.16.25.

26) Fabius Pictor(가장 오래된 저술가: Livius, *Ab urbe condita* 1.44.2), Cato censor(*Origines*), Calpurnius Piso Frugi, Gaius Fannius Strabo, Vennonius 등은 로마의 초기 역사가들로, 제각기 연대기(*Annales*)를 집필했다.

이 있었을지 모르겠지만, 그 사람들을 통틀어 치더라도 도대체 우리한테 이 분야보다 빈약한 것이 또 무엇이겠는가? 코일리우스 안티파테르는 판니우스와 시대를 함께한 인물로서 열성 면에서는 조금 나아 보였지만, 그의 기상은 촌뜨기 같아서 우아미라든가 웅변술은 거의 없어 사뭇 거칠기만 했지.[27] 오히려 그런 점에서 다른 인사들에게 글을 좀더 조심해서 쓰라는 교훈을 줄 수야 있었겠지. 이 사람에 뒤이어 겔리우스,[28] 클로디우스, 아셀리오가 등장했지만[29] 코일리우스 안티파테르한테서 아무것도 본뜨지 않는데다가 무기력함과 무지함에서 옛 역사가들을 답습하는 데 그쳤을 뿐이지. **7** 마케르는 뭣 때문에 꼽아야 할지 모르겠어.[30] 그의 다변(多辯)은 약간 예리한 데가 있기는 했지만 그리스인의 풍부한 박식함에서 우러난 것이 아니라 남의 글을 베껴대는 라틴인에게서 온 것이었다고.[31] 그의 언변에는 격양된 어조가 많은데 서툴기만 하고 지독히 뻔뻔스러웠지. 오히려 그의 친우 시센나[32]는 현재까지의 우리네 저술가들 전부를 거뜬

---

27) Lucius Caelius Antipater: 제2차 포에니 전쟁사 7권을 집필했다("그러나 그는 역사를 지역에 따라 구분할 줄 몰랐다": *De oratore* 2.13.54).

28) huic Gellius: 사본에 따라서 huic Gelli("이 사람에 뒤이어서 두 겔리우스": Gellius Gnaeus, Gellius Sextus), huic belli("이 사람에 뒤이어 괜찮은 인물들 클로디우스……")라고 읽힌다.

29) Quintus Clodius Quadrigarius 또는 Clodius Licinius, Publius Sempronius Asellio(*Libri rerum gestarum*). 후자는 역사의 철학적 해석("사건들이 어떤 사상으로, 어떤 명분으로 개진되었는지"[quo consilio quaque ratione gesta essent]: Gellius, *Noctes Atticae* 5.18)를 시도한 것으로 전한다.

30) Gaeius Licinius Macer: 『연대기』를 집필했고 키케로의 정적으로서 평민파로 활약했다. 키케로는 그를 역사가라기보다는 과격한 선동가로 폄하한다("격양된 어조가 많은데 서툴기만 하고 지독히 뻔뻔스럽다"[multa sed inepta elatio, summa impudentia]: *Brutus* 67.238).

31) ex libraliolis Latinis: 키케로는 라틴어로 수사학을 가르치던 사람들을 평민파로 의심해 적대시했다(*De oratore* 3.24.94).

히 넘어섰네. 아마도 아직 자기네 저서를 출간하지 않은 사람들을 제외한다면 말일세.[33] 이런 사람들이야 우리가 어떻게 평가할 도리가 없지. 그럼에도 아셀리오는 자네네 반열에 드는 연설가로 대우받은 적이 한 번도 없고 그의 역사서를 보면 뭔가 유치한 것을 좇고 있어서, 그리스인의 저서 가운데 그가 읽어서 아는 유일한 인물은 클레이타르코스[34] 한 사람뿐인 듯하고 다른 사람의 것은 도대체 읽지도 않은 것처럼 보일 정도라네. 그는 오로지 클레이타르코스를 모방하려고 하는데, 비록 그를 따를 수 있다 하더라도 최선에서는 거리가 멀지. 바로 그래서 자네 임무라는 거야. 퀸투스는 달리 생각할지 모르지만, 내가 자네에게 기대하는 것은 바로 이 일일세.

3

8 퀸투스: 나도 달리 생각할 바가 전혀 없지요. 이 일에 관해서는 우리도 얘기를 자주 나누었지요. 하지만 우리 사이에는 적잖은 의견 차이가 있어요.

아티쿠스: 그래 그것이 뭔가?

퀸투스: 저술의 첫대목을 어느 시대부터 잡을 것이냐 하는 문제입니다. 나는 상고 시대부터 시작해야 한다고 생각합니다. 지금까지 기

---

32) Lucius Cornelius Sisenna: 동맹전쟁을 저술했는데(*Historiae*) 키케로의 평("그 원인을 제대로 규명하지 않았고 최선과는 아주 거리가 멀었다": *Brutus* 64.228)과 살루스티우스의 평("시센나는 술라의 역사를 서술함에 누구보다 훌륭하고 철저했다": *Bellum Iugurtinum* 95.2)이 다르다.

33) 키케로는 율리우스 카이사르, 살루스티우스의 저술이 출간되지 않은 채 사람들에게 읽히고 있음을 풍문으로 들어 알고 있었던 듯하다(*Brutus* 75.262; *Ad familiares* 5.12.2)

34) Cleitarchos: 알렉산드로스 대제의 원정을 수행하고 12권의 전쟁사를 기록했다고 전한다.

록한 것을 보면 마치 읽지 말라고 기록한 것 같아요. 그런데 형님은 당신과 동시대의 기억을 전달하고 싶어합니다. 그래야만 자신이 직접 관여한 사건들을 담을 수 있다는 뜻이겠지요.

아티쿠스: 나도 자네 형님 말에 동의하겠네. 제일 중요한 사건들은 현재의 기억 속에 남아 있고 우리 시대에 일어났거든. 그럼 자네 형님과 가장 절친한 인물 그나이우스 폼페이우스의 위업을 그려내겠지. 또 통령을 지낸 자기의 연호(年號),[35] 저 유명하고 기억에 남을 해를 만나게 되겠지. 나 같으면, 사람들 말마따나 "레무스와 로물루스의 얘기"로 시작하느니[36] 차라리 저 사건들을 당사자의 입으로 밝히는 편이 더 낫다고 하겠네.

마르쿠스: 아티쿠스, 진작부터 나에게 이런 작업을 주문하고 있음은 나도 아네. 나에게 빈틈만, 자유로운 시간만 주어진다면야 이 작업을 마다하지 않겠네. 허나 일에 사로잡혀 있어서도 안 되고, 마음에 걸리는 것도 없어야만 저처럼 큰일을 받아들일 수가 있어. 근심걱정이 없어야 하고 업무도 없어야 하는 두 가지가 다 요구된다고.[37]

9 아티쿠스: 뭐라고? 다른 저서들을 두고 말하자면, 자네가 빈틈이 어디 있어서 그 많은 저서들을 썼다는 말인가? 자네는 우리 가운데 누구보다도 많은 글을 썼다고.

---

35) incurret annum suum: 로마의 연호는 통령들의 이름에 맞추었으므로 키케로가 통령을 지내던 해의 역사를 기록하면 '자기의 해(연호)'를 기록하는 셈이다. 키케로는 자기가 통령을 지낸 해를 서사시로 기록했는데 유실되었다(cf., *Ad Atticum* 1.19; 2.1)

36) ut aiunt de Remo et Romulo: 신화시대로 거슬러 올라가기 때문에 이 문구는 "옛날 옛적에……"로 통했다.

37) et cura vacare et negotio: 그가 제시하는 역사가의 신조 때문이다("역사가는 감히 허위를 말해서도 안 되고 진실을 말하지 않아도 안 되며, 기록을 하면서 누구의 은전을 받으려는 흑심이 있어서도 안 되고 무엇을 위장해 기록해서도 안 된다": *De oratore* 2.15.62~63).

마르쿠스: 틈틈이 생겨나는 시간들이 있고 그걸 놓치는 것을 나는 용납 못해. 시골에서 쉬라고 며칠이 주어진다면 나는 그 날수에 맞추어서 글을 쓰겠네. 그런데 역사서는 따로 여가를 마련하지 않는 한 착수할 수가 없고 자투리 시간을 갖고는 시작할 수도 없어. 더구나 나는 무엇을 시작했다가 다른 일로 전환할 경우에 보통 마음이 무척 쓰이거든. 또 착수하기로 마음먹었는데 한번 중단하고 나면 다시 손을 대기가 쉽지 않고.

10 　아티쿠스: 그 말대로라면 무슨 사절(使節)로 파견되는 여가라도 있어야겠군.[38] 그렇지 않으면 그와 엇비슷하게 자유롭고 한가한 휴무가 있거나 말일세.

마르쿠스: 나는 나이에서 오는 여가를 믿고 있었지. 특히 우리 어버이들이 하셨듯이 걸상에 앉아서[39] 법률상담을 청해오는 손님들에게 대답을 해주는 일이라면 사양하지 않겠어. 타성에 젖지 않은 채 노년에 어울리는 고맙고도 영예로운 직무로 여기고 수행하겠어.[40] 그러면 자네가 바라는 그 일에도 관심을 기울일 수 있겠지. 또 훨씬 보람 있고 훌륭한 여러 가지 일에 노력을 쏟고 싶어.

4

11 　아티쿠스: 하지만 그런 평계를 받아줄 사람이 아무도 없을 것 같아 걱정이네. 자네는 언제나 법정에 나가서 연설을 해야 하고, 더군다나

---

38) libera legatio: 원로원 의원에게 시외(市外)에서 사무(私務)를 보도록 부여하던 명예직으로서 특정 임무가 없으면서도 공공시설과 비용을 사용할 수 있었다. 이 책 3.9, 3.18에서 그 폐해를 지적한다.
39) solium은 가장이나 상담자가 내담자를 맞는 팔걸이 의자이며 sedens in solio는 "집에 편히 앉아서"라는 관용어였다.
40) 이 책 1.17; De oratore 1.45.199 참조.

자네 스스로 글투[41]를 바꾸었고 이전과는 다른 형식을 채택한 이상 더 그렇겠지. 자네와 친숙한 로스키우스[42]는 노년에 창가(唱歌)에 서도 율격(律格)을 다시 가다듬었고 피리 가락도 더 느리게 만들었 어.[43] 자네도 변론에서 거창한 어법을 구사하는 것이 예사였는데 날 이 갈수록 뭔가 완만한 어법으로 풀려가고 있으며, 그러다 보니 이미 자네의 연설은 철학자들의 완곡한 어법에 가까워졌지. 이런 어법은 아주 노령에까지[44] 유지될 수 있을 것으로 보이네. 내가 보기에 소송 사건에서 풀려날 만한 여가가 자네에게는 도무지 있을 것 같지 않네.

12 퀸투스: 안타까운 일이지만, 형님이 법률 자문에 응하는 일에 헌신 한다면 저는 그것이 우리 인민의 마음을 살 만한 일이라고 생각합니 다. 그러니 그 일이 마음에 든다면 시도는 해볼 만하죠.[45]

마르쿠스: 퀸투스, 만약 그런 시도에 위험부담이 전혀 없다면 해볼 만하지. 그렇지만 수고를 줄이려다 되레 늘어나지 않을까 걱정되고, 소송사건으로 말하자면, 나는 준비가 완벽하고 사전에 철저히 숙고 한 다음이 아니면 결코 사건에 나서지 않는데, 그 일에다 법률을 해

---

41) genus dicendi: 이하에 덧붙이는 대로 키케로의 언변이 장엄체(contentiones) 에서 완만체(relaxationes)로, 철학자들의 완곡한 어법(philosophorum lenitas) 으로 바뀌고 있다는 지적이다(*Orator* 19.64).

42) Quintus Roscius Gallus: 해방노예 출신의 로마 명배우("믿기지 않을 만큼 뛰어 난 연기와 우아한 몸매": *Pro Archia* 8.17)로 키케로의 변론을 받았다(*Pro Q. Roscio Comoedo*).

43) 연극은 대사(diverbia)와 창가(cantica)로 엮어지고 후자에는 피리(tibia)로 반 주를 했다.

44) 키케로의 말투에 따르면 로마인의 연령은 extrema pueritia(23세), ineuns adulescentia(24세), adulescentulus(30대), adulescens(40대), 그다음이 senectus(citius adulescentiae senectus)로 구분된다.

45) 법률 자문(ius respondendum)은 고객에게 하는 상담뿐만 아니라 이 책에 나오 듯이 법전 전체를 대상으로 하는 법률 해석(iuris interpretatio)도 포함하는 듯 하다.

석하는 임무까지 보태는 것이 아닐까 염려되네. 내가 그것을 귀찮게 여기는 것은 고생스러워서가 아니라 변론 연설에 대한 정신집중의 기회를 앗아가버리기 때문이야. 나는 좀더 큰 사건에 나아갈 때, 변론할 발언에 관해 생각을 집중하지 않고는 감히 나설 마음을 못 먹었다고.

13   아티쿠스: 바로 그것을, 자네 말마따나, 이 자투리 시간을 이용해서 우리한테 펼쳐 보이면 왜 안 되는가? 그리고 다른 사람들이 한 것보다 더 치밀하게 시민법[46]에 관해 집필하면 왜 안 되는가? 자네는 초년 시절부터, 그러니까 내가 그 일로 스카이볼라 문하에 드나들 적부터[47] 법률 공부에 열성이었던 점을 나는 기억하거든. 나한테는 자네가 시민법을 무시하면서까지 웅변에 몰두한 것으로[48] 보인 적이 결코 없었어.

마르쿠스: 아티쿠스, 자넨 나더러 긴 얘기를 하라고 시키는구면. 우리더러 더 화급한 일을 하기를 퀸투스가 바라지 않는다면, 나도 이런 토론을 받아들이겠네. 여하튼 우리는 지금 여가 중에 있다고 해야 할 테니까, 그럼 나는 법에 관한 연설을 해야겠구면.

퀸투스: 저도 기꺼이 청강하겠습니다. 저에게 이보다 나은 일이 뭐가 있겠습니까? 또 이 하루를 더 멋지게 보내는 길이 무엇이겠습니까?

14   마르쿠스: 그렇다면 우리가 항시 가던 장소, 앉을 곳이 있는 데로 가

---

46) ius civile: ius gentium(만민법), ius honorarium(정무관법)과 대조된다. 형법과 구분하지 않았으므로 '민법(民法)'이 아니다.
47) 키케로는 먼저 조점관 스카이볼라(Quintus Mucius Scaevola augur), 그의 사후 신관 스카이볼라(Scaevola pontifex)에게 법률을 사사한다(이 책 2.19.47 이하; *Ad Atticum* 1.4; *De amicitia* 1.1 참조).
48) te ad dicendum dedisse: 라틴어 dicere는 "공공연하게 발언하다"(= oratio)는 뜻을 담고 있다.

는 편이 어떨까? 충분히 걷고 나서 거기서 쉬기로 하세. 그러고서 우리가 이 문제 저 문제를 토론하노라면 재미있을 것이네.

아티쿠스: 괜찮다면 여기서 출발해 리리스 강[49]까지 가기로 하지. 강변으로, 그늘진 데로 해서 말일세. 그럼 부탁하건대 시민법에 관해서 자네가 생각하는 대로 풀이를 시작해보시지.

마르쿠스: 나더러 시작하라고? 우리 도시국가에는 으레 백성에게 시민법을 해석해주고 질의에 답변해주는 아주 훌륭한 분들이 있었어.[50] 하지만 그분들은 거창한 주장을 내놓고 정작은 사소한 일에 몰두하고 말았지. 실상 국가의 법제보다 대단한 일이 뭐가 있겠는가? 또 (백성에게는 제아무리 절실하다고 할지라도) 소송을 변론하는 사람들의 업무만큼 시시한 일이 뭐가 있겠는가? 물론 그런 업무에 뛰어난 분들이 법 일반에 관해서 문외한이라고는 나도 생각하지 않네. 그렇지만 사람들이 막상 '시민법'이라고 하면 인민에게 유익함을 주겠다는 의도에서만 그것을 다루었단 말일세. 그것은 실용적인 면에서는 필수적이겠지만 학문적인 면에서는 보잘것없다고. 그럼 어디서부터 시작하면 좋겠는가? 아니면 무슨 주제를 꼽을 셈인가? 차마 나더러 경계 담장에 관해 규정한 법제를 다루는 소책자나 빗물이 전답으로 흘러들어가는 문제에 관해 규정한 법제를 다루는 소책자를 쓰라는 말은 아니겠지?[51] 아니면 계약[52]이나 소송에 관한 서식이나

---

49) 아르피눔(Arpinum)이 있는, 캄파니아(Campania) 경계선을 흐르는 강이며 가까운 곳에서 피브레누스(Fibrenus) 강이 흘러든다. 그 삼각주 역시 키케로의 영지였다.

50) 법률연구와 관련된 용어 구사는 다음 한 구절 참조. "이처럼 우리의 통치자는 참으로 법과 법률에 관해서 알려고(iuri et legibus cognoscendis) 힘쓰며 어떻게 해서든지 이런 일의 근원을 사실상 통찰했겠지요. 국가를 관리하고 어떻게 보면 국가에서 감독노예 노릇을 할 수 있도록 자문에 응하고 읽고 쓰는 일에"(responsitando et lectitando et scriptitando)(국가론 5,3,5)

수집하라는[53] 말은 아니겠지? 그건 벌써 많은 사람들이 열성을 다해 기록했어. 그리고 그 내용도 자네들이 내게 기대하려는 것 못지않은 것으로 아는데.[54]

5

15 아티쿠스: 그렇긴 한데 내가 무엇을 기대하는지 자네가 묻는다면, 국가의 최선의 상태에 관해서 이미 자네가 쓴 바 있으므로[55] 자네가 똑같이 법률에 관해서 글을 쓰는 것이 연속성이 있어 보이네. 자네가 받드는 저 위대한 플라톤 역시 그렇게 한 것으로 나는 알고 있네.[56] 자넨 그를 흠모하고 그가 다른 누구보다 훌륭하다고 생각하며 그를 가장 경애하고 있으니 말일세.[57]

마르쿠스: 그는 크레타의 클레이니아스, 라케다이몬 사람 메길로스

---

51) 이웃과 경계를 이루는 담장은 헐어서는 안 되고, 빗물이 이웃 전답으로 흘러 들어서는 안 되었다(12표법 7.8).

52) stipulatio: 채무자와 채권자 사이의 계약. spondes?("약조하는가?") spondeo!("약조한다")는 문답을 주고받았다.

53) iudiciorum formulas componere: 사법절차를 규정하는 norma(규정), regula(규식), praescriptum(법규)을 수집 정리하다.

54) 당대 법률가들 Flavius(ius Flavianum), Manilius, Iunius Brutus(tres Bruti de iure civili libellos: *De oratore* 2.55.223), Fabius Pictor(ius pontificum), Crassus, Figulus, Scaevolae 등에 대한 키케로의 평가는 다음 문전에서 볼 수 있다. *Pro Murena* 23~29; *De oratore* 1.55.236.

55) 키케로의 *De republica* 전체가 여기에 해당한다.

56) Plato, *Respublica*. 단 플라톤은 최선의 국가를 상대로 하지 않고 차선의 국가를 전제로 『법률론』(*Leges*)을 쓴 것으로 알려져 있다.

57) 키케로는 플라톤을 매우 존경했다. "우리의 위대한 신 플라톤": deus ille noster Plato(*Ad Atticum* 4.16.3), "언변에서 플라톤보다 풍부한 인물은 아무도 없었다": nemo uberior in dicendo Platone(*Brutus* 31.121), "플라톤은 문장의 유려함이나 진중함에서 모든 이들 가운데 단연 첫째가는 인물이다": Plato longe omnium······ exstitit et suavitate et gravitate princeps(*Orator* 19.62).

와 더불어 국가의 제도와 최상의 법률에 관해서 토론했지.[58] 그가 묘
사하는 바에 따르면, 어느 여름날 크노소스의 실편백나무 그늘과 널
따란 숲길에서 대개는 걸으면서, 가끔은 쉬어가면서 토론을 했어. 그
러니 우리도 이 커다란 백양나무 사이로, 녹음이 짙은 강변을 거닐면
서, 때로는 쉬면서 국가에 관해서 토론하기로 할까? 의례적인 법정
에서 요구하는 것보다는 좀더 보람 있게 말일세.

16   아티쿠스: 나도 그런 내용을 듣고 싶네.

마르쿠스: 퀸투스는 뭐라고 할 텐가?

퀸투스: 이보다 더 좋은 일이 없을 것 같습니다.

마르쿠스: 옳은 애기네. 어떤 방식으로 토론을 하더라도 다음과 같
은 주제들이 좀더 잘 밝혀지는 경우는 없다고 여기도록 하게. 대자
연이 인간에게 부여한 성품이 무엇인가? 인간 지성이 얼마나 탁월한
위력을 갖추고 있는가? 우리는 어떤 소명을 함양하고 성취하라는 명
분을 갖고 태어났고 이 세상에 왔는가? 인간들의 연대(連帶), 즉 인
간들 사이의 자연적 결사(結社)는 어떤 성격인가?[59] 이 모든 것을 설
명한 연후에만 법률과 법정의의 원천을 찾아낼 수 있을 것일세.[60]

17   아티쿠스: 그 말인즉, 자네는 법학이라는 것이 지금도 다수 인사들
이 생각하듯이 법무관의 포고령[61]에서 기인하는 것도 아니고, 그렇

---

58) 플라톤의 『법률론』 12권은 크레타의 크노소스에서 크레타의 클레이니아스
   (Cleinias)와 스파르타의 메길로스(Megillos) 그리고 아테네인 손님(플라톤)이
   나누는 대화체이고 키케로의 말처럼, 여름날에(aestivo die) 키 큰 실편백나무
   숲에서(in cupressetis) 이루어지는 대화처럼 구성되어 있다.

59) cf., Cicero, *De natura deorum* 1.2.3~5. (「신들의 본성에 관하여」 강대진 옮김,
   2019, 그린비)

60) fons legum et iuris: 방금 열거한 인간의 본성과 지적 자질, 타고난 도리와 사
   회적 성격이 법원(法源 iuris principia)이 된다는 논지가 이하에 개진된다.

61) praetoris edictum: 법무관은 재판과 법률의 유권해석을 장악하고 그해에 시
   행할 법령을 목판(album)에 기록해 포고했다(edictum perpetuum). 후임자에

다고 조상들이 믿어온 것처럼 12표법[62]이라는 실정법에서 유래하는 것도 아니라고 생각한다는 뜻이군. 오히려 법학은 그 바탕이 되는 철학에서 이끌어내야 한다는 말이구먼.

마르쿠스: 폼포니우스, 진정 우리가 이 논의를 통해서 따지려는 것은 어떻게 하면 법의 테두리 안에서 몸을 사릴 수 있느냐 하는 것도 아니고, 고객의 법률적 상담에 어떻게 응답할 것이냐도 아니네. 그런 일도 대단한 일일 테고 사실 큰일이기도 해서 한때는 수많은 저명인사들이 다루었고 지금도 독보적이라고 할 인물[63]이 나서서 최고의 권위와 지식으로 이 문제를 다루고 있기는 하지. 그렇지만 우리는 이 논의에서 보편적인 정의와 법률의 전체 사안을 포괄해야 하네. 그렇게 본다면 우리가 시민법이라고 일컫는 분야는 작고 협소한 부분을 차지할 따름이네. 우리는 법의 본성을 해명해야 하는데 인간의 본성에서 연역해 해명하자는 것이지. 아울러 도시국가들을 통제할 법률을 논해야 하지. 이어서 제 인민의 법제와 명령으로서 구성되고 분류된 바를 다루어야 할 걸세.[64] 그중에는 우리 인민이 시민법이라고 일컫는 내용도 빠뜨리지 않아야겠지.

6

18 퀸투스: 형님, 형님은 참 깊숙이 들어가시네요. 응당 그래야겠지만,

게 구속력은 없었으나 대체로 승계되어 로마의 실정법 체계를 이룬다.

62) 12표법은 10인위원(decemviri)이라는 특별직 정무관(magistratus extraor-dinarii: 481년 lex Terentilla로 신설)에 의해서 451년에 제정된 것으로 전해온다 (Livius, *Ab urbe condita* 3.32.6).

63) 공화정 최후의 법률가요 기원전 51년에 통령을 지낸 술피키우스 루푸스 (Servius Sulpicius Rufus)를 지칭하는 듯하다(Cicero, *Brutus* 41.152).

64) composita et discripta iura et iussa: populi iussum이 ius 및 lex와 동의어로 쓰임은 이하 iura civilia [populi] 부분 참조.

우리가 탐구하려는 바를 그 뿌리까지 탐색해 들어가시는군요. 그러니까 시민법을 달리 얘기하는 사람은 시민법을, 정의를 구현할 방책으로 생각하지 않고 분쟁을 해결할 방책으로 생각하는 셈이군요.

마르쿠스: 퀸투스, 그렇지는 않아. 법에 대한 지식보다는 법에 대한 무지가 분쟁을 유발하지. 하지만 이 얘기는 뒤에 다루기로 하고 지금은 법원(法源)에 관해서 살펴보기로 하세.

지극히 박식한 인사들은 법률에서 논의를 출발시키는 것이 마음에 들었고, 그들이 정의하듯이 "법률이란 자연본성에 새겨진 최고의 이치(理致)"라고 한다면, 그리고 "그 이치가 행해야 할 것은 명(命)하고 상반되는 것은 금(禁)한다"라고 한다면, 그 말이 옳았는지도 모르지.[65] 동일한 그 이치가 인간의 지성 안에서 확인되고 연역될 경우 법률이 되네.

19 그래서 사람들은 법률을 현려(賢慮)라고도 하는데, 현려의 능력은 올바로 행하라고 명령하고 악행을 하지 못하게 금하기 때문이지.[66] 따라서 동일한 대상이 그리스 말로는, "각자에게 자기 것을 돌려주는" 데서 오는 것이라고 여겨지고, 우리말로는 "선택하는" 데서 오는 것으로 간주된다네.[67] 말하자면 저 사람들은 법률에 공정(公正)의 힘을 부여하고 우리는 선택(選擇)의 힘을 강조하는 것인데, 실은 둘 다 법률의 고유한 특성이기도 하지. 나도 대강 그렇게 보기는 하지만 만일 이런 주장이 옳다면, 법에서 정의의 출발을 이끌어내야 할 것일

---

65) 스토아 학자 제논(Zenon)의 정의로 알려져 있다. Cicero, *De natura deorum* 1.14.36; *De republica* 3.22.33).

66) "현려(prudentia)란 무엇을 희구하고 무엇을 기피할지 아는 지식(rerum expetendarum fugiendarumque scientia)"(*De officiis* 1.43.153).

67) 그리스어 단어 *nomos*는 *nemo*('분배하다', 스토아파의 해석)에서 유래한 것으로, 라틴어 단어 lex는 lego('선택하다')에서 유래하는 것으로 설명한다(이 책 2.5.11 참조).

세.[68] 무릇 법률이란 자연본성(自然本性)의 위력이고, 현명한 인간의 지성(知性)이자 이성(理性)이며, 정의와 불의의 척도네.[69] 그렇지만 우리는 모든 언어를 인민의 지성 수준에 맞추어 구사해야 할 것이고, 대중이 일컫는 대로 명하거나 금지함으로써 일단 문자로 기록해 승인한 것을 법률이라고 불러야 할 것이네. 여하튼 우리는 법이 성립하는 출처를 저 최고법에서 포착해야 할 것이니, 최고법(最高法)은 여하한 성문법도 생기기 이전에, 심지어 어떤 도시국가도 성립되기 이전에 아주 오랜 세월 전에 먼저 생겨났네.

20   퀸투스: 우리 논제의 설정 명분에 비추어본다면 그 말씀이 좀더 적합하고 좀더 지혜롭다고 생각합니다.

마르쿠스: 그렇다면 자네는 법의 기원을 그 원천으로부터 탐구해가기를 바라는가? 만약 그 원천이 발견된다면 우리가 궁구하는 이 모든 토론을 어디로 연관시켜나가야 할지 의심의 여지가 없을 것이네.

퀸투스: 저는 그렇게 해야 한다고 생각합니다.

아티쿠스: 나도 아우님의 생각에 동조하네.

마르쿠스: 우리는 국가의 위상(位相)을 견지하고 보호해야 할 도리가 있고, 저 여섯 권의 책에서[70] 스키피오마저도 저런 국가를 최선의 정치형태라고 발언한 바 있네. 그러므로 모든 법률은 국가의 저런 형태에 적응해야 할 것이고, 또한 윤리도덕도 함양되어야 할 터이므로 반드시 모든 것이 성문법으로 제정되어야 할 필요는 없겠네. 따라

---

68) a lege ducendum est iuris exordium: 로마인의 실용주의적 정치사상으로는 정의(곧 권리)를 구체적으로 보장하는 법률이 실제적으로 제정되지 못하는 한 정의란 명분에 불과했다.

69) lex est naturae vis, mens ratioque prudentis, ea iuris atque iniuriae regula: 키케로의 고유한 법률 정의다.

70) in illis sex libris: 키케로는 자기가 쓴 『국가론』을 지칭해서 이 표현을 자주 쓴다.

서 나는 법의 원천을 자연본성에서부터 모색해나갈 작정이며 우리
는 자연본성을 길잡이로 해서 모든 논의를 설파해나가야 마땅하리
라 보네.

아티쿠스: 극히 지당한 말일세. 자연본성을 길잡이로 하는 한 어느
모로도 그르칠 수가 없겠지.[71]

7

21   마르쿠스: 그럼 폼포니우스, (퀸투스의 견해는 내가 알고 있어서 하는
말이지만[72]) 자넨 여기서 우리 생각에 동조한다는 말인가? 불사불멸
하는 신들의 힘에 의해서, 자연에 의해서, 이성에 의해서, 능력에 의
해서, 지성에 의해서, 신령에 의해서,[73] 내가 말하려는 바를 좀더 명
확하게 의미하는 뜻에서 다른 단어가 또 있다면 그것에 의해서, 전
자연이 통치되고 있음에 동조한다는 말인가? 만일 자네가 이 말을
수긍하지 않는다면, 우리는 바로 이 점부터 토론에 부쳐야 하는 처지
가 되네.

아티쿠스: 자네가 굳이 그렇게 요구한다면 나로서는 당연히 이에
동의하겠네.[74] 지금 듣는 새들의 노랫소리며 하천의 물소리 덕분에
나는 내 동문(同門) 중에 누가 내 말을 엿듣지 않나 걱정하지 않아도

71) 아티쿠스도 키케로도 스토아의 자연관에 공감한다("자연이라는 최상의 지도
자를 신처럼 따르고 복종한다naturam optimam ducem tamquam deum sequimur
eique paremus는 점에서 우리는 현명한 인간인 셈이오." *De senectute* 2.5)

72) 키케로의 아우 퀸투스는 신적 섭리라는 것을 믿었고(*De divinatione* 1.6.10), 안
티오쿠스의 견해를 추종했다(*De finibus bonorum et malorum* 5.32.96).

73) numen: "세계는 신들의 신령으로 통치되며"(mundum regi numine deorum: *De
finibus bonorum et malorum* 3.19.64), "신들이 당신의 신령과 보우로(suo numine
atque auxilio) 신전과 도성의 집들을 지켜주시니"(*De senectute* 2.13.29).

74) 아티쿠스는 에피쿠로스 학파이므로 신적 섭리(攝理)를 믿지 않으나 논의의
전개를 위해서 일단 양보한다.

되겠네.

　마르쿠스: 그렇더라도 조심은 해야 하네. 만약 자네가 저 훌륭한 책의 첫 장을 열어 지은이가 "신은 자기의 사정이든 남의 사정이든 아무것도 심려하지 않는다"[75]고 적어둔 구절을 펼쳐보였다고 한다면, 자네가 방금 한 말을 듣고서 저 선량(善良)들이 상당히 분개함이 당연하고,[76] 자네의 학문적 관용 따위는 용납하지 않을 걸세.

22　아티쿠스: 제발 부탁이니 하던 얘기를 계속하게. 난 자네에게 마음을 터놓았는데 그게 어디까지 이를지 사뭇 기대가 된다네.

　마르쿠스: 난 길게 얘기하지 않겠네. 자네가 허락한 마음이 도달할 지점은 여기일세. 곧 우리가 인간이라고 일컫는 동물로 말하자면, 예측을 하고 재치 있고 복잡다단하며 명민하고 기억력이 있고 이성과 분별력이 넘치는 동물일세. 이 동물로 말하자면 최고신(最高神)에 의해서 탁월한 여건 아래 태어났다는 것일세. 저 숱한 생물들의 종류와 형태 가운데 유독 이 동물만 이성과 사고(思考)를 나누어받고 있단 말일세. 그밖의 것들은 모조리 그것을 결하고 있는데 말이지.[77] 인간에게서만 그렇다고 얘기하지 않겠지만. 하늘과 땅에서 이성보다 신성한 것이 무엇이던가? 그것이 피어나고 완성된다면 의당히 지혜라고 일컫는 것이지.

23　그러므로 인간에게 신과 연합된 점이 있다면 그 첫째는 이성의 연합일세. 이성보다 훌륭한 것이 아무것도 없고 인간에게도 신에게도

---

75) 에피쿠로스(Diogenes Laertius, *Vitae philosophorum* 10.139; Lucretius, *De rerum natura* 2.646~48)의 이 금언을 키케로가 "영원하고 지복(至福)에 이른 존재는 스스로도 어떤 심려를 하지 않고 남에게도 보이지 않는다"(nec habere ipsum negotii quicquam nec exhibere alteri)(*De natura deorum* 1.7.17)라고 번역했다.

76) 에피쿠로스 학파들은 평정(平靜)을 중시해 분노하지 않는다지만 의견의 차이에 곧잘 분노하더라는 키케로의 비난이다(*De natura deorum* 1.33.93).

77) cf., *De republica* 3.2.3~3.4; *De natura deorum* 2.6.16.

이성이 있어서 하는 말일세.[78] 그들 사이에는 이성이, 아니 둘 사이에는 바른 이성이 공통되네. 그것이 법률이기도 하다면[79] 우리 인간들은 법률로도 신들과 결속되어 있다고 생각해야 할 것일세. 따라서 둘 사이에는 법률의 공유가 있고 정의의 공유가 있네. 둘 사이에 이 것들이 공유된다는 점에서 그들은 동일한 국가에 소속되어 있다고 여길 만하네. 그런데 만약 신과 인간이 같은 통치권과 권력에 복종하기까지 한다면 더 말할 나위가 없네. 실제로 신과 인간이 바로 이 천상 질서에 순종하고 신적 지성에 순종하며 전능한 신에게 순종하고 있네. 그래서 이 전 세계를 신들과 인간들의 단일하고 공통된 국가라고 여겨야 하네.[80] 그리고 국가마다 가문들의 친족관계[81]에 의해서 법적 신분이 구분되는 법이네. 이것은 그럴 만한 명분이 있어서이고 내가 적절한 자리에서 그에 관해 이야기하겠네.[82] 여하튼 인간들이 신들과 친족관계를 맺고 있고, 한 족속[83]에 든다고 간주되는 것은 대자연에서 더할 나위 없이 훌륭하고 탁월한 일일세.[84]

---

78) cf., *De natura deorum* 1.14.37.

79) recta ratio······ cum sit lex: "바른 이성이 곧 법률." 법률에 대한 또 다른 정의다.

80) universus hic mundus una civitas communis deorum atque hominum: *De republica* 1.13.19; *De natura deorum* 2.51.154.

81) agnationes: 부계혈통 가운데 동일한 가부장(patria potestas)에 속하는 직계존비속들만 지칭했다.

82) 이 책에 친족관계에서 오는 신분(status)에 관한 토론이 있었는데 그 부분이 유실된 듯하다.

83) gens: 로마에서는 여러 가문(familia)을 한 씨족(gens)에 연결시키는 족속(族屬, gentilitas)에 근거해서 성씨(nomen gentilicium), 곧 씨족명(氏族名)을 사용할 수 있었다.

84) 키케로는 로마의 부계혈통과 가부장제도(patria potestas)를 우주통치에 비유하고 있다.

8

24　왜 그러냐 하면 인간의 본성을 논할 적에는, 천계의 영원한 순환과 회귀 가운데 인류의 씨앗이 뿌려질[85] 어떤 적기(適期)가 존재했다는 점이 언제나 토론에 부쳐지네(또 그렇게 토론을 하는 편이 아마 적절할 걸세). 그 씨앗이 땅에 퍼지자 영혼이라는 신성한 선물로 보강되었네. 인간들을 구성하는 다른 모든 것들은 사멸할 종자에서 취한 것이고, 따라서 취약하고 덧없는 것이지만 영혼만은 신이 인간의 본성에 박아준 것일세. 그리하여 우리는 인간을 천상존재들과 친족관계라고 부르거나 아니면 신들의 족속 내지 씨족이라고 부를 수 있다네. 그래서 동물의 그 많은 종류 가운데 신에 관한 모종의 지식을 갖춘 동물이라곤 인간 외에는 아무도 없다네. 또 인간들 가운데서도 개화된 민족이든 야만족이든 상관없이, 비록 어떤 신을 모셔야 온당한지는 알지 못할지언정, 신을 모셔야 한다는 사실조차 모르는 민족은 하나도 없다네.[86]

25　이렇게 인간은 신을 알아보는 것인데, 결국 자기가 어디서 유래했는지를 기억해내듯이 알아보는 결과가 된다네.[87] 아울러 동일한 덕성(德性)이 인간에게도 신에게도 있는데 그밖의 다른 종류에게는 그것이 없네. 무릇 덕이란 완전한 자연본성, 최고에 이른 자연본성[88] 외에 다른 것이 아니네. 이렇기 때문에 인간에게는 신과 유사한 면이

---

85) serendi generis humani: 신이라는 존재를 우주의 배종적(胚種的) 이념(ratio seminalis universi)처럼 설명하는 스토아 관점이 있었다(cf., Diogenes Laertius, *Vitae philosophorum* 7.36; Plato, *Timaeus* 41e~42d).

86) cf., *De natura deorum* 2.4.12.

87) ut agnoscat(알아보다), quasi ricordetur agnoscat(상기하듯이 알아보는) 등은 플라톤이 말하는, 전생에 대한 기억(*anamnesis*)이다(Plato, *Meno* 81~86).

88) virtus······ perfecta et ad summum perducta natura: 덕에 대한 자연주의적 정의에 해당한다.

있지. 사정이 이러하거늘 신과 인간의 이 친족관계[89]보다 더 고유하고 더 확실한 관계가 무엇이겠는가? 그리하여 대자연은 인간들의 편리와 사용을 위해 참으로 풍부한 사물들을 베풀었으니, 땅에서 나는 것들은 우리를 위해 의도적으로 선사되었지 우연히 태어난 것은 아니라고 보네. 그리고 대지의 태중에서 생산되는 곡물과 열매들은 물론이려니와 가축들마저도 일부는 인간들의 쓰임새를 위해, 일부는 인간들의 오락을 위해, 일부는 인간들의 먹이로 태어난 것임이 분명하네.[90]

26 자연의 가르침을 받아 헤아릴 수 없이 많은 기술들이 발명되었네. 이성은 자연을 흉내 내어[91] 생활에 소용되는 것들을 부지런히 손에 넣었다네.

9

바로 저 대자연은 인간을 명민한 지성으로 꾸며주는 데서 그치지 않고 인간에게 마치 종자(從者)나 심부름꾼처럼 감관을 붙여주었지.[92] 그리고 대자연은 허다한 사물들에 관해서 모호하고도 충분히 밝혀지지 않은 개념들을[93] 점차 밝혀 보여 지식의 토대로 삼아주었

---

89) cognatio: 앞의 agnatio(직계존비속의 친족관계)보다는 넓어 형제자매가 포함된다.

90) 자연의 사물들을 인간의 이용물(ad usum hominum)로 보는 인간본위의 의식은 스토아 사상(Panaetius)에서 유래한 것이다(cf., *De natura deorum* 2.14.37; *De officiis* 1.7.22).

91) quam imitata ratio: 스토아(Posidonius)의 관점으로, 예컨대 인간은 물고기를 흉내 내어 배의 키를 만들었다고 풀이한다(cf., Seneca, *Epistulae* 90.24).

92) sensus tamquam satelites ac nuntios(*De natura deorum* 2.56.140). 스토아의 인식론에서 감관은 지향(指向)을 갖춘 능동적 능력이다.

93) '개념들'(intellegentiae: *ennoia*): obscura, expressa 등은 개념 본유설(本有說)을 주장하는 스토아 인식론의 용어다. "최초의 초보적 개념으로부터"(ex prima et

네. 또한 대자연은 민첩한 신체 형태를 부여했는데 그것은 인간 재능에도 어울리는 것이었다네. 왜냐하면 그밖의 다른 동물들은 풀을 뜯어야 하기 때문에 몸을 숙이도록 만들었음에 비해 인간만은 똑바로 세웠고, 자기와 친근하고 자기의 이전 처소를 바라보듯이 하늘을 쳐다보게 추켜 세워놓았단 말일세. 대자연은 그의 얼굴 형상을 빚어내면서 인간의 숨은 성품을 그 얼굴에 그려내게 빚었다네. **27** 왜 그런가 하면 눈은 너무도 날카로워서 우리가 마음속으로 어떻게 느꼈는지를 말해주네. 그리고 얼굴 표정이라고 일컫는 것은 인간 외에는 어떤 다른 동물도 짓지 못하는 것으로서 품성을 가리키지. 그리스인도 얼굴 표정의 위력을 알고는 있었는데 그것을 지칭하는 명사는 지니지 못했다네.[94] 나머지 신체의 적성과 능숙함이며 음성의 조절이며 언어의 위력에 관해서는 그냥 넘어가겠네. 언어야말로 인간 사회의 막강한 매개체이지.[95] 이런 모든 것을 이 자리에서 토론할 것은 못 되고 그럴 시간도 없으며 이 점으로 말하자면 자네들이 벌써 읽은 서책에서[96] 스키피오가 충분히 피력한 것으로 보이네. 당장은 신이 인간을 냈고 꾸며주었다는 것, 신은 인간이 다른 만물의 영장(靈長)이 되기를 바랐으므로 다른 점들은 모두 접어두더라도, 인간의 본성 자체가 갈수록 발전한다는 그점만은 분명한 것으로 보아두세. 인간의 본성은 비록 아무도 가르쳐주지 않았어도 최초의 초보적 개념에서 사물들의 종류들을 파악했고 거기서 출발해 스스로 이성을 강화하

---

　　inchoata intellegentia) 사물들의 종류들을 파악했다"(이 책 1.9.27); "공통된 개
　　념(communis intellegentia)이 사물들을 우리에게 인식시킨다"(이 책 1.16.44).
94) 라틴어는 vultus(얼굴 표정)와 facies(얼굴)를 구분했는데 그리스어 *prosopon*은
　　'얼굴'과 '표정'을 둘 다 의미했다.
95) 이성과 언어(ratio et oratio)야말로 "인간 사회의 매개체"(conciliatrix humanae
　　societatis)라는 것이 수사학자 키케로의 꾸준한 주장이다(*De officiis* 1.56.150).
96) 『국가론』 4.1.1 참조.

고 완성해나간다네.

10

28 아티쿠스: 오, 불사의 신들이시여! 법의 원리를 찾아간다면서 자네
는 얼마나 멀리까지 나아가는지 모르겠구먼. 자네는 내가 시민법에
관해 자네한테서 고대하던 얘기를 들으려고 서두를까 봐 말리면서
자네가 그 논지로 오늘 하루 종일을 허비하더라도 대수롭지 않게 여
기고 마냥 나를 잠자코 있게 만들 요량인가 보네. 자네가 여태까지
한 말은 아마도 자네가 꺼내려는 다른 주제들을 담고 있겠지만, 그
얘기를 끄집어내게 명분을 준 본래의 주제보다도 사실 자네가 지금
하고 있는 이 얘기가 비중이 더 크네.[97]

마르쿠스: 지금 간략히 다루는 이 주제가 중요하기는 하지. 하지만
식자(識者)들의 토론에서 거론되는 모든 사안들 가운데, 우리가 정
의를 실현하기 위해 태어났다는 사실, 또 법은 여론에 의해서 성립되
지 않고 자연본성에 의해서 성립된다는 사실을 확연하게 깨닫는 일
만큼 훌륭한 일은 아무것도 없네. 사람들 사이에서 만들어지는 인간
결사(結社)와 연대(連帶)를 자네가 염두에 둔다면, 이 점[98]은 이미 분
명해졌네. **29** 한 사물이 다른 사물과 제아무리 비슷하고 동등하다
고 할지라도 우리들 사이에서 우리 모두가 비슷한 만큼 비슷하고 동
등하지는 못하네. 타락한 관습들과 허황한 의견들이 나약한 지성을

---

97) 키케로는 시민법과 그 원천에 대해 말하겠다면서 법철학 내지 자연법 사상을
설파했는데 아티쿠스는 이 이론도 나름대로 좋았다고 수긍한다.

98) 지은이는 인간은 정의를 위해 태어났고(nos ad iustitiam natos), 법률은 실정법
적 입법자의 의지에 앞서 인간 본성에 토대하며(natura constitutum esse ius),
전 인류의 연대(hominum societas coniunctioque)에서 법이 촉발된다는 세 가
지 골자를 다시 상기시킨다.

왜곡시키거나 어디론가 기울어지게 만드는 일만 없다면, 모든 인간이 모든 인간과 비슷한 만큼 자기와 그토록 비슷한 존재를 누구도 찾을 수는 없네. 그러므로 인간의 정의(定義)가 어떠하든 간에 인간에 대한 정의(定義) 하나가 만인에게 통용되는 것일세. **30** 말하자면 인간이라는 종에서 상이(相異)함이 전혀 없다는 것이 이에 대한 충분한 논거가 되네. 만약 상이함이 있다면 단일한 정의(定義)로 모든 인간을 내포하지는 못할 것일세.[99] 이성이라는 그 하나로 우리가 짐승보다 훌륭하고, 그 이성으로 우리는 추정을 하고 논증을 하고 반박을 하고 토론을 하고 무엇인가 작성하고 결론에 이르는데, 바로 그 이성이 모든 사람들에게 공통으로 있다는 말일세. 비록 지식이 다를지라도 배우는 능력만큼은 동등하다는 말일세.[100] 왜냐하면 감관으로 모든 것이 똑같이 파악되고, 감관을 움직이는 것들은 모든 사람의 감관을 움직이며, 무엇이든 영혼에 인각(印刻)되는 것들은, 조금 전에 말했듯이,[101] 오성이 초보적으로만 작동하더라도 모든 사람들에게 비슷하게 인각되네. 또 지성의 통역자라고 할 언어는 비록 어휘에서는 다를지라도 사유로는 합치하지. 어떤 민족이라도 자연본성을 길잡이로 모시는 한[102] 덕성에 이르지 못할 인간은 아무도 없네.

---

99) homo animal rationale라는 정의에서 이성(ratio, rationale)은 종차(differentia specifica)가 되며, 인간이라는 같은 종(種)에 속한다는 것은 이성이라는 종차를 공유하는 데 있다.

100) 스토아적 관점에서 인간의 이성이라는 공통본성(곧 종차)에서 인류의 연대성을 보고 공통된 양심의 법(자연법)을 토대로 세계인(cosmopolitanus) 사상을 구축하려는 노력이다.

101) 이 책 1.26~77 intellegentia 해설 참조.

102) qui ducem naturam nactus(앞의 각주 71) 참조).

11

31 　올바른 일에서뿐만 아니라 사악함에서도 인류의 상호 유사성은 두
드러지게 나타나네. 사람이라면 누구나 정욕에 사로잡히네. 정욕이
비록 추잡한 짓으로 유혹하는 것이지만 자연본성적인 선(善)과 어떤
면에서 유사한 점을 띠고 있네. 둘 다 유쾌함과 쾌감을 두고 즐기는
까닭이지.[103] 마찬가지로 지성의 오류에서도 유익한 무엇이 얻어지
기도 하거든. 그와 비슷하게 무지함으로 인해 죽음을 피하기도 하지.
죽음은 자연본성의 해체와 흡사한 것인데 사람은 생명에 애착하네.
우리가 태어난 그 상황에 우리를 붙잡아주기 때문이지. 고통 역시 그
쓰라림 때문에, 또는 자연본성의 파멸이 뒤따르는 것으로 보이기 때
문에 제일 큰 악 가운데 하나로 간주되지. **32** 그리고 영예와 영광이
라는 덕성이 흡사하기 때문에 영예를 입은 사람들은 행복한 사람으
로 보이고 불명예를 입은 사람들은 불행한 사람으로 보이네. 근심,
기쁨, 탐욕, 두려움 등은 똑같이 모든 사람들의 마음에 스며든다네.
개와 고양이를 신처럼 섬기는 사람들이 달라서,[104] 사람들이 다르니
까 비록 견해가 다르다고 하더라도, 그들 역시 그밖의 민족들이 시달
리는 미신(迷信)과 똑같은 미신에 시달리지 않는 것은 아닐세.[105] 도
대체 어느 나라가 정중함을 사랑하지 않고, 관대함을 사랑하지 않고,
고마워할 줄 알며 은혜를 잊지 않는 마음을 사랑하지 않던가? 오만
한 자들, 악을 저지르는 자들, 잔혹한 사람들, 배은망덕한 자들을 능
멸하고 미워하지 않는 나라가 어디 있던가? 이 모든 것으로 미루어
전 인류가 서로 결속되어 있음을 깨달을 수 있는 이상, 마지막 결론

---

103) levitate et suavitate delectans: 인간본성의 선성에 시선을 맞추고 있다.
104) 이집트 신들의 머리가 동물을 형상화한 사실을 암시한다.
105) 이집트의 미신도 다른 민족들의 미신과 다를 바 없어서, 인류는 오류와 타락
　　에서도 유사점을 보인다.

은 올바로 살겠다는 이성은 사람들을 좀더 선한 인간으로 만든다는 점일세.[106] 자네들이 이 점을 수긍한다면, 나머지 얘기를 계속하겠네. 자네들이 뭔가 따질 게 있다면 그점을 먼저 풀기로 하세.

아티쿠스: 우리 두 사람을 두고 내가 대답해도 좋다면 우리는 따질 게 아무것도 없네.

12

33 마르쿠스: 그렇다면 우리는 자연본성에 의해서 이렇게 만들어졌다는 결론이 나오네. 곧 서로서로 법에 참여하고 모든 사람 사이에 법을 공유하도록 만들어졌다는 말일세. 이번 토론 전체를 통해서 이 점은 이렇게 이해해주기 바라네. 내가 말하는 법은 자연본성이라고 이해해주기 바라네.[107] 하지만 악한 관습에서 나오는 부패는 하도 극성스러워서 자칫 자연에게서 부여된 불꽃을 꺼뜨리게 마련이며, 정반대의 악덕들이 일어나고 득세한단 말일세. 인간본성이 어떻게 생겨먹었으며, 시인이 하는 말마따나 사람들이 주견이랍시고 "인간적인 것치고 자기와 무관한 것이 아무것도 없다"[108]라고 생각하더라도 말일세.[109]

비록 그렇더라도 법은 공정하게 또 모든 인간들에 의해서 존중될 것일세. 자연으로부터 이성을 받은 사람들에게는 역시 올바른 이성

---

106) recte vivendi ratio: "정의에 따라 살아가는 이치"라고 번역된다.

107) ius naturam esse: "내가 말하는 법이란 다름 아닌 자연본성이다." 앞의 각주 79) 참조.

108) "나도 인간이어서 인간이 저지르는 못된 짓치고 내가 못할 짓은 아무 것도 없고요"(homo sum, humani nihil a me alienum puto). (Terentius, *Hautontimoroumenos* 1.1.77)

109) iudicio homines······ putarent: "주견이랍시고······ 라고 생각할 정도로 뻔뻔스러울지라도."

이 주어진 것일세. 그렇다면 그들에게는 법률도 주어져 있네. 법률이란 명하고 금하는 데서 올바른 이성을 말하는 것이네.[110] 만일 법률이 주어졌다면 법 또한 주어졌을 것이네.[111] 그런데 만인에게는 이성이 주어져 있네. 그러므로 만인에게는 법이 주어져 있네. 최초로 법에서 유용성을 분리해냈다는 인물을 소크라테스가 두고두고 저주하고 다닌 것은 옳았네.[112] 그것이 모든 해악의 우두머리라고 비난하고 다녔네.[113] 우정에 관한 피타고라스의 저 유명한 말이 어디서 유래했겠나?[114] 그 주제에서……[115]

34 이것으로 미루어 한 가지가 분명해지네. 이러한 호의(好意)가 좀더 넓고 멀리까지 퍼져 있을 때, 어떤 현자가 자기와 동등한 덕성을 갖춘 타인을 향해서 이러한 호의를 베푼다고 해보세. 그러면 필연적으

---

110) lex, quae est recta ratio in iubendo et vetando: 앞의 각주 79), 106) 참조.

111) si lex [data est], ius quoque datum est: 구체적인 실정법(lex)이 있어야만 추상적인 법도(法道) 또는 정의(실제로는 권리)가 성립한다. 앞의 각주 68) 참조.

112) qui utilitatem a iure seiunxisse: 자연본성상 법정의와 이익은 하나여야 하는데 이것을 분리해내면 실용주의로 전락하여 인간은 이익만을 추구하게 된다(De officiis 3.5.21).

113) 알렉산드리아의 클레멘스(Clemens Alexandriae, Stromata 2.21.3)가 클레안테스(Cleanthes, De voluptatibus)의 말이라고 전한다. "소크라테스는 원래 불가분의 관계에 있던 양자를 분리시키는 자들을(qui cohaerentia opinione distraxissent) 저주했다."(국가론 3.3.11)

114) "원하는 것이 같고 싫어하는 것이 같다는 사실, 이것이야말로 굳은 우정일세"(idem velle atque idem nolle ea demum firma amicitia est). (Sallustius, De coniuratione Catilinae 20) "친우들의 소유는 공동의 소유다"(Porphyrius, De vita Pythagorae 33) "친우는 또 하나의 나"(alter ego amicus). (Diogenes Laertius, Vitae philosophorum 8.10)

115) 이 대목에서 탈락된 부분은, 이해관계를 떠난 우정의 호의(好意, benevolentia)에 근거해 정의와 이익이 별개로 분리될 수 없다는 논의(De amicitia 57)로 추정된다. 혹자는 다른 편집자들과 달리 "단편 2"(Lactantius, Divinae institutiones 5.8.10)를 본문의 이 자리에 삽입한다(부록 2 참조).

로 그는 더 이상 자기 자신을 타인보다 더 사랑하는 일이 결코 없는 경지에 이르며,[116] 어떤 사람들은 이것을 믿기지 않는 일로 여길 것이네.[117] 모든 것이 평등한 터에 차이가 나는 점이 무엇이겠는가? 사소하나마 우정에 차이 나는 것이 개입할 수 있다고 하세. 그러면 우정이라는 이름은 이미 죽은 것일세. 누군가 무엇을 자기에게 더 원하는 순간 우정이라는 이름은 그 힘을 아예 잃고 말지. 지금까지 내가 한 이 모든 얘기는 앞으로 남은 얘기와 우리의 토론에 서론으로 내놓아서 법이 자연본성에 새겨져 있음을 좀더 알아듣기 쉽게 하려는 뜻이었네. 이에 관해서 좀더 말하고 나서 시민법으로 돌아오겠네. 이 모든 얘기가 시민법에서 생겨났으니 말일세.

퀸투스: 형님은 말 그대로 아티쿠스 님에게는 아주 조금만 얘기하시면 되겠군요.[118] 하지만 형님이 아티쿠스 님에게 하신 말씀에서 법이라는 것이 자연본성에서 기인했다는 점만은 제게도 확실해 보입니다.[119]

---

116) uti nihilo sepse plusquam alterum diligat: 우정의 최고경지로 이른바 황금률("남들이 그대에게 해주기 바라는 대로 그대가 남들에게 해주어라")의 번안이다.

117) 에피쿠로스는 "현자가 완벽한 삶의 지복을 위해 획득하는 것들 가운데 가장 위대한 것은 우정이다"(Wotke ed, *Ratae sententiae*, fr.21), "모든 우애는, 비록 도움의 필요에서 출발하더라도, 그 자체로 추구할 만하다"(fr.23)라고 하면서도 참된 우애는 현자들 사이에서만 가능하다고 믿었다.

118) 아티쿠스는 에피쿠로스 학파이므로 법은 관습의 산물일 따름이라고 생각할 테니까 마르쿠스가 굳이 많은 얘기로 설득하려고 할 필요가 없으리라는 뜻 같다.

119) 사본에 따라서는(뷔히너) "아티쿠스 님에게는 법이라는 것이 자연본성에서 기인한 것으로 보이지 않겠지만 제게는 확실합니다"라는 의미로 읽힌다.

13

35   아티쿠스: 나라고 달리 생각할 여지가 있겠는가? 이 점은 이미 논증이 종결된 터에 말일세. 첫째로, 우리는 신들에게서 선물받은 것 같은 것들을 갖추고 구비했다는 말이며, 둘째로는 인간들 사이에는 단일한 삶의 이치가 존재하는데 그것은 만인에게 평등하고 공통된다는 것이며, 마지막으로 모든 사람이 본성적인 관용과 호의로 서로 결속되어 있고 법의 결사(結社)로 서로 결속되어 있다는 얘기가 아닌가? 내가 판단하기에 우리는 이것들을 참이라고 수긍할 것이며 그게 옳은 것 같은데, 무슨 수로 법률과 법도를 자연본성에서 분리시키겠는가?

36   마르쿠스: 바로 말했네. 사실이 정말 그렇다네.[120] 하지만 철학자들이 하는 방식에 따르면, 물론 저 고대인들의 방식이 아니고[121] 지혜의 훈련소 같은 것을 세운 사람들이 하는 방식대로 하자면,[122] 앞서 대략적으로 또 자유롭게 논의한 내용들을 지금은 조목조목 분석해가면서 따지고 있다네. 그들은 우리가 지금 다루고 있는 이 주제를 별도로 토론하지 않으면 충분하지 못하다고 생각한다네. 법이 자연본성에서 기인한다는 이 주제 자체를 분리시켜 토론하지 않으면 충분하지 못하다는 생각들일세.[123]

---

120) et res sic habet: 아티쿠스가 예의상 키케로의 말을 논리적으로 정리하는 데서 그치자 키케로는 자기의 주장이 진실임을 재강조한다.

121) non veterum illorum: *Academica* 1.4.15에 따르면 키케로는 이 표현으로 소크라테스 이전과 소크라테스 학파(크세노폰, 플라톤, 아리스토텔레스)를 한데 지칭한다.

122) quasi officinas sapientiae: 학원 내지 학파를 '공장 또는 훈련소'(officina)라고 지칭하며 구아카데미아, 소요학파, 스토아 학파 등을 거론한다(*De finibus bonorum et malorum* 5.3.7).

123) 스토아 학파의 학문분류와 분석적 방법(대강적, 총론적, 상론적, 분석적)을 가리킨다. 이하 제1권 각주 222) 참조.

아티쿠스: 자네는 자네 나름대로 토론하는 자유를 잃어버렸다는 말이구먼. 그게 아니라면 자네가 토론을 하면서 자네의 판단을 따르는 것이 아니라 타인들의 권위에 순종하는 그런 사람이던가.[124]

37 마르쿠스: 티투스, 언제나 그런 것은 아니라네. 하지만 이 토론의 과정이 어떻게 진행될 것인지에 대해 자네가 간파한 셈이네. 국가를 공고히 하고 도시국가들을 확고히 하고 인민들을 건실하게 치유하는 것이 우리의 연구로 수행하려는 과제이지. 그러다보니까 잘 다져지고 면밀히 검토되지 않은 것을 원리로 설정하는 잘못을 범하지나 않을까 나는 두렵다는 말일세. 그렇다고 그런 원리를 모두 수긍해야 한다는 말도 아니지(그것은 가능하지 않으니까). 단지 바르고 정직한 것은 무엇이든지 그 자체로 추구되어야 한다[125]고 주장한 사람들, 그 자체로 상찬할 만한 것이 아니면 아무것도 선(善)으로 꼽아서는 안 된다[126]고 주장했거나, 진정 자발적으로 상찬을 받을 수 있는 것이 아닌 것을 무슨 큰 선으로 여겨서는 안 된다고 주장한 사람들이 수긍할 수 있는 원리여야 하겠지. **38** 그중에는 스페우시포스, 크세노크라테스, 폴레몬과 더불어 구(舊)아카데미아 학파에 머물렀던 사람들이 있고, 아리스토텔레스와 테오프라스토스를 추종해 내용상 그들과 견해를 같이하면서도 가르치는 방법에서는 차이를 보였던 사람

---

124) 스토아 학자 크리시포스, 제논, 파나이티오스 같은 인물들을 추종하는 것이 아니냐는 핀잔이다. 바로 아래 38절 참조.

125) omnia recta atque honesta per se expetenda 명제는 스토아와 아리스톤의 입장이고, 이 명제를 골간으로 학파를 분류해서 이하에 열거되는 동조 입장(구아카데미아[스페우시포스, 크세노크라테스, 폴레몬], 소요학파[아리스토텔레스, 테오프라스토스], 스토아파[제논, 아리스톤], 반대 입장(에피쿠로스파), 회의적 입장(신아카데미아)으로 나눈다.

126) nihil omnino in bonis numerandum nisi quod per se ipsum laudabile esset 명제는 구아카데미아와 소요학파의 입장이다.

들이 있는가 하면, 제논처럼 내용은 바꾸지 않은 채 용어만 바꾼 사람들이 있고, 난해하고 무미건조하며 지금은 이미 극복이 되었지만 반박을 당한 아리스톤 학파를 추종한 사람들도 있지. 이 마지막 사람들은 덕과 악덕을 빼놓고 모든 것을 절대 평등으로 취급했지.[127] 내가 말한 원리는 이 모든 인사들에게 인정받고 있다네. **39** 그 대신 스스로에게 관대하고 육체를 열심히 돌보는 사람들, 삶에서 추구해야할 것과 피해야 할 모든 것을 오로지 쾌락과 고통으로 가늠하는 사람들은 비록 참된 내용을 말한다고 할지라도 (이 자리에서 그들과 논쟁을 벌일 필요는 없겠네) 그냥 자기네 장원(莊園) 안에서나 떠들라고 하세.[128] 그리고 국가의 모든 사회관계에서는 약간 떨어져 있으라고 부탁하기로 하세. 그들은 정치 분야에 관해서는 아무것도 모르고 있거나 절대 알고 싶어하지 않으니까 말일세.[129] 이 모든 문제를 혼란스럽게 만드는 아카데미아 학파, 아르케실라스와 카르네아데스에 의해 최근에 생겨난 이 학파에게는 제발 입을 다물라고 당부하기로 하세.[130] 왜냐하면 우리가 보기에 빈틈없이 짜이고 배치된 이 영역으로 만일 저 학파가 침투한다면 엄청난 해를 끼칠 것이기 때문이네.

---

127) 키오스(Chios)의 아리스톤: 제논의 제자로 엄격한 도덕(voluntas constans)을 내세워 비정통 스토아로 알려져 있다.

128) 아티쿠스가 신봉하는 에피쿠로스 학파를 가리킨다. 아테네에 장원(hortulum)을 갖고 공동생활을 했다.

129) 키케로는 에피쿠로스 학파의 지성인들이 공직생활을 멀리한다는 점을 가장 싫어했다("국가를 통솔하는 일, 특히 공화국의 현안문제를 상대하지 않으려는 점에서[aggredi non cupiet a regenda civitate, hac praesertim re publica] 저들을 경원한다"*De oratore* 3,17,63).

130) exoremus ut sileat: 신아카데메이아의 회의론이 파괴적임을 지적한다. "감관으로 파악하든 이성으로 파악하든 확실한 것은 아무것도 없다(nihil esse certi quod aut sensibus aut animo percipi possit). 바로 이 사상에서 최근 아카데미아 학파가 나왔다."(*De oratore* 3,17,67)

하지만 나는 저 학파를 회유하고 싶은 마음이지, 추방할 생각은 감히 못한다네.[131])

14

40[132)]   이 사안에서도 우리는 그의 정화(淨化)예식 없이도 정화되었네.[133)] 그러나 인간들에 대한 범죄와 또 신들에 대한 불경죄는 결코 속죄라는 것이 없네. 그러므로 그런 범죄는 죄벌을 치르게 마련인데 그것은 법정에서가 아닐세(법정이란 것이 한때는 어디에도 없었고 오늘날에도 많은 곳에는 아예 없으며 있더라도 흔히는 거짓 재판이기 십상이네[134)]). 복수의 여신들이 그들을 괴롭히고 뒤쫓아다니기 때문일세. 그러나 복수의 여신들은 연극에 나오는 것처럼[135)] 타오르는 횃불을 들고 쫓아다니는 것이 아니라 양심의 가책과 양심에 대한 기만이라는 고문을 하면서 뒤쫓아다니네. 그런데 인간들로 하여금 불의한 짓을 삼가게 만드는 것이 자연본성이 아니고 벌이어야 한다고 해보세. 형벌에 대한 두려움이 사라져버린다면 불의한 자들을 괴롭힐 근심걱정이 무엇이겠는가?[136)] 하지만 악인들 가운데서 그 어느 한 사람도 자기가 파렴치한 죄를 지었음을 자기 자신한테까지 부인하거나, 자기가 정당한 고통을 받을 적에 그 핑계를 딴 데다 돌리거

---

131) 기원전 155년 아테네가 사절단으로 철학자들(아카데미아 카르네아데스, 스토아 디오게네스, 소요학파 크리톨라오스(Critolaos)를 로마에 파견했을 적에 그들의 사상적 영향을 두려워한 카토(Cato maior)의 주창으로 원로원은 사절단을 추방하다시피 한 적이 있었다.

132) 이 부분에도 탈락된 곳이 부분이 있었으리라 추정된다.

133) 피타고라스를 지칭하며 탈락부분에서는 피타고라스 학파가 논의된 듯하다.

134) iudicia······ persaepe falsa sunt: 재판에 대한 키케로의 회의적 시각을 나타낸다.

135) cf., Cicero, *Pro Roscio* 24,67.

136) 에피쿠로스파의 실용주의 법사상에 대한 반론이다.

나, 자기 악행을 변명해 어떤 자연법을 들이대거나 할 만큼 무모한 인간은 아무도 없었네. 악인들마저도 감히 자연의 법에 호소하는 터에, 선한 사람들이야 얼마나 정성껏 그 자연법을 숭상하겠는가? 악행 그 자체보다는 벌이, 형벌에 대한 두려움이 불의하고 범죄에 젖은 삶을 살지 못하게 겁을 준다고 하세. 그렇다면 불의한 인간은 아무도 없고, 그런 짓을 저지르는 자들은 악한 인간이라기보다는 차라리 부주의한 인간이라고 여겨야 할 것일세.[137] **41** 그뿐 아니라 선량한 사람이 되겠다면서 도덕적 선 자체에 의해 움직이지 않고 어떤 유익(有益)이나 소득 때문에[138] 움직인다면, 우리는 선량한 사람이 아니라 교활한 사람이 되네. 목격증인이나 재판관을 무서워하지 않고, 또 아무것도 무서워하지 않는다면 그런 사람이 어둠 속에서라면 무슨 짓을 못하겠는가? 외딴 광야에서 허약하고 혼자 있는 사람을 만났다고 하세. 또 그에게서 허다한 황금을 갈취해낼 수 있다고 하세. 그럴 경우에 그가 무슨 짓을 하겠는가? 본성에 따라 의롭고 선한 사람이 있다면 이 인물은 단신으로 있는 허약한 인간을 보면 말을 걸고 도움을 주고 길을 안내할 것일세. 그런데 타인의 사정은 아무것도 생각하지 않고 만사를 자신의 편익으로 재는 사람이라면 이럴 경우에 무슨 짓을 할지는 자네들도 알고 남으리라고 보네. 만약 그런 사람이 저런 처지에 있는 사람에게서 목숨을 빼앗을 생각이 없고 황금을 앗아갈 생각이 없노라고 부인한다고 하세. 그렇더라도 그 사람은 그것이 본성상 추한 행동이라고 판단해서 그것을 부인하는 것이 아니라 자신의 범행이 드러나지 않을까, 그래서 그 일로 해악을 당하지나 않을까

---

137) "죄가 아니고 벌이 악행을 자제시킨다면 범죄자는 실수를 한 것이지 사악한 존재는 아니다"(nemo iniustus, aut incauti potius improbi). (국가론 3.16.26~20.31)

138) utilitate aliqua atque fructu: 에피쿠로스파를 염두에 둔 표현이다.

무서워서 그렇게 하는 것일세. 아, 저런 짓이야말로 배운 사람들뿐만 아니라 무식한 촌사람들도 얼굴을 붉혀야 마땅한 그런 짓이네!

15

42   여하튼 백성들의 제도나 법률로 제정되어 있는 것이라면 모두가 정당하다고 여기는 생각은 어리석기 짝이 없네.[139] 그러면 참주들이 제정한 법률이라 하더라도 그것이 정당하다는 말인가? 아테네에서 저 유명한 30인(三十人)[140]이 법률을 부과하려고 한다면, 또 설령 아테네인들 전부가 참주의 법률을 좋아한다면, 그것만으로 그 법률을 정당한 것으로 간주할 수 있다는 말인가? 내 생각에는 우리네 간왕(間王)[141]께서 제정한 법률, 곧 독재관은 시민들 가운데 누구라도 자기가 원하면 그 시민이 형을 언도받지 않았더라도 재판 없이 죽일 수 있고, 또 그렇게 해도 소추를 당하지 않는다고[142] 한 저 법률보다 더 심한 사례는 없네.[143] 법은 하나요, 그것으로 인간 사회가 결속되어 있다네. 유일한 법률이 그 법을 제정했으니, 그것은 바른 이성, 명령하고 금지하는 이성일세.[144] 그것을 인정하지 않는 사람이 불의한

---

139) 실용주의(實用主義) 법이론에 뒤이어 실정법론(實定法論)을 다룬다.

140) triginta illi: 기원전 404년 30인 참주가 아테네에서 전권을 장악하고 전횡을 일삼다가 트라시불로스(Thrasybulos)의 반격으로 민주정이 회복된 사건이다(*De republica* 1,28,44).

141) interrex: 통령의 유고시에 새 통령을 선출하는 회의를 주관하던 별정직. 원로원에서 5일 임기로 선출했다.

142) indicta causa inpune posset occidere: 사본에 따라서는 indemnatum이라는 단어가 첨가되어 "유죄판결을 받지 않는다"는 의미로 강화된다.

143) 플라쿠스(Lucius Valerius Flaccus)가 기원전 82년 마리우스 사후에 술라를 무기한 절대권의 독재관으로 지명한 사건. 술라는 그 권한으로 원로원 권력을 재강화했지만, 기원전 70년에 폼페이우스와 크라수스가 원상회복했다(*In Verrem* 3,82).

인간이네, 언젠가 그 법을 문자화하든 결코 문자화하는 일이 없든 상관없이 말일세. 만일 정의(正義)라는 것이 인민들이 성문화한 법률이나 제도에 대한 복종이라면, 또 혹자들이 이야기하듯이[145] 모든 것을 효용에 의거해서 측정해야 한다면, 누구라도 법률을 소홀히 대할 것이며, 가능하기만 하다면 법률을 위반할 것이네. 그러면서 그 행동이 자기한테 이득을 가져다준다고 여길 것이네. 그러면 정의라는 것은 도무지 찾아볼 수 없는 결과가 오네. 그것이 자연본성에서 유래하지 않는다면, 그리고 효용 때문에 정의가 설정되고 효용에 의해서 정의가 폐기된다면 말일세. **43** 자연본성이 확정해주지 않는 한 법은 존재하지 않을 것이며 일체의 덕성은 제거되고 말 것일세. 그렇다면 어디에 관용이 있고 어디에 애국심이 있으며 어디에 충효가 있고 타인에게 선을 베풀려는 의지나 감사를 표하려는 의지가 어디에 존재할 수 있겠는가? 자연본성에서 우러나 인간을 사랑하고 싶은 경향이 있다는 사실에서 이 모든 것이 생겨나며,[146] 이것이 법의 토대일세. 그런 것이 없다면 사람에 대한 도리뿐만 아니라 신들에 대한 의례와 종교 또한 없어져버리네. 종교심은 두려움에서가 아니라 인간을 신과 묶는 연대에 의해서 보전되어야 한다고 생각하네.[147]

16

인민의 명령으로,[148] 제일시민들의 칙령으로, 판관들의 판결로 법

---

144) lex una, quae lex est recta ratio imperandi atque prohibendi: 앞의 각주 79), 106) 참조.
145) 에피쿠로스 자신의 법사상은 *Ratae sententiae* fr.31~37 참조.
146) *De republica* 3,27,39.
147) "종교란 신성하다고 일컫는 초자연적 존재에게 치성과 의례를 올리는 것" (superioris cuiusdam naturae, quam divinam vocant, curam caerimoniamque offert). (*De inventione* 2,53,161)

이 제정된다면 강도짓을 하는 것도 법이요, 간통을 저지르는 것도 법이요, 거짓 증언을 행하는 것도 법이 될 것이네. 이런 것들이 다수의 투표나 의결로 승인되기만 하면 말일세. **44** 어리석은 자들의 판결이나 법령에 그만한 위력이 있어서 그들의 투표만으로도 사물의 자연본성이 뒤집힌다면, 왜 사람들은 악하고 해로운 것들이라도 법률로 재가해 마치 선하고 유익한 것처럼 간주하지 않겠는가? 그리하여 법률이 불의에서 정의를 만들어낼 때, 악에서 선을 만들어내는 일은 어째서 못하겠는가? 하지만 나쁜 법률에서 좋은 법률을 구분하는 일은 자연본성의 규범 외에 다른 무엇으로도 할 수가 없네.[149] 정의와 불의만 자연본성이 판별하는 것이 아니고 도덕적 선함과 도덕적 추함도 모조리 자연본성이 판별하는 법일세. 그 이유는 우리에게 공통된 인지력이 우리에게 있어서 사물들을 우리에게 인식시키고 우리 지성에 그 지식들을 개시하며, 도덕적으로 선한 것은 덕에다 편성하고 도덕적으로 추한 것은 악덕에다 편성하는 까닭이네.[150] **45** 그런 것은 여론(輿論)에 따라서 생기는 것이지 자연본성에 박혀 있는 것이 아니라고 여기는 것은 미친 사람의 생각일세. 왜냐하면 이른바 나무의 품성도 말의 품성도 (여기서 우리는 덕성이라는 명사를 남용하고 있지만[151]) 여론에 박혀 있다고 하는 것은 말이 안 되고 자연본성에

---

148) iussa populorum: 로마의 법원(法源)으로는 12표법, 원로원의 포고senatus consultum, 법무관 칙법edictum praetoris 외에 백인대회 법령decretum comitiatuum centuriatorum, 평민 결의plebiscita(지역구회의 협의deliberata comitiatuum tributorum) 등이 있었다. 마지막 평민 결의(지역구회의 협의)도 lex Publilia, lex Hortensia에 의해서 법적 효력을 지니게 되었다.

149) ius et iniuria natura diiudicatur: Horatius, *Satyra* 1.3.113~114.

150) communis intellegentia: 생득적으로 갖춘 '공통된 인지력' 내지 '개념'. (스토아의 *nous koinos* '상식常識'의 번역어인) "인지력이란 그것으로 정신이 존재하는 사물을 [존재하는대로] 관조하는 능력이다" (intellegentia est per quam animus ea perspicit quae sunt). (*De inventione* 2.53.160)

박혀 있기 때문이지.[152] 사정이 그렇다면 도덕적 선함과 도덕적 추함도 자연본성에 의거해서 판별해야 하네. 왜냐하면 보편적인 덕성이 억견(憶見)으로 입증된다면 그것의 부분을 이루는 것들도 같은 억견에 의해서 입증되는 셈이지. 이렇게 본인의 속성(屬性)에 의거해서 [153] 평가하지 않고 다른 외적인 사물에 근거해서 판단한다면, 당대에 어떤 사람을 현명한 사람이라고, 다시 말해 분별 있는 사람이라고 판단하겠는가? 무릇 덕이란 완결된 이성[154]이며, 그런 것이라면 분명히 자연본성 속에 존재하네. 그래서 모든 도덕적 선도 같은 방식으로 자연본성 속에 존재하네.

17

따라서 참과 거짓, 합리적인 것과 모순적인 것은[155] 자체적으로 판별되는 것이지 다른 무엇에 의해서 판별되는 것이 아니듯이, 마찬가지로 삶의 항속적이고 여일한 이치(이것이 곧 덕이네)는 자체의 본성에 의거해서 판별되며, 꾸준하지 못한 변덕(바로 악덕일세) 역시 본성에 의거해서 판별되지. 우리가 나무와 말의 성품(性品)[156]을 자연

---

151) virtus: 품성(稟性). 라틴어 virtus(← vir) '갈고닦은 사내다움'과 그리스어 *arete* '타고난 품성'은 동식물에 적용해보면 확연하게 다르다.

152) nec opinione sita sed in natura: 식물, 동물, 심지어 젊은이에 '품성'이라는 어휘를 적용할 때는 사물의 객관적인 품성을 갖고 하는 것이지 여론으로 측정되는 것이 아니라는 주장이다.

153) "속성(habitus)이란 어떤 사물 안에 있는 정신 또는 육체의 항속적이고 절대적인 완전성"(animi aut corporis constantem et absolutam aliqua in re perfectionem). (*De inventione* 1.17.25)

154) virtus perfecta ratio라는 덕의 정의는 바로 아래서 "삶의 항속적이고 여일한 이치"(constans et perpetua ratio vitae)라고 보완된다.

155) 참과 거짓(vera et falsa)은 사물(res) 그 자체로, 합리와 비합리(consequentia et contraria)는 언표(verba)에 의해서 결정된다.

본성에 의거해서 판단하듯이 젊은이들의 성품 역시 같은 방식으로 판단하지 않는가? **46** 성품이 자연본성에 의거해서 판단된다면, 성품에서 유래하는 덕성과 악덕 역시 달리 판단되겠는가? 성품과 덕성이 달리 판단되지 않는다면 도덕적으로 선한 것과 추한 것 역시 자연본성에 연관시킬 필요가 있지 않겠는가? 무릇 선한 것은 칭송받을 만한데, 칭송받을 만한 것을 그 자체에 내포하고 있어야 하네.[157] 선 자체는 억견에 의해서가 아니라 자연본성에서 그 자체로 선하기 때문이지. 만약 그렇지 못하다면 행복한 사람도 억견에 의거해서 행복한 것일 텐데, 이보다 어리석은 말이 또 어디 있겠는가? 선도 악도 자연본성에 입각해서 판별되고 선악이 자연의 기본원리인 이상, 의당히 도덕적으로 선한 것들과 추한 것들도 비슷한 이치에서 판별되어야 하고 자연본성으로 귀속되는 것이 마땅하네. **47** 그러나 의견의 차이와 인간의 대립이 우리를 당혹하게 만드네.[158] 감각에서는 같은 문제가 생기지 않으므로 우리는 저 감각들이 확실하다고 여기네. 그런데 저것들은 어떤 사람들에게는 이렇게 나타나고 또 어떤 사람들에게는 다르게 나타나므로, 또 심지어 같은 사람에게도 늘 똑같이 보이는 것이 아니므로, 우리는 그것을 가상적(假想的)인 무엇이라고 일컫게 되지. 그러나 이것은 사실과 아주 다르네. 우리 감관을 타락시키는 것은 어머니도 아니고 유모도 아니고 선생도 아니고 시인도 아니고 연극도 아닐세. 대중의 합치된 의견이 있다고 해서 우리의 감

---

156) 후천적으로 습득되는 virtus와 달리 ingenium(←in-genus)은 타고난 '성품'이다.
157) 사물 자체에 칭송받을 요소(laudabile)가 포함되어 있어야 한다는 성선설(性善說)만이 자연법 사상을 담보한다는 주장이다.
158) 인간본성의 동일성으로 미루어 의견 차이는 정보의 부족과 왜곡된 판단에서 유래한다는 것이 키케로의 지론이다.

관을 오도하지는 못하네.[159] 그럼에도 우리의 지성에는 온갖 기만들이 덮쳐오네. 방금 열거한 인물들에 의해서[160] 촉발될 수도 있는데, 이 사람들은 연약하고 미숙한 사람들을 받아들여서 자기네 마음대로 물들이고 비틀어놓는단 말일세. 그런가 하면 선을 흉내 내는 쾌락이[161] 모든 감관에 깊이 스며들어 우리를 기만하기도 한다네. 그것이 모든 악의 모체가 되지. 그것의 유혹으로 부패한 연후에는 사람들은 무엇이 자연본성상 선한 것인지 제대로 분간하지 못한다네. 자연본성상 선한 것들에는 이런 달콤한 맛과 매력이 결여되어 있기 때문이지.

18

48   그리하여 정의와 도덕적인 모든 것은 자발적으로[162] 추구된다는 결론이 도출되네. (나로서는 나의 모든 얘기를 미리 결론짓기로 한다면 하는 말이지만.) 여태껏 말한 내용에서 이것은 눈앞에 훤히 드러나는 것일세. 모든 선한 사람들은 공정 자체를, 정의 자체를 사랑하네.[163] 스스로 그르쳐 그 자체로 사랑할 것이 아닌 것을 사랑하는 일은 선한 사람이 할 짓이 아니네. 결국 법은 그 자체로 추구되고 존중되어야 하네. 법이 그렇다면 정의 역시 그렇다네. 정의가 그렇다면 나머지

---

159) 일단 감관에는 신빙성을 부여해야만 인식의 객관성이 성립한다. 사람들의 오도(誤導)와 정욕에 몰두한 타락이 객관적인 진리를 보지 못하게 만든다 (cf., *Tusculanae disputationes* 1.3.2~3).

160) 이 책 1.14.40 텍스트의 부분적 탈락으로 정확히 누구를 가리키는지 알기 어렵다(앞의 각주 132) 참조).

161) imitatrix boni, voluptas: 쾌락은 참 선이 아니고 선을 흉내 내는 데 지나지 않는다.

162) sua sponte: 선과 덕성을 선천적인 것으로 주장하는 표현이다.

163) omnes viri boni ipsam aequitatem et ius ipsum amant: '선인(善人)'에 대한 정의이기도 하다.

덕들도 그 자체로 닦아야 하네. 왜냐고? 관용이라는 것이 무상(無償)의 것이든가? 아니면 포상을 받고 파는 것이든가? 대가를 받지 않고도 관대할 수 있다면 무상의 것이고, 대가를 받고 그렇게 한다면 팔린 것이네. 그러니 관용하거나 관대하다는 말을 듣는 사람은 본분을 따르는 것이지 이득을 따르는 것이 아님에는 의심의 여지가 없네. 따라서 정의 역시 아무런 상급이나 아무런 대가를 바라지 않는다네. 그렇다면 그 자체로 추구되는 것이지. 모든 덕목들에 관해서도 같은 원인, 같은 의도가 통하네. **49** 그리고 덕이라는 것이 그 자체로 추구되지 않고 이득을 바라고 추구된다면, 무릇 이득이라는 덕 하나만 존재할 텐데, 그것은 덕은커녕 간악(奸惡)[164]이라 불러야 지극히 온당한 일일세. 그리하여 누가 무엇을 하더라도 특히 일신의 편익과 결부시키는 사람은 조금도 선한 사람이 아니고, 상급을 갖고 덕을 저울질하는 사람들은 간악함 외에는 그 어떤 것도 덕이라고 여기지 않는 셈이지. 만일 다른 사람의 처지를 알고도 아무도 관대하게 행동하지 않는다면 남에게 잘해주는 사람이 어디 있겠는가? 은덕을 입은 사람에게 당사자들이 스스로 고마움을 느끼지 않는다면 고마워할 줄 아는 사람이 어디 있겠는가? 친구가 친구라는 그 사실만으로, 말하자면 전심으로 사랑받는 경우가 아니라면 어디에 성스러운 우정이 있겠는가?[165] 그렇지 못하면 이익이나 소득의 희망이 없을 경우에 친구라는 사람은 버림받고 배척당해야 할 것이네. 이런 일보다 더 몰인정한 얘기가 있을 수 있을까? 만일 우정이 그 자체로 닦아야 하는 것이라면 인간 사회도 공정도 정의도 그 자체로 추구되어야 하네. 만약 그

---

164) malitia(*kakia*): virtus의 대립개념이며 로마인은 vitium, vitiositas라는 단어를 더 자주 구사한다(*Tusculanae disputationes* 4.19.34; *De finibus bonorum et malorum* 3.11.39~12.40).

165) 에피쿠로스파의 우정을 비꼬아 '성스러운 우정'(sancta amicitia)이라고 한다.

렇지 못하다면 그것은 절대 정의가 아닐세. 정의의 대가를 찾는다는
것 자체가 지극히 불의한 짓이지.[166]

19

50   단정함[167]에 관해서는 우리가 무슨 얘기를 하며, 절제(節制)[168]
에 관해서는 무슨 얘기를 하며, 금욕(禁慾)[169]에 관해서는 무슨 얘기
를 하며,[170] 염치[171]나 수치심이나 정숙에 관해서는[172] 또 무슨 얘기
를 하겠는가? 사람이 파렴치한이 되지 않는 것은 불명예에 대한 두
려움에서일까, 그렇지 않으면 법률과 재판이 무서워서일까? 그렇다
면 무죄하고[173] 염치 있는 사람이 되는 것은 좋은 소리를 듣기 위함
이고 좋은 평판을 얻고자 부끄러움을 타는 것이 되지. 정숙(貞淑)이

---

166) iniustissimum ipsum est, iustitiae mercedem quaerere: 키케로는 이 문장으
로 실용주의적 법사상에 강력한 쐐기를 박는다.

167) modestia: *De inventione* 2.54.164: "단정함이란 그것으로 정숙함(pudor)이 영
예로워지며 확연하고 확고한 권위를 얻는 덕."

168) "절제(temperantia)란 정욕이나 다른 옳지 않은 충동에 대한 이성의 확고하
고 중용 있는 지배."(*De inventione* 2.54.164)

169) continentia: "금욕(continentia)이란 욕심이 신중한 사고의 지배에 다스려지
는 덕."(*De inventione* 2.54.164)

170) *Tusculanae disputationes* 3.8.16; *De finibus bonorum et malorum* 3.2.8: 그리스
어 *sophrosyne*를 다양하게 번역해 temperantia(염치), moderatio(수치심),
modestia(단정함)를 별도로 논한다.

171) "염치(verecundia)란 부당하지 않은 비난에 대해 지니는 어떤 겁처럼 자
연이 인간에게 부여한 수치심"(quam natura homini dedit quasi quemdam
vituperationis non iniustae timorem). (국가론 5.4.6)

172) verecundia, pudor, pudicitia: 굳이 구분한다면 pudicitia는 '덕으로 닦은 수
치심', verecundia는 '타고난 수치심'이라고 할 만하다.

173) innocentes: "무구하다(in-nocens: '해칠 능력이 없음') 함은 남을 가볍게
만 해치는 사람이 아니고 전혀 해치지 않는 사람을 말한다."(*Tusculanae
disputationes* 5.14.41)

라는 것은 실상 입에 올리기조차 부끄럽네. 하지만 나에게는 악덕 자체를 피하는 일보다 악덕을 지녔다는 세평을 일체 피하는 일이야말로 정선(正善)이라고 생각하는 철학자들이 오히려 부끄럽네.[174] **51** 그렇다면? 추행(醜行) 때문에 오명(汚名)이란 것이 따라오는 법이거늘 오명을 쓸까 두려워서 추행을 삼가는 사람들도 정숙한 사람이라고 부를 수 있을까? 자네가 무엇을 칭찬할 만하거나 책망할 만하다고 여기는 사물이 있다면서 그 사물의 본성 자체를 무시해버린다면 도대체 무엇을 제대로 칭찬하거나 책망할 수 있겠는가? 신체의 기형이 두드러진 경우에 모종의 혐오감을 주겠지만 정신의 기형은 혐오감을 주지 않는다는 말인가? 정신의 기형에서 오는 추함은 당사자가 갖고 있는 악덕에서 아주 쉽게 감지되는 법일세. 탐욕보다 역겨운 것이 무엇이며, 색욕보다 징그러운 것이 무엇이며, 비열함보다 경멸스러운 것이 무엇이며, 우둔하고 어리석음보다 천박한 것이 무엇이던가? 그러니 어찌하면 좋겠는가? 각각의 악덕이 두드러진 사람들이나 여러 악덕을 갖추어 두드러진 사람들을 두고 우리가 그들을 가련한 사람이라고 할 적에는 그 악덕에서 오는 손해나 피해나 파멸 때문에 그렇게 말하는 것인가? 그렇지 않으면 악덕 자체의 횡포함이나 수치스러움 때문에 그렇게 말하는 것인가? 이런 말은 정반대로 덕에 대한 칭찬에도 해당시킬 수 있겠네. **52** 끝으로, 다른 무엇 때문에 덕을 추구한다면 그 다른 무엇이 덕보다 더 좋은 것임이 틀림없네. 그것이 돈일까, 영예일까, 미모일까, 건강일까? 이것들은 비록 있더라도 하찮은 것이요, 또 얼마나 지속될지 결코 확실하게 알 수 없는 것

---

174) ullum iudicium vitare nisi vitio ipso mutatum putant: 번역이 쉽지 않다. "법에 의해서 과오를 지닌 것으로 명시적으로 드러나지(vitio notatum) 않는 한, 아무도 남의 평가가 두려워 그 일을 피하지 말아야 한다"는 번역도 가능하다.

이네. 이런 것들도 아니면, 말하기가 정말 부끄럽기는 하지만, 쾌락일까? 그러나 덕이 정말 위대하게 돋보이는 것은 쾌락을 경멸하고 배척하는 데에 있다네. 자, 이러니 자네들도 여기에 얼마나 숱한 논제들과 견해들이 산적해 있는지 알겠는가? 그 하나하나가 얼마나 서로 긴밀하게 연결되어 있는지도 알겠는가? 내가 자진해서 멈추어 서지 않았다면 이 이상으로 이야기를 끌고 나갔을 것이네.

20

퀸투스: 어느 쪽으로 말입니까? 형님, 이 얘기라면 형님과 함께 얼마든지 끌고 나가고 싶습니다.

마르쿠스: 최고선(最高善)까지 끌고 나갈 참이네.[175] 모든 것이 이것으로 결부되고 사람이 무엇을 하든지 이것을 달성하기 위해서네. 하지만 이것은 논란이 심한 문제요, 지극히 박식한 사람들 사이에서도 의견충돌이 가득하다네.[176] 그래도 언젠가 판단을 내리긴 내려야 할 문제라네.[177]

---

175) finis bonorum: '선의 목적'보다는 '궁극선'(Zetzel: the supreme good/Keyes: the highest good/Rudd: the ultimate good, Appuhn: le souverain bien). "그리스인들이 텔로스(*telos*)라고 부르는 것을 저는 어떤 때는 극단, 어떤 때는 궁극, 어떤 때는 최상이라고도(tum extremum, tum ultimum, tum summum) 부릅니다. 심지어 극단이나 궁극에 대신해 한계라고 말해도(licebit etiam finem) 좋을 것입니다"(*De finibus bonorum et malorum* 3.6.26)

176) 『법률론』보다 7년 후에 집필한 키케로의 『최고선악론』*De finibus bonorum et malorum* 전체가 이 주제를 다룬다.

177) cf., *Tusculanae disputationes* 5.30.84~85; 최고선에 대한 학파들의 의견은 다양하다. 단순선(bonum simplex)과 복합선(bonum compositum)으로 나눈 뒤, 전자는 스토아(정선正善), 에피쿠로스파(쾌락), Hieronymus Rhodesiae(고통 없음), Carneades(자연의 선물을 누림)에 따라 달라지고, 후자는 소요학파, 아카데미아 학파에 따라 달라진다.

53 아티쿠스: 루키우스 겔리우스[178]가 죽고 없는 마당에 어떻게 그 일이 가능하단 말인가?

마르쿠스: 그것이 이 문제와 무슨 상관인가?

아티쿠스: 내가 아테네에서 나의 친우 파이드로스[179]한테서 듣기로는, 자네와 친한 겔리우스가 법무관을 지내고 총독으로 그리스에 와서 아테네에 있을 적이었네. 그는 그 당시 그곳에 있던 철학자들을 모두 한 장소에 소집했고, 커다란 노력을 들여 그들의 회합을 주선했다고 들었네. 언젠가는 최고선이라는 주제에 관한 토론에 어느 모로든 종지부를 찍게 하려고 말일세. 만일 평생을 논쟁으로 허비하고 싶지 않아서 성의껏 임한다면 문제의 합치점을 찾아낼 수 있으리라고 말일세. 또한 그들 사이에 어떤 합의가 이루어질 수만 있다면 자기로서도 그들에게 최선의 노력을 바치겠노라고 약속했다고 들었네.

마르쿠스: 폼포니우스, 그것은 퍽 재미있는 얘길세. 또 여러 차례 많은 사람들의 웃음을 자아냈지. 그렇지만 지금은 나를 구아카데미아 학파와 제논 사이에서 심판을 시켜주었으면 하네.

아티쿠스: 어떻게 해서 그렇게 하겠다는 말인가?

마르쿠스: 그들은 단 한 가지 문제를 두고는 견해차를 보이며 그밖의 문제들에 대해서는 신기하게도 합치한단 말일세.

아티쿠스: 그게 정말인가, 한 가지 이견밖에 없었다니?

54 마르쿠스: 핵심에 해당하는 것으로는 하나뿐이었어. 구학파들은 자

---

178) Lucius Gellius [Poblicola]: 통령을 지냈고 키케로의 카틸리나 음모 분쇄를 크게 평가한 인물(*In Pisonem* 3,6; *Ad Atticum* 12,21,1). 그리스에서 총독을 지내면서 학술회합도 주최한다(Aullus Gellius, *Noctes Atticae* 5,6,15).

179) Phaedrus: 키케로와 동시대에 아테네에서 활약한 에피쿠로스파의 철학자. 키케로의 *De natura deorum*을 집필하는 데 영향을 준 것으로 보인다(*De natura deorum* 1,33,93).

연본성에 합치하는 것은 무엇이든지, 우리가 삶에서 도움을 받는 한, 선한 것이라고 결정을 내렸을 걸세. 그 대신 후자는 정직한 것이 아니면 아무것도 선이 아니라고 생각했을 것이네.[180]

아티쿠스: 자네는 그것을 사소한 논점이라고 하니까, 그게 두 학파 사이에 모든 것을 결렬시킬 만한 문제는 아니라는 뜻이겠지.

마르쿠스: 만일 그들이 하는 말투가 아니라 말하는 내용에서 의견 차이를 보였다면, 자네는 정확하게 사세를 간파한 셈이네.

21

아티쿠스: 그렇다면 자네는 내 친구(스승이라고는 감히 말 못하겠네)[181] 안티오코스[182]의 견해에 공감하겠구먼. 나는 한때 그와 함께 생활했네. 그는 나를 우리의 장원에서 거의 끄집어낼 뻔했고, 몇 발자국만 더 갔으면 아카데미아 학파로 데리고 들어갈 뻔했네.

마르쿠스: 그 인물은 정말 현명하고 명석한 인물이며 자기 나름대로 완벽한 사람이고, 자네도 알다시피, 나와도 친한 사람이었지. 다만 내가 모든 논지에서 그와 공감하는지 않는지는 머지않아 나도 알게 되겠지. 내가 하고 싶은 말은 두 학파 사이의 이 토론 전체를 종식시킬 수 있다는 것일세.

---

180) omne quod secundum naturam esset······ bonum esse······ nisi quod honestum esset non putarit bonum: 선의 외연(外延)에 대한 의견차이였다.

181) 아티쿠스는 안티오코스에게 사사했으나 평등을 주장하는 에피쿠로스 학파에 함께 속하므로 이런 표현이 가능했다.

182) Antiochus(Ascalon): 아리스토텔레스의 소요학파와 플라톤 학파를 스토아 학파와 종합하려고 시도한 아카데미아 학파(*De natura deorum* 1.7.16; "구 아카데미아 학파의 지극히 숭고하고 사상 깊은 철학자"(veteris Academiae nobilissimo et prudentissimo philosopho: *Brutus* 91.315). 키케로, 아티쿠스, 바로, 브루투스도 그의 문하에서 사사했다. 학파 사이에 형식적 차이만 있고 내용상의 차이는 없다고 주장.

55   아티쿠스: 어떻게 그것이 가능하다고 보는가?

마르쿠스: 왜 그런가 하면, 키오스 사람 아리스톤[183]이 한 말처럼, 제논은 유일한 선은 정직한 것이요 유일한 악은 추한 것이라고 했고,[184] 그밖의 것들은 모두 전적으로 동등해 그것들이 현존하든 결여되어 있든 하등의 상관이 없다고 했으니, 그는 크세노크라테스[185]와 아리스토텔레스,[186] 그리고 플라톤의 문하생들과는 상당히 거리가 있네. 물론 그들 사이에도 아주 중대한 문제에서, 또 삶의 모든 이치에 관해서 이견이 있기는 하네. 그것은 구학파들이 고결함을 최고선이라고 말한 것에 대해서 후자는 그것을 단지 선 가운데 하나라고 말한 것뿐이네. 또한 전자에서는 치욕을 최고악이라고 한 것에 대해 후자는 그것을 단지 악 가운데 하나라고 하면서 부, 건강, 미모는 편리한 사물[187]이라고 부르지 선한 사물이라고 부르지는 않으며, 빈곤, 나약함, 고통은 불편한 사물이라고 부르지 악한 사물이라고 부르지는 않는다네. 이 점에서 그는 크세노크라테스가 한 말이나 아리스토텔레스가 한 말과 같은 생각을 하면서 표현을 달리했을 뿐이네. 이래서 내용의 차이가 아니고 언어의 차이에서[188] 선의 경계(境界)[189]

---

183) 앞의 각주 127) 참조.

184) 앞의 각주 127) 참조. "옳고 정직한 것이 아니면 결코 선이 아니다(nihil bonum nisi quod rectum et honestum)는 명제는 스토아 기본윤리로 전해 온다."

185) Xenocrates: 스페우시포스(Speusippus)를 계승해 구아카데미아 학파의 수장이 된다.

186) 아리스토텔레스도 플라톤의 문하생이었다는 점에서 키케로는 그를 구아카데미아 학파에 속하는 학자로 간주한다.

187) commodae/incommodae res: utilitas와 연관된다. '최고선'을 하나만 둔다면 '편리한 사물'이라고 부르든 하급의 '선한 사물'이라고 부르든 차이는 없으리라는 주장이다.

188) non rerum sed verborum discordia controversia: 앞의 각주 182)처럼 학

에 대한 논쟁이 발생했다네. 12표법은 토지의 경계에서 다섯 척 이내에서는 토지에 대한 사용취득권[190]을 주장하지 못하게 했으니까,[191] 우리로서는 아카데미아 학파의 오래된 소유물을 이 명민한 인물이 가로채게 놓아두지 않을 걸세.[192] 마밀리우스법[193]에서 하듯이 배심원 한 사람만 세우는 것이 아니고, 12표법에서 하듯이[194] 세 사람의 배심원이 두 학파 사이의 경계를 짓게 할 생각이네.[195]

56 퀸투스: 그럼 우리는 무슨 평결을 내려야 하는 것입니까?

마르쿠스: 소크라테스가 설치한 경계석(境界石)을 수색해내기로 방침을 정하고 그것에 따르는 편이 나을 걸세.[196]

파 사이의 차이보다 공통점을 보려는 로마인의 사고방식(rem tene, verba sequuntur)이 드러나는 주장이다.

189) fines라는 단어는 '(도덕적) 목적'과 '(토지의) 경계'를 함께 의미하므로 뒤이어 나오는 논의가 가능하다.

190) usus capio: 시효취득(時效取得). 12표법 6.3의 경계문제에 관한 조정으로서 '오랜 점유 또는 연속적 사용에 의한 소유권 취득'. 로마에서는 그 기간이 1년이면 족했고, 토지의 경우 2년이었다.

191) 그 경계에 무엇을 심을 수는 있지만 소유권 주장은 불가해 통로나 쟁기의 반환점으로 남겨두어야 했다.

192) 스토아의 제논이 최고선을 논의한 최초의 인물이 아니고 구아카데미아 학파의 크세노크라테스와 아리스토텔레스가 이미 논한 최고선 이론을 달리 주장했을 뿐이므로 마치 남의 땅을 두고 자기 땅의 경계를 정해야 하는 처지다.

193) Gaius Mamilius limentanus: 기원전 111년에 호민관으로서 토지경계(quinque pedes finales)에 대한 분쟁에 법무관이 한 명의 측량사(mensor)를 중재인으로 지명하도록 법을 공포했다(Sallustius, *De coniuratione Catilinae* 40).

194) "경계에서 5척 이내는 그 소유권이 영구할진저. 인접한 경계에 관해서 분쟁이 있거든 세 사람의 중재인을 지명할진저"(intra V pedes aeterna auctoritas esto. si iurgant adfines, finibus regundis praetor arbitros tris adicito). (『12표법』 7.4~5[Riccobono])

195) tres arbitri: 이 책의 세 화자, 곧 아티쿠스, 퀸투스, 마르쿠스가 경계를 지어주자는(finis regemus: 12표법의 용어: finibus regundis) 말이다.

퀸투스: 형님, 이제 비로소 시민법과 제반 법률의 용어들이 형님에게서 훌륭하게 구사되는군요.[197] 저는 바로 그 주제에 관해서 형님이 토론하기를 기대하고 있습니다. 형님이 말하는 그 재정(裁定)[198]이라는 것이 대단한 것임은 제가 형님에게서 직접 들어서 알고 있습니다. 하지만 사실이 그렇다면 최고선이란 분명히 둘 중의 하나이겠습니다. 최고선이란 자연본성에 입각해서 사는 것, 다시 말해서 절도 있고 덕을 쌓기에 합당한 삶을 향유하는 것입니다. 그렇지 않으면 최고선이란 자연본성을 따르고, 말하자면 자연본성의 법률로 살아가는 것이며, 이것은 다시 말해 자연본성이 요구하는 바를 획득하지 못하는 일이 없도록, 인간에게 좌우되는 것이라면 아무것도 소홀하지 않다는 것입니다. 그렇더라도 이 토론의 여정은[199] 덕을 법률처럼 삼고 살아가도록 요구하게 마련일 것입니다.[200] 그렇다면 이 현안문제를 재정하는 일이 언젠가는 가능할지 모르겠지만 적어도 이번 토론에서는 가능하지 않다는 것이 확실합니다. 우리가 다루기로 채택한 이 토론을 우리가 끝까지 종결시키더라도 말입니다.

---

196) "소크라테스가 설치한(peperit: ←pango) 경계석(terminos)을 수색하는 (requiri) 방침을 정하고(placere)"는 법률용어들이다.

197) 구아카데미아에 호의를 보이고 제논의 주장은 치밀하게 다루지 않는다. *De finibus bonorum et malorum* 4.8.19 이하에 상세하게 다루어진다.

198) diiudicatio: 키케로가 사용하기 시작한 용어로서 일반적으로는 disceptatio 를 쓴다.

199) 사본상의 차이(quod iter hoc[Ziegler]/quod item hoc/quod idem ac hoc valet/ quod inter haec) 때문에 이 문장은 "그러는 가운데서도 덕이 삶의 법률이 되어야 한다는 요구가 있습니다"라는 해독이 가능하다.

200) 한쪽에 아카데미아파와 소요학파 입장(ex natura vivere)을, 다른 편에 스토아와 에피쿠로스파 입장(naturam sequi et eius quasi lege vivere…… nihil praetermittere)을 세워보더라도, 덕을 중시함은 전자(vita apta virtuti perfrui)도 후자(virtute tamquam lege vivere)도 같으니까 양자택일로 진위를 가릴 만큼 명료하지 않다는 것이 퀸투스의 견해다.

22

57   아티쿠스: 하지만 최고선에 관한 이 토론에 흥미를 보였던 것은 나였고, 그것도 억지로 한 짓이 아니라네.

퀸투스: 그것은 다음 기회로 미루어도 괜찮겠습니다. 당장은 우리가 시작한 주제를 다룹시다. 특히 최고선과 최고악에 관한 이 이견은 우리 주제에 아무런 상관도 없는 마당에 말입니다.

마르쿠스: 퀸투스, 자네 말이 매우 현명하네. 이제까지 내가 한 말은……201)

퀸투스: 형님이 논해주기를 바라는 바는 리쿠르고스202)의 법률도 아니고 솔론203)의 법률도 아니며 카론다스204)의 법률도 아니고 잘레우코스205)의 법률도 아니며 우리네 12표법도 아니고 그렇다고 평민결의206)도 아닙니다. 저는 오늘 연설에서 형님이 인민들과 개인들이

---

201) 람비노(Lambino)의 보충문장: "e media philosophia ducta sunt. Tu autem alicuius civitatis leges fortasse desideras"(여태껏 내가 한 말은 철학 한가운데서 도출된 내용이었네. 그 대신 자네는 일정한 국가의 법률을 다루기를 바라는 것 같네).

202) "리쿠르고스가 법률을 제정하도록 한 이후 108년에 최초의 올림피아 제전이 열렸다"(De republica 2.10.18). 그러나 키케로가 관심을 갖는 바는 리쿠르고스의 귀족정치 도입이었다. 리쿠르고스는 "선량 각자의 권위가 절대적 지배의 힘에 통합된다면(si esset optimi cuiusque ad illam vim dominationis adiuncta auctoritas) 왕국을 더 잘 통치하며 나라를 더 잘 지배한다고 했다"(국가론 2.9.15).

203) Solon: "일곱 현자들 가운데서 가장 지혜로웠고 일곱 현자 중 유일하게 법률을 썼으며, 국가는 상과 벌 두 가지로 유지된다고(rem publicam duabus rebus contineri praemio et poena) 했다"(Ad Brutum 23.153.3).

204) Charondas: 이 책 2.6.14: 시실리 카타니아의 입법자로 알려진 전설적 인물(Diodorus Siculus, Bibliotheca 12.11.3~19.2).

205) Zaleucus: 로크리의 입법자로 전해오는 인물(Diodorus Siculus, Bibliotheca 12.19.3~21.3)로 Ad Atticum 6.1.18에 다시 거명된다.

206) plebiscita: 지역구 평민회(concilium plebis tributum)에서 의결된 법령으로

살아가는 데 필요한 법률들과 삶의 이념을 말씀해주시리라 생각합니다.[207]

58   마르쿠스: 퀸투스, 자네가 기대하는 바가 바로 이 토론의 본론이기도 하고, 부디 거기까지 내 능력이 미치기를 바라네. 그러나 사리를 따진다면, 법률은 악덕을 교정하고 덕성을 함양해야 마땅한 만큼[208] 삶의 이념 역시 그것에서 이끌어내야 한다는 것이네. 그리하여 지혜가 모든 선한 사물들의 모체가 되어야 하고,[209] 지혜에 대한 사랑에서 철학(哲學)이 그리스어 단어로 필로소피아라는 이름을 얻었으며, 불사의 신들에 의해서 인간들의 삶에 주어진 것치고 이보다 풍요한 것이 아무것도 없고, 이보다 흥성하는 것이 아무것도 없고, 이보다 훌륭한 것이 아무것도 없다네.[210] 철학은 그밖의 다른 모든 것들을 가르쳤지만, 그중에서도 가장 힘든 일, 곧 우리 자신을 아는 일을 가르친 것은 철학 하나뿐일세. 그 가르침의 힘이 하도 훌륭하고 그 가르침의 의미가 또한 매우 훌륭해 '네 자신을 알라'는 가르침을 여느 인간에게 돌리지 않고 델포이의 신에게 돌릴 지경이네.[211] **59** 왜냐

기원전 287년 호르텐시우스법에 의해서 원로원의 재가가 없어도 전 인민에게 구속력을 가졌다. 이후 평민회가 공화정기에 주요 입법기관으로서의 기능을 행한다. 주 148) 참조.

207) 라틴어의 구상어 용법이나 앞의 문맥으로 미루어 "인민법(人民法)이든 사인법(私人法)이든 법률을 주관하는 근본이념(leges vivendi et disciplinam)을 제시해주리라고 믿습니다"라는 의미를 담고 있다.

208) "삶을 영도하고 덕을 함양하고 악덕을 구축하는 철학이여!"(o vitae philosophia dux, o virtutis indagatrix expultrixque vitiorum)(*Tusculanae disputationes* 5.2.5) 법에 대한 윤리철학적 도입을 시도하는 글이기도 하다.

209) mater omnium bonarum rerum sapientia: *De officiis* 1.43.153: "모든 덕의 제왕이 되는 저 지혜"(princeps omnium virtutum illa sapientia). 키케로에게는 bonae res는 virtutes로 통한다.

210) 철학에 대한 키케로의 예찬(위의 각주 208)은 *De officiis* 3.2.5; *Tusculanae disputationes* 5.1.2 참조.

하면 자기 자신을 아는 사람은 자기가 신적인 무엇을 지니고 있음을 감지할 테고, 자기 안에 있는 자신의 재능이 신성의 어떤 우상처럼 봉헌되어 있다고[212] 생각할 것이네. 그리하여 무엇을 행하든지 생각하든지 반드시 신들의 이 선물에 합당한 무엇을 할 것이네. 또 그가 자신을 관찰하고 자신을 철저히 반성할 때는, 자기가 생(生)의 한가운데에 올 때 어느 면에선가 대자연에 복속(服屬)한 채로 살아왔음을 깨달을 것일세. 자신이 무척 많은 도구들을 갖추고 있는 것은 지혜를 획득하고 소유하기 위한 것임도 깨달을 것이네. 최초에는 영혼과 지성에 만물에 대한 모호한 개념들을 회태(懷胎)할 것이고, 지혜의 영도로 그 개념들이 밝게 조명될 즈음에는 자신이 선한 인간임을 터득하고, 바로 그것을 원인(原因)으로 해서 자기가 행복해지리라는 것을 감지하기에 이를 것이네.[213]

23

60　　무릇 영혼이 덕을 인지하고 파악하면 육체에 대한 추종과 탐닉에서 거리를 둘 것이요, 쾌락을 무슨 수치스러운 재앙처럼 억누를 것

---

211) "저 명령은 인간에게서 유래했다고 하기에는 하도 위대해 신에게서 내린 것으로 간주되었다."(*De officiis* 3.10.44)

212) 키케로는 인간의 오성을 신적인 모상(模像)이라고(divinum ingeniumque in se suum sicut simulacrum aliquod) 말하는 데서 그치지 않고 인간이 곧 신이라는 발언도 서슴지 않았다. "그러므로 네가 바로 신임을 알라(deum te igitur scito esse). 왜냐하면 신은 활기차게 느끼고 기억하며 예견하고, 저 제일의 신이 이 세계를 지배하듯이 육체의 사령관이 되어 육체를 다스리고 통제하며 움직이는 자이기 때문이다. 그리고 영원한 신 자신이 어떤 부분에 이르기까지 죽을 운명의 세계를 움직이는 것같이, 영구한 정신은 연약한 육체를 움직인다"(국가론 6.24.26).

213) bonum virum…… cernat se beatum fore: 선한 인간이 곧 행복한 인간이라는 지론은 키케로의 글에서 자주 발견된다(*De finibus bonorum et malorum* 5.24.70, 25.79, 28.84).

이며, 죽음과 고통에 대한 공포에서 일체 벗어나고, 자기네 사람들과 우호(友好)의 결사(結社)를 맺을 것이며, 자연본성으로 맺어진 모든 사람들을 자기네 사람으로 간주할 테고, 신들에 대한 경배와 순수한 종교심을 받아들이며, 육안의 시력을 갈고닦듯이 지성의 정곡(正鵠)을 갈고닦아서 선을 택하고 그와 반대되는 것을 배척하는 데 쓸 것인데(그러한 덕은 무엇을 '배려한다'는 말에서 유래해 현려賢慮라고 일컫네.[214]), 이보다 행복한 뭔가가 있다고 어찌 생각하고 또 얘기할 수 있겠는가? **61** 바로 그 인간이 하늘, 땅, 바다와 대자연을 궁구했다고 하세. 만유가 어디서 유래하고 어디로 회귀하며, 또 언제 어떻게 소멸하고 그것들 가운데 무엇이 사멸하고 덧없으며, 무엇이 영원하고 신적인 것인지 살펴본다고 하세. 또 그것들을 영도하고 통솔하는 분을 발견했다고 하세. 그리고 자신이 성벽으로 에워싸이고 일정한 장소에 사는 주민이 아니며, 오히려 흡사 단일한 도성을 이루는 전 세계의 시민[215]임을 알아보았다고 하세.[216] 오, 불사의 신들이여, 그때 저 인간은 만물의 이 훌륭한 장관 속에서, 대자연을 관조하고 인식하는 가운데, 자신을 얼마나 잘 알기에 이르겠는가?(피톤을 죽인 아폴론[217]이 명령한 바가 다름 아닌 이것일세![218]) 그러고 나면 대중

---

214) providendo est appellata prudentia: 앞의 각주 66) 참조.

215) civis totius mundi: 스토아의 세계관이다(*Tusculanae disputationes* 5.37.108; *De finibus bonorum et malorum* 3.19.64; 4.3.7).

216) 이상 열거한 모든 내용은 스토아 인식론과 자연학의 과제들에 해당한다.

217) Apollo Pythius: 아폴론이 피톤(Python)이라는 뱀을 죽이고 이 별호를 얻었다(Ovidius, *Metamorphoses* 1.438, 460).

218) "위대한 영혼은 영혼으로 보는 법이다. 그러므로 네 자신을 알라는 아폴론의 신기한 명령은 바로 이런 힘을 지니고 있다"(maximum animo ipso animum videre; et mirum hanc habet vim praeceptum Apollinis, quo monet ut se quisque noscat). (*Tusculanae disputationes* 1.10.22)

이 대단하다고 여기는 것들을 얼마나 경멸하고 얼마나 멸시하며 얼마나 하찮게 여기겠는가?

24

62 그는 이 모든 것을 마치 담장을 쌓듯이 체계적으로 정리할 텐데,[219] 토론하는 이치로 진(眞)과 위(僞)를 판단하는 학문으로, 무엇이 사리에 맞고 무엇이 그것과 모순되는지를 인식하는 기술로, 그런 작업을 할 것이네.[220] 또한 자기가 시민사회에 태어났음을 자각한다면 그는 치밀한 토론만 구사해야 한다고 여기지 않고, 폭넓게 확대되고 영구성을 띤 언변을 구사해야 한다고 생각할 걸세.[221] 언변으로 백성들을 통솔하고 언변으로 법률들을 제정하고 언변으로 악한들을 징벌하고 언변으로 선량한 사람들을 보호하며 언변으로 유명인사들을 칭송하고 언변으로 안보와 상찬으로 설득하기에 적합한 율령들을 자기네 시민들에게 반포하며, 언변으로 명예로운 일을 촉진하고 파렴치한 행동을 삼가게 하며 재난을 당한 사람들을 위로할 수 있고, 언변으로 강한 사람들과 지혜로운 사람들의 행적과 고견을, 그리고 악한들의 치욕을 영구한 기념비로 펼칠 수 있을 것이네.[222] 그런데

---

219) Diogenes Laertius, *Vitae Philosophorum* 7.40. 토론과 학문에 대한 스토아 비유법.

220) veri et falsi iudicandi scientia: dialectica라고 통칭했다(Diogenes Laertius, *Vitae philosophorum* 7.42; Seneca, *Epistulae* 89.17).

221) 에피쿠로스 학파와는 달리 스토아 학파는 치밀한 토론(subtilis disputaio) 외에도 폭넓은 언변(perpetua oratio fusa latius)으로 공직생활에 참여한다 (Diogenes Laertius, *Vitae Philosophorum* 7.40~42).

222) sempiternis monumentis prodere: "무릇 역사는 시대의 증인이요 진리의 빛이며 기억으로 남은 삶이고 인생의 스승이며 옛 시대가 보낸 사신이다. 웅변가의 소리가 없으면 [역사가] 무엇으로 불멸성을 띠겠는가"(historia vero testis temporum, lux veritatis, vita memoriae, magistra vitae, nuntia vetustatis,

이것들이 얼마나 위대하며 얼마나 많은지를 통찰하는 사람들, 이것들이 다름 아닌 인간 안에 자리 잡고 있음을 통찰하는 사람들은 스스로 자기를 알고자 하는 사람들이네.[223] 이 모든 것을 낳아주고 교육하는 것은 다름 아닌 지혜 곧 철학일세.[224]

63 아티쿠스: 자네한테서 지혜가 참으로 진중하고 진솔하게 칭송을 받았구먼. 하지만 자네의 그 모든 언설을 도대체 어느 방향으로 개진할 참인가?[225]

마르쿠스: 폼포니우스, 먼저 앞에서 우리가 다루기로 결정한 주제들을 개진할 참인데, 그럴 만한 비중이 있었으면 하네. 그러려면 그 주제들이 연원하는 원천이 그만큼 폭넓은 것이어야 하지.[226] 그다음에는, 나는 지혜를 칭송해 발언하고 있고, 또 기꺼이 발언했으며, 그것이 제발 옳은 발언이었으면 하네. 나는 지혜라는 철학의 연구에 사로잡혀 있으며, 지금의 내가 누구이든 지금의 나를 만들어준 것이 철학이므로 침묵하고 넘어갈 수가 없었다네.[227]

아티쿠스: 자네가 지혜를 칭송해 발언함은 진솔하고 온당하며 또

---

　　qua voce nisi oratoris immortalitati commendatur)? (*De oratore* 2.9.36)

223) qui se ipsi velint nosse: 아폴론의 신탁에 따르면 이 사람들이 곧 현자요, 철학자다.

224) earum parens est educatrix sapientia: 철학의 정의에 해당한다.

225) 언변(oratio)의 기능을 광범위하게 칭송했으니 이제 주제로 논할 바는 무엇이냐고 묻는다.

226) 다음 권부터는 제관법과 시민법이라는 실정법들을 다루겠지만 지금까지 다루어온 법률의 원천으로서의 자연이치가 그만한 학문적 비중을 갖는다는 해명이다.

227) "나는 나를 웅변가로 공언한다. 그러나 내가 누구이든 지금 내가 무엇이 되어 있다면 수사학 학교에서 배워서 그리된 것이 아니고 아카데미아 영역에서 배워서 그리된 것이다." (*De oratore* 3.3.12)

경건한 일이네.[228] 또 자네 말마따나 이번 토론에서 그렇게 발언할
만했네.

---

228) 키케로의 facio et lubenter et recte('기꺼이. 옳은 발언')라는 발언에 운율을
맞추어 facis et merito et pie('온당하며 또 경건한')라고 맞장구쳐준다.

제2권

1

1   아티쿠스: 이젠 우리도 어지간히 걸었고 자네는 다른 얘기를 시작할 참인가 본데 장소를 옮기고 싶지 않나? 피브레누스(이게 저 다른 개울의 이름이렸다)에 있는 저 섬에 앉아서 나머지 얘기에 정신을 쏟기로 하세.[1]

마르쿠스: 좋아. 나도 저곳에 가서 혼자 생각에 잠기거나 무엇을 쓰거나 읽거나 하는 게 예사일세.

2   아티쿠스: 아무렴, 내가 이곳에 온 것이 때마침 이렇게 좋은 절기여서 보고 또 보아도 성이 차지 않는구먼. 나로 말하자면 사람들이 지어놓은 웅장한 별장이나 대리석 바닥이나 격자무늬를 댄 천장[2] 따위는 대수롭지 않게 본다네.[3] 저 사람들은 고작 수도(水道)를 만들어

---

1) 지금까지는 리리스 강변을 거닐면서 자연법론을 강연한 것으로 장면설정이 되어 있다. 리리스 강으로 흘러들어가는 피브레누스 강변 삼각주는 키케로의 토지였다.

2) laqueata tecta: 사각으로 격자를 짜서 가운데 장미를 부조한 천장은 로마 건물에 빈번히 사용되었다.

놓고는 나일이니 에우리포스[4])니 하고 이름을 붙이는데, 정작 실물을 보면 웃지 않을 사람이 누가 있겠는가? 더구나 자네는 아까 법률과 법을 논하면서 모든 것을 자연으로 소급하곤 했지. 그러니 사람들이 마음의 평정과 열락을 찾는 이런 사정에서도 자연이 으뜸일세. 그래서 전에는 나도 놀라곤 했지. (나는 이곳에 돌과 산만 있다고 생각했지.[5] 더구나 내가 그렇게 생각하게 된 것은 자네의 연설문과 시구에 끌려서일세.[6]) 내가 말한 것처럼 자네가 이런 곳을 좋아한다는 사실에 놀라곤 했다는 말일세. 그런데 이제 와서 보니 자네가 로마를 떠나 있을 때 과연 여기 아닌 딴 데에 가 있을 수 있었는지가 되레 의심스럽네.

3   마르쿠스: 나도 여러 날 떠나 있을 적에는, 더구나 한 해의 이런 절기 같으면 경치 좋고 건강에 유익한 이곳을 찾는다네. 그럴 기회가 비록 드물기는 하지만 말이야.[7] 하지만 이곳이 나를 즐겁게 해주는 데는 까닭이 따로 있지. 그게 자네에게도 똑같지는 않을 거야.

아티쿠스: 그 까닭이란 게 도대체 뭔가?

마르쿠스: 정말로 말하면, 이곳은 나와 여기 있는 내 아우의 진짜 고

---

3) magnificas villas: 시골에 있는 농민들의 villa rustica(농가)와 외지 도시인들의 별장(villa urbana)이 너무 대조적이어서 뜻있는 사람들의 비난을 샀다(cf., Seneca, *Epistula ad Lucilium* 51; Plinius iunior, *Epistulae* 2.17).

4) Euripos: 칼키스 서편에 있는, 에보이아와 그리스 본토 보이오티아 사이의 해협이다.

5) his in locis nisi saxa et montes: 에피쿠로스파는 황량한 자연보다는 우아미가 흐르는 세련된 자연을 즐겼다.

6) 후자는 앞의 1권 첫머리에 나온, 키케로의 시집 *Marius*를 가리킨다.

7) *Ad Atticum* 2.4; 3.9 등에는 전원생활에 대한 그의 애정이 짙게 나타나 있다 ("아르피눔에 가 있고 싶네. 우리네 시골집들을 찾아보고…… 그것들이 보고 싶어 죽겠네"[Arpini volo esse…… villulas nostras errare, quas visurum me postea desperavi]).

향이라네. 우리는 이곳의 아주 오랜 가문에서 태어났지. 문중 제사 (祭祀)가 여기 있고[8] 문중(門中)이 여기 있고 선조들의 숱한 발자취가 여기에 있지. 더 이상 무슨 얘기를 할까? 자네가 지금 보는 이 별장으로 말하자면, 우리 아버님이 고생해서 넓혀 지은 것으로, 아버님은 건강이 약해지셔서 거의 대부분의 세월을 이곳에서 학문을 가까이하며 보내셨다네. 하지만 바로 이곳에서, 그러니까 할아버님이 살아계셨고 또 옛날 습속대로, 사비니 지방에 있는 쿠리우스의 별장이 그렇듯이,[9] 별장이 자그마했을 적에 내가 태어났다는 것을 알아두게. 그래서 뭔지 모르지만 내 마음과 내 기분에는 무엇인가 도사리고 있고 아마도 그것 때문에 이곳이 나를 더 즐겁게 해주는 것 같아. 자네도 알다시피 지혜롭기 짝이 없는 저 위인마저도[10] 이타카를 보고 싶어서 불사불멸을 마다했다고 씌어 있거든.[11]

2

4   아티쿠스: 나는 그게 자네에게 그럴 만한 까닭이 된다고 여기네. 자네가 왜 기꺼이 이리로 오고 또 왜 이곳을 좋아하는지 이유가 될 만

---

8) hic sacra(gentilicia): 가문(familia)과 문중(gens: 씨족)마다 수호신과 신주(神主)들께 올리는 별도의 제례(制禮)가 있었다. 2월 중에 올리는 파렌탈리아 (Parentalia) 축제가 대표적이었다.

9) Manius Curius Dentatus: 기원전 290년에 통령을 지낸 인물로 청렴결백하기로 이름이 났다. 키케로 고향의 소박한 풍경은 그의 저술 De senectute 55 참조.

10) ille sapientissimus vir: 그리스 영웅에게 이런 호칭을 바치는 데는 이유가 있다. "무슨 사물에서건 무엇이 가장 진실한지 통찰하는 사람이야말로(quisque perspicit quid in re quaque verissimum sit) 참으로 현명하고 지혜롭다고 여겨지게 마련이다."(De officiis 1.5.16)

11) 칼립소스가 울릭세스에게 불멸의 특전을 약속했으나 "저 현자는 이타카를 불사불멸보다 앞세웠더니라"(Ithacam illam…… sapientissimus vir immortalitati anteponeret)(De oratore 1.44.196). Odysseia 5.132~136.

하네. 솔직히 말해서 나도 결국은 저 별장과 더 친근해졌고, 자네가 태어나고 자라난 이 땅 전체에 더 친근해졌어. 왜 그런지는 모르겠지만 우리는 우리가 좋아하거나 탄복하는 사람들의 발자취가 있는 장소에 이끌리게 마련이네. 우리네 아테네로 말하자면,[12] 옛사람들의 거대한 건축사업과 정교한 예술로 나를 즐겁게 한다기보다는 위대한 사람들의 기념물로 나를 즐겁게 해준다네. 여기서 누가 살았고 여기에 누가 앉았고 여기서 주로 토론을 벌였다는 얘기 말일세. 나는 그들의 무덤도 찾아가 유심히 들여다보고는 하지. 그러니 이제부터는 자네가 태어난 이곳을 내가 어떻게 더 좋아하지 않을 수 있겠나?

마르쿠스: 나도 자네한테 내 요람이랄 곳을 보여준 셈이어서 기쁘네.[13]

5 아티쿠스: 나도 이제 이곳을 알게 되어 기쁘네. 그런데 자네가 조금 전에 한 말인데, 이곳이 고향이라고 하기에 나는 자네가 아르피눔을 이야기하는 것으로 알아들었는데, 어째서 이 장소가 자네들의 진짜 고향이라는 말인가? 자네에게는 조국이 둘이란 말인가?[14] 그렇지 않으면 로마라는 한곳이 우리에게 공통의 조국이라는 뜻인가? 그렇지 않다면 현인 카토[15]에게도 그의 조국은 로마가 아니고 투스

---

12) ipsae illae nostrae Athenae: 폼포니우스는 '아티쿠스(아테네인)'라는 별명이 붙을 정도로 오랫동안 아테네에 살면서 그곳 문화에 심취했다(Cornelius Nepos, *Atticus* 2.2.6).

13) "조상네 묏부리며 우리네 보금자리로"(in montes patrios et ad cunabula nostra). (*Ad Atticum* 2.15[35])

14) patria: 이 단어는 '고향'도 뜻하고 '조국'도 의미해서 이런 힐문이 시작된다.

15) Marcus Cato Porcius censor: 키케로가 가장 존경한 역사적 인물이며 그와는 동향인으로, 특히 카토의 배타적인 애국심이 그의 눈을 끌었다("카토에게는 지극히 세련되고 외래적인 이 철학사상 말고[praeter hanc politissimam doctrinam transmarinam atque adventiciam] 부족한 것이 과연 무엇이었던가?": *De oratore* 3.33.135).

쿨룸[16]이 되고 마는데?[17]

　마르쿠스: 확실히 나는 그 사람에게도 그렇고 자치도시 출신들[18] 모두에게도 조국은 둘이라고 생각하네. 하나는 태생의 조국이고 또 하나는 시민권상의 조국이지. 저 카토로 말한다면, 비록 투스쿨룸에서 태어났지만 로마인민의 시민권을 받았지. 그래서 출신으로는 투스쿨룸 사람이지만 시민권으로는 로마인이어서 장소상의 조국과 법률상의 조국이 다른 셈이지.[19] 자네네 아테네 사람들로 얘기하자면, 테세우스가 그들에게 농촌에서 이민해 그곳에서 일컫는 대로 아스튀[20]로 옮겨가라고 명령하기 전에도 사람들은 여전히 자기네 본향의 사람들이면서도 또한 아테네 사람들이기도 했다네.[21] 마찬가지로 우리도 우리가 태어난 곳을 조국으로 삼으면서 우리가 받아들여

---

16) Tusculum: 로마 동남부 구릉지대로 로마인의 여름별장이 많았으며 키케로도 이곳에 별장을 갖고 있었다(cf., *Tusculanae disputationes*).

17) 로마와 동맹 또는 화평조약을 맺는 도시국가들이 자치도시(municipium)로 인정받았는데 그곳 주민들은 고향(patria naturae) 외에 로마를 법률상 거주지(patria civitatis)로 삼았으므로 "조국이 둘" 또는 "공동조국"(patria communis)이라는 표현이 가능했다. 특히 이탈리아 동맹국 전쟁(기원전 91~89) 이후 이탈리아인에게 대부분 로마의 시민권이 부여됨으로써 새로 편입된 이탈리아 동맹국 시민들은 이런 식으로 자신의 정체성을 표현했다. 다만 로마에서는 이중국적이 인정되지 않았다.

18) municipes: 로마 시민이지만 자치도시 출신이면 이렇게 불렀다.

19) 태생의 조국(patria naturae)이 장소상의 조국(loci patria)으로, 시민법상의 조국(patria civitatis)은 법률상의 조국(iuris patria)으로 명칭이 바뀐다.

20) *asty*: '도시'라는 뜻의 그리스어. 아테네를 그냥 asty라는 일반명칭으로 불렀듯이, 로마인도 자기네 도시를 Urbs(도시)라는 일반명사로 불렀다(Urbi et orbi).

21) 테세우스는 아티카 도시들을 통일하고 모두 아테네시민으로 만들었다는 전설이 있다(Thucydides, *Historiae* 2.15; Plutarchus, *Theseus* 24). 이 변화를 집주(集住, *synoikismos*)라고 하며 흔히 폴리스로 불리는 도시국가의 기원을 설명할 때 인용된다. 그러나 아테네의 경우 이런 표현에도 불구하고, 수도 아테네로의 인구집중은 없었던 것으로 밝혀지고 있다.

진 곳을 또한 조국이라고 여기지. 그렇더라도 공화국이라는 명칭이 국가 전체에 통하는 그러한 조국을[22] 앞세우고 애정으로 대할 필요가 있고, 그런 조국을 위해서라면 죽을 수도 있어야 하고, 그런 조국에는 자신을 오로지 헌신해야 하며, 그런 조국에서는 우리 것을 모조리 내놓고 봉헌하다시피 해야 하네.[23] 그렇더라도 우리를 낳아준 조국이 우리를 받아준 조국보다 덜 사랑스러운 것은 아니네. 그래서 나는 이곳이 내 조국임을 조금도 부인하지 않겠네. 비록 우리를 받아준 저 조국이 훨씬 크고 우리를 낳아준 조국이 저 조국에 내포된다고 하더라도 말일세.[24] 따라서 자치도시 출신은 국가를 둘 가진 셈인데, 그 둘을 한 국가로 생각하는 것이네.[25]

3

6   아티쿠스: 그러니 우리네 저 위인[26]이 한 말이 옳긴 옳았어. 내가 듣는 자리에서 그는 그대와 더불어 재판정에서 암피우스를 변호하면

---

22) qua rei pulicae nomen universae civitati est: 정확하게는 "공공의 것(res publica 또는 공사公事)이라는 말이 시민 전부에게 해당되는 국가"라는 번역도 가능하다.

23) e qua…… pro qua…… cui…… in qua: 라틴어 전치사의 절묘한 배치로 로마에 대한 애국심을 다각도로 촉구하고 있다.

24) 사본에 따라서는 ex qua quisque municeps ius alterius habet civitatis라고 보완하고 나서 "저 조국에 포함되며 거기서 비롯해 누구든지 자치도시 출신이면서 제2의 도시국가의 시민권을 가지며"라고 번역한다.

25) duas habet civitatis(civitates), sed unam illas civitatem putat: 어떤 사본은 duas habet 이하를 아예 삭제해버리기도 한다. 5절의 내용은 로마의 제국체제를 이해하는 데 핵심적이다. 특히 자치에 입각한 지배체제가 어떻게 확산되었는지를 보여주는 점에서 중요하다. 로마는 법적으로 이중시민권을 인정하지 않았으므로 두 조국은 두 차원에서 본 하나의 시민권을 의미한다.

26) Magnus ille noster: Pompeius magnus를 그냥 Magnus ille라고 부를 정도로 키케로는 폼페이우스를 절대 지지했다.

서 이런 말을 했지.[27] 우리 공화국은 공화국을 보전해준 사령관 두 사람이 이 자치도시에서 나왔다는 점에서[28] 이 자치도시에 감사를 올리는 것이 지극히 당연하리라고 말일세.[29] 그러니 자네를 낸 이 땅이 자네 조국이라고 하는 자네 주장에 공감할 만하네.

어느새 섬에 당도했구먼. 이보다 풍광 좋은 곳은 아무 데도 없겠네. 섬이 배의 부리마냥 피브레누스 강을 찌르니 강은 똑같은 폭으로 둘로 갈라져 섬의 양옆구리를 적시면서 흘러가는구먼. 빠르게 흘러서는 곧 한 물줄기가 되어 흘러들어가네 그려. 그러니까 그다지 크지 않은 경기장만큼의 넓이를 싸고도는 셈이네. 피브레누스는 우리가 토론할 광장을 만들어주는 것이 제 임무요 본분이라는 듯이[30] 그 일을 마치고는 곧장 리리스 강으로 떨어지는구먼. 마치 귀족 가문으로 들어가면서 좀더 천한 성씨일랑 잃어버리는 것과 흡사하구먼.[31] 그것이 리리스 강을 훨씬 차게 만들지. 나는 많은 강물을 보았지만 이

---

27) Titus Ampius Balbo: 기원전 63년 호민관을 지냈으며 키케로나 폼페이우스와 친분이 있었고 내전 중에는 폼페이우스를 편들었다. 훗날 그가 카이사르의 법정에 섰을 적에 키케로가 변호했다(*Pro Ampio*).

28) duo sui conservatores: 마리우스는 갈리아인의 침략을 분쇄했고(기원전 104~100), 키케로는 카틸리나의 음모를 분쇄했으므로(기원전 61) 아티쿠스에게서 내우외환에서 로마를 지킨 구국영웅으로 칭송받고 있다.

29) 키케로의 고향 아르피눔 주민 전부에게 로마시민권이 부여된 것은 카이사르가 이탈리아 동맹세력 전부에게 시민권을 부여한 조처(lex Iulia)에 의해서였는데 키케로는 당연한 보상이라고 해석한다.

30) modicae palaestrae loci…… sedem ad disputandum: 강변 토지를 경기장(palaestra: 흔히 '학원'을 가리키는 직유로 쓰였다)으로, '토론의 광장'으로 일컫는 과장법을 썼다.

31) 키케로처럼 기사신분(equites)에서 원로원 의원 귀족신분(optimates)으로 출세하려면 후자에게 입양되는 절차를 거쳐 본래의 이름을 잃고 양부의 이름을 받듯이 피브레누스 강은 리리스 강으로 흘러들어가면서 본래의 이름을 잃는다.

강물보다 찬 물은 만져본 적이 없네. 소크라테스가 플라톤의 『파이드로스』에서 하듯이, 이 강물에는 발을 담글 엄두가 나지 않네.[32]

7 마르쿠스: 하긴 그렇지. 그러나 퀸투스한테서 자주 듣는 말이기는 하지만, 에피루스에 있는 자네의 티아미스 강도 경치로 말하자면 이 강에 조금도 뒤지지 않으리라 생각하네.[33]

퀸투스: 형님 말씀대로입니다. 우리 아티쿠스 님의 아말테움[34]과 그곳의 저 아름다운 플라타너스들보다 빼어난 경치가 있으리라고 생각하시면 안 됩니다. 하지만 괜찮으시다면, 여기 그늘에 앉아서 우리가 벗어난 아까 얘기의 그 부분으로 돌아가기로 합시다.

마르쿠스: 퀸투스, 자네가 생각을 일깨운 것은 아주 잘한 일이네. 나도 깜빡했었어. 우리한테 그걸 일깨워주었다고 해서 미안한 마음을 품을 이유가 전혀 없네.

퀸투스: 그럼 시작하시지요. 우린 오늘 하루 종일 형님께 시간을 낼 테니까 말이오.

마르쿠스: "무사이는 유피테르에게서 비롯하느니."[35] 아라토스의 시가를 번역하면서 우리가 시작한 글귀일세.[36]

퀸투스: 무엇 때문에 그 글귀를 끄집어내는가?

---

32) cf., *Phaedrus* 230b. 소크라테스가 이리스 강에 발을 담그는 장면이 나온다.

33) Thyamis: 에피루스에서 코르키라 섬 맞은편으로 흘러드는 강이며 근처에 아티쿠스의 영지가 있었다.

34) Amaltheum: 님프 아말테이아를 섬기는 신당으로 보이며 아티쿠스의 별장에 있었고 그것을 본떠서 키케로도 자기 별장에 신당을 만들었다(*Ad Atticum* 1.13.1; 1.16.15~18).

35) A Iove Musarum primordia: 키케로가 번역한 Aratus, *Phaenomena*의 라틴어본(*Aratea*) 첫 구절로 나온다(국가론 1.36.56 참조).

36) 그러나 현존하는 Aratus, *Phaenomena*의 첫 구절을 번역하면 "유페테르에게서 비롯하자구나. 그의 이름을 우리 인생들이 결코 빠뜨려서는 안 되거니"라고 되어 있다.

마르쿠스: 바로 그 신에게서, 그리고 다른 불사의 신들에게서 논의의 허두를 떼는 것이 우리의 도리란 말일세.[37]

퀸투스: 형님, 참 잘했습니다. 그렇게 해야 마땅합니다.

4

8 마르쿠스: 개개 법률로 나아가기 전에 법의 구속력과 본성을 다시 한번 살펴보세. 우리가 언급할 모든 것이 그리로 연관되어야 할 테니까 말일세. 그렇지 않으면 언어상의 오류에 허덕이고 법의 이치에서 오는 구속력(拘束力)을 놓치고 말 걸세. 이 이치에 근거해서 법률을 정의해야 하는데도 말이야.[38]

퀸투스: 정말 옳은 말씀입니다. 그게 온당한 교수방법 같습니다.[39]

마르쿠스: 나는 극히 지혜로운 이들의 생각이 이랬다고 생각하네. 법률이란 인간들의 재능으로 생각해낸 것이 아니며 백성들의 어떤 의결도 아니라는 것이네. 명(命)하고 금(禁)하는 예지를 갖고 전 세계를 통치하는 영원한 무엇이라는 것이네.[40] 그래서 현자들은 최초

---

37) a Iove······ agendi capienda primordia: 모든 문학작품의 서두를 무사이의 이름으로 시작함은 서양 고중세의 전통이다. 무사이 가운데는 음악과 문학(현금: Euterpe, 춤: Terpsichore, 서사시: Calliope, 서정시: Erato, 비극: Melpomene, 희극: Thalia, 무언극: Polyhymnia)은 물론 철학(역사: Clio, 천문학: Urania)을 주관하는 여신도 있다.

38) ad singulas leges······ vim naturamque legis······ vim rationis: 사실상 앞의 것은 실정법, 뒤의 것은 자연법을 의미하며, 법은 자연의 이치이고 이 이치를 구현한 것이 법률이다(이 책 1.6.18~19 참조).

39) recta docendi via: 법률을 정의(定義)하는 일(qua iura definienda)에서 시작함은 학문의 고유한 방법론이었다. "어떤 사물에 관해서 이치를 따지기로 받아들인다면 그 교수는 정의로부터 시작해야 하며 그래야만 토론하는 바가 무엇인지 이해할 수 있다."(*De officiis* 1.1.2)

40) aeternum quiddam: 스토아 학파의 자연법 사상(이 책 1.21, 33 참조).

최후의 법률은 이치에 따라서 만사를 강제(强制)하거나 금지하는 신의 지성[41]이라고 말해왔네. 바로 그렇기 때문에 신들이 인류에게 준 법률은 의당히 칭송을 받아야 하는 것일세. 신들이 인류에게 준 법률이란 명하고 금하기에 적절한, 현자의 이성이자 지성일세.[42]

9   **퀸투스:** 그 주제는 형님이 벌써 여러 차례 다루셨습니다. 하지만 백성에 의해서 제정된 법률[43]을 다루시기 전에, 괜찮으시다면, 천상 법률의 구속력[44]을 해설해주십시오. 그래야만 관습이라는 격랑에 삼키거나 일상 언어의 용례로 끌려가버리는 일이 없을 것입니다.

    마르쿠스: 퀸투스, 우리는 어렸을 적부터 "원고가 피고를 법정으로 소환하거든"[45]이라는 문구 비슷한 것들을 법률이라고 부르도록 배웠지. 그렇지만 사실은 이렇게 알아들어야 하네. 즉 이런 법구(法句)나 백성들이 제정한 여타의 명령이나 금령들은 사람을 올바르게 행동하게 호소하고, 범죄에서 돌이켜 불러세우는 구속력을 갖는다고 말일세. 그리고 구속력은 백성들과 도시국가들의 연륜보다 오래된 것이며, 하늘과 땅을 보살피고 다스리는 신의 연륜과 동등한 것이네.

---

41) principem legem et ultimam...... mentem omnia ratione aut cogentis aut vetantis dei: 앞의 1.36, 58, 62 참조. "최고선을 또한 궁극선이라고 부른다"(summum bonum quod ultimum appello). (*De finibus bonorum et malorum* 3.9.30)

42) lex. ratio mensque sapientis ad iubendum et ad deterrendum idonea: 이 책 1.18~19 참조.

43) populares leges: 로마인들의 관습상 plebiscita(로마 평민회의 결의) 또는 scita populi(이방인 국민의 법률)로 알아듣기 쉽다.

44) vim istius caelestis legis: 앞서 키케로가 거듭 강조한 신법(神法, lex divina)을 묻는다.

45) si in ius vocat: 12표법 단편 1.1에 나오는 구절. 재판(in iure)은 원고가 피고를 고소한 경우로 양편이 공탁금(cautio, satisdatio)을 걸고 법정출두서약(vadimonium)을 하므로 소환이 있으면 출두할 의무가 있었다. 사실심리(in iudicio)의 경우 중재위원(recuperatores) 앞에 출두해 선서를 하고 증인을 신청했다.

10 신적 지성이 이치(理致)를 결할 리가 없고 신적 이치가 정(正)과 사(邪)를 판별하는 능력을 갖추지 못했을 리가 없는 까닭일세. 적들의 군대 전체를 상대로 혼자 다리 위에서 버티고 있으면서 자기 등 뒤로 다리를 끊어버리라고 명령하는 사례가 문자로 기록된 적은 결코 없었네. 그렇지만 우리는 저 유명한 호라티우스 코클레스[46]가 용기라는 덕목이 내리는 법률과 명령에 따라서 그처럼 훌륭한 행동을 했다고 생각하지 않는 것은 아닐세. 루키우스 타르퀴니우스 치세에 로마에는 겁탈에 관한 성문법이 따로 없었네. 그렇다고 해서 우리는 섹스투스 타르퀴니우스가 강제로 트리키피티누스의 딸 루크레티아를 욕보인 것이 저 영속법을 어긴 것이 아니라고 생각하지는 않네.[47] 대자연에서 유래하는 이치가 엄연히 존재했고 그 이치는 바르게 행동하도록 촉구하고 범죄에서 돌이키도록 불러세우지. 그 이치가 문자로 쓰이게 된 이후에야 법률이 되는 것이 아니라 그 이치가 발생했을 때부터 이미 법률이었다네. 그리고 그것은 신적 지성과 동시에 발생했지. 따라서 참되고 으뜸가는 법률이야말로 무엇을 명하고 금할 만한 격식을 갖추었는데, 이 법률은 다름 아닌 최고신 유피테르의 바른 이성이네.[48]

---

46) 호라티우스 코클레스(Horatius Cocles). 포르세나(Porsenna)가 이끄는 에트루리아의 군대를 수블리키우스 다리에서 단신으로 막아낸 영웅(Polybius, *Historiae* 6.55).

47) 정숙한 로마 여인 루크레티아 비화는 Livius, (*Ab urbe condita* 1.57~59; 2.8) 참조.

48) ratio recta summi Iovis: "진정한 법은 올바른 이성이며, 자연에 부합하는 것이며, 만민에게 확산되는 것이며, 늘 변함없고 영구히 지속되는 것입니다. 의무에 대해서는 행하라고 명하면서 부르는 것이며, 속임수에 대해서는 금하면서 하지 않도록 합니다"(국가론 3.22.33).

5

11   퀸투스: 형님, 바르고 참된 것은 또한 영원한 것이며, 법령은 기록되는 문자와 더불어 발생하거나 소멸하는 것이 아니라는 데에 동의합니다.

마르쿠스: 그래서 신적 지성이 최고의 법률이라네.[49] 그리고 인간 안에 그것이 완전히 갖추어져 있을 때,[50] 인간은 현자의 지성 안에 있는 것이네. 그것이 다양하게 또 시의(時宜)에 따라서 백성들에게 성문화되면 법률이라는 이름을 갖게 되는데, 이것은 실제로 그렇다기보다는 다수결로 지지를 받았다는 뜻에서[51] 그렇게 불러주는 것일세. 따라서 제대로 법률이라고 불릴 수 있는 모든 법률은 다음과 같은 논거들에 입각해서 칭송받을 만한 것이라고 철학자들이 가르친다네. 무릇 법률은 시민들의 안녕과 국가들의 안전과 인간들의 평온하고 행복한 생활을 위해 창안된 것임이 분명하네.[52] 그리고 처음 이런 식의 법률을[53] 제정한 사람들이 백성들에게 제시하고자 한 바는, 자기들이 법률을 입안하고 반포하는 것은 결의되고 시행되는 내용에 의해서 백성들이 영예롭고 행복하게 살기 위함이라는 것을 보여주려고 했다네. 그렇게 해서 작성되고 제정된 그것을 법률이라고 일컫게 되었네.[54] 여기서 더욱더 깨닫는 바는 누군가 백성들에게 위

---

49) divina mens summa lex est: 바로 앞의 각주 48 참조.

50) 문장이 누락되어 판독에 차이가 있다. [Vahlen/Appuhn: in homine est perfecta *ratio, lex est; ea vero est perfecta* in mente sapientis] "그리고 인간에게는 온전한 이성이 있으면 그것이 법률이네. 다만 그 이성은 현자의 지성에서 완전하게 존재하네."

51) favore magis quam re: 실정법의 한계를 지적하는 문구다.

52) ad salutem civium civitatumque incolumitatem vitamque hominum quietam et beatam inventas esse leges: 명목상의 법률이 아니고 실제로 통용될 만한 실정법의 목적을 규정하고 있다.

53) scita: 앞의 각주 43(plebiscita, scita populi) 참조.

해(危害)가 되고 불의한 명령을 부과한다면, 그런 사람들은 입으로 언약하고 공언한 바와는 상반된 짓을 한 것이므로 법률과는 상치된 무엇을 초래했다는 사실일세. 그래서 '법률'이라는 명사를 해석하는 그 자체에, 정당(正當)함과 법도(法度)를 선택하겠다는 구속력이 내포되어 있고[55] 그렇게 하겠다는 사상이 내포되어 있음이 분명하네.

12 그런 뜻에서 저 사람들이 으레 하듯이[56] 나도 퀸투스 자네한테 묻겠네. 만약 도시국가가 무엇을 결하고 있는데, 결여된 그것 때문에 도저히 국가로 간주될 수 없다면, 결여된 바로 그것을 선익(善益) 가운데에 집어넣어야 하겠는가?

퀸투스: 응당 최고의 선익에 집어넣어야 하겠지요.

마르쿠스: 법률이 결여되면 그것으로 인해 도저히 국가라고 간주될 수 없는 것 아닌가?

퀸투스: 달리 할 말이 없습니다.

마르쿠스: 그러니 법률은 최선의 사물 가운데 들어갈 필요가 있지.

퀸투스: 전적으로 동의합니다.

13 마르쿠스: 그래? 하지만 백성들 사이에서는 위해가 되는 많은 것, 파멸을 초래하는 많은 것이 법률로 제정되고 있네. 그것들을 법률이라고 부른다면, 강도들이 자기네끼리 합의해서 아무것이나 법률이랍시고 제정해 법률이라고 부르는 것보다 나을 것이 없네. 만약 무식하고 경험도 없는 의사들이 건강에 좋다고 생각해서 치명적인 처방

---

54) scita sancire(법령을 제정하다), leges scribere et ferre(입안, 반포), adscitis susceptisque(결의, 시행), composita sanctaque(제정, 공포): 모두 로마법 제정과 관련된 용어들이다.

55) vim iusti et iuris legendi : 앞에서(1,6,19)lex의 어원을 legere(선택하다)로 소급한 바 있다.

56) sicut illi solent: 스토아 철학자들을 가리킨다(국가론 1,38,59~61).

을 내린다면 그것을 의사들의 처방이라고 말할 수는 없는 법이지. 마
찬가지로 인민이 위해가 되는 무엇을 비록 법률로서 채택했다고 할
지라도, 그런 법률은 어떤 이유로도 인민에게 법률이 될 수 없네. 그
렇게 볼 때에 법률이란 정당한 것들과 부당한 것들의 분별이지. 그것
도 자연본성에 준해서 표현되는[57] 분별인데, 자연본성은 가장 오래
되고 만물 가운데 가장 원초적인 것이네. 인간들의 법률은 다름 아닌
이 자연본성에로 정향(定向)되어 있지. 법률이 악인들은 형벌하고 선
인들은 지켜주고 보호하는 것도 이런 이치에서네.

6

퀸투스: 확실하게 알겠습니다. 이제 더 이상 다른 법률은 법률이라
고 간주해서도 안 되고 법률이라고 불러서도 안 된다고 생각하게 되
었습니다.

14   마르쿠스: 그럼 자넨 티티우스법들[58]이나 아풀레이우스법들[59]은
법률이 아니라고 생각하는가?

퀸투스: 물론입니다. 나는 리비우스법들[60]도 법률이 아니라고 생각

---

57) 자연법 사상은 필히 인간의 선성(善性)을 전제한다.

58) lex Titiana: 기원전 99년 호민관 티티우스(Sextus Titius)가 농지개혁을 추진한
법. 통령 안토니우스(Antonius)의 반격을 받았고 특히 키케로의 혹독한 비난
을 샀으나(*De oratore* 2,61,253: '소요를 일삼고 선동적인 시민') 달리 평가하는 사
람도 있다(Valerius, *Facta et dicta memorabilia* 8,1: innocens).

59) leges Apuleiae: 기원전 100년 호민관 사투르니누스(Lucius Appuleius Satu-
rninus)가 입안한 갈리아 토지 분배와 곡물가 통제에 관한 법률들. 귀족세력
을 제압하려다 키케로의 격한 증오를 샀다. "사투르니누스라는 자는 재갈이
풀린 자로서 뽐내는 일을 하고 싶어서 거의 미칠 지경이었으며 무식한 자들
의 마음을 사고 선동하는 데 정통했다"(*De haruspicum responso* 41).

60) leges Liviae: 기원전 91년 호민관 드루수스(Marcus Livius Drusus)가 이탈리아
와 시실리 토지를 빈민에게 분배한 법률(lex de coloniis deducundis)과 이탈리

합니다.

마르쿠스: 그래서 그것들은 원로원의 단 한 문장으로[61] 일시에 폐지되고 말 정도였는데 그게 옳았지. 그러나 내가 그 구속력을 해설하고 있는 저 법률로 말하자면 철폐될 수도 없고 폐지될 수도 없는 것이네.[62]

퀸투스: 그러니까 형님은 법률이라면 결코 폐지되는 일이 없어야 한다고 주문하시는 셈이군요.

마르쿠스: 그래. 자네들 두 사람이 법률이라고 받아들인 한에는 그렇지. 하지만 지극히 박식한 플라톤, 모든 철학자들 가운데 가장 심원한 그 인물이 한 것과 똑같이 나도 해야 할 것으로 믿네. 그는 먼저 국가에 관해서 집필했고, 그다음에 별도로 국가의 법률에 관해서 집필했지.[63] 따라서 법률 자체를 논하기에 앞서 나는 먼저 법률에 대한 칭송을 얘기해야 할 것 같네. 내가 알기로는 플라톤에 앞서 잘레우코스와 카론다스[64]도 같은 일을 했는데, 단지 그들은 학문을 위해서나 흥미 삼아 이런 일을 행한 것이 아니고 국가의 이익을 위해 도시국가에 법률들을 제정했던 것일세. 그 인물들을 모방해서 플라톤은 법률이 설득하는 기능을 나름대로 갖고 있으며 강제력과 위협으로 강요하는 것이 전부는 아니라고 생각했네.[65]

아 주민들에게 로마시민권을 부여한 법률(lex de civitate sociis danda).

61) uno versiculo senatus: 드루수스를 제거하고 그의 개혁법을 폐지하기 위해 원로원은 독재관을 세우지 않은 채로 "통령들은 공화국이 위해를 입지 않도록 조처할 것(ne quid res publica detrimenti capiat)"이라는 결의문으로 통령에게 비상대권을 부여했다.

62) [lex naturae] neque tolli neque abrogari potest: 자연법의 천부설을 주장하는 근거로 후대에 거듭 인용된다.

63) 키케로는 자기가 플라톤을 본떠서 『국가론』과 『법률론』을 2부작으로 집필했노라고 거듭 암시한다(이 책 1.5.15 참조).

64) Zaleucos, Charondas: 이 책 1.22.58(각주 207)과 208)) 참조.

15   퀸투스: 티마이오스는 잘레우코스라는 인물이 생존했다는 사실부터 부정하는데 이 점은 어찌 합니까?[66]

마르쿠스: 하지만 테오프라스토스[67]는 그 인물이 생존한 것으로 말했다네. 내 생각에 테오프라스토스는 티마이오스보다 못한 저술가가 아니며(많은 이들이 그를 더 훌륭한 사람으로 지칭한다네) 나의 피보호 민족인 로크리의 시민들도 그를 역사적 인물로 기념하고 있다네.[68] 그러나 그가 생존했는지 생존한 일이 없는지는 이 사안에 아무 관계가 없지. 우리는 그저 전승(傳承)을 두고 이야기를 나누는 중일세.

7

그러니 애초부터 시민들에게 다음과 같은 사실을 설득시켜야 하네. 만물의 주인이요 통솔자는 신들이라고, 운행되는 모든 것이 신들의 판결과 명령으로 운행되고 있다고, 신들이야말로 인류에 대해서 최상으로 은덕을 베푼다고, 누가 어떤 사람인지, 무엇을 하는지, 스스로 무슨 일을 허용하는지, 어떤 생각, 어떤 신심(信心)으로 종교를 봉행하는지 꿰뚫어본다고, 그리고 경건한 사람들과 불경스러운 사

---

65) legis esse persuadere…… non cogere: 자연본성에 법의 토대를 두는 이론은 설득에 의한 법의 준수를 목표로 한다(Plato, *Leges* 720~723).

66) Timaeus Tauromenii(기원전 3세기)를 지칭하는 듯함. 시실리 출신의 역사학자로 『이탈리아사와 시실리사』(*Italica et Sicula*), 『그리스사와 시실리사』(*Hellenica et Sicula*) 등의 역사서를 집필한 것으로 전해온다(플라톤의 *Timaeus*는 로크리 출신의 피타고라스 학파를 모델로 한다).

67) Theophrastos(기원전 371~287): 키케로는 그의 인물전기(*Chracteres*)에서 이런 정보를 수집했다.

68) nostri clientes, Locri: 남부 이탈리아의 이 지역은 로마에 보호자(patronus)를 두고 로마의 보호를 받는 피보호자(clientes)의 위치였다. 바로 키케로가 그들의 보호자였다(*Pro Plancio* 97).

람들의 속셈을 헤아린다고 설득해야 하네.[69] **16** 이런 것이 주입되어 있는 지성들이라면 유익한 사상이나 참된 사상에서 돌아서는 일이 결코 없을 걸세. 자기 내심에는 이성과 지성이 내재하고 있다고 여기면서도 천계와 세계에는 그런 것이 없다고 여길 만큼 어리석고 오만방자한 인간이 있어서는 안 될 것이니, 이런 지식보다 진실한 것이 무엇이겠는가? 천계와 세계의 운행을 파악하는 데도 타고난 이성의 재능을 최고로 발휘해도 겨우 알까 말까 하는데, 천계와 세계가 아무런 이치도 없이 움직인다고 여긴다는 말인가? 성좌들의 질서에 고마움을 느끼지 못하게 만들 자 누구이며,[70] 밤과 낮의 갈마듦이 고마움을 느끼지 못할 자 누구이며, 계절의 절도 있는 조화[71]에 고마움을 느끼지 못할 자 누구이며, 우리의 향락을 위해 생산되는 모든 것들에 고마움을 느끼지 못할 자 누구겠는가? 만일 그렇게 느끼지 못하는 사람이 있다면 도대체 누가 그를 감히 인간으로 꼽겠는가?[72] 이성을 갖춘 모든 것이 이성을 갖추지 못한 것들보다 월등하고, 따라서 그 어느 것도 대자연보다 월등하다고 말한다면 그것이 불손한 까닭에, 대자연 안에 이성이 깃들여 있다고 공언하지 않으면 안 되지.[73] 이러한 견해들이 유익하다는 것을 누가 부인하겠는가?[74] 이런 믿음

---

69) 자연법 사상의 보급은 유신론을 토대로 하고 외적인 경신례가 아닌 인간 내면에 대한 신의 통치를 보여주는 양심법에 토대한다는 저자의 신념을 표명하고 있다.

70) cf., *De natura deorum* 2.34.87~46.119(Aristoteles, *De philosophia*의 일부가 번역 수록되어 있다).

71) mensum temperatio: 자구대로는 "다달의 기후"를 의미하기도 한다.

72) "우리로서는 도저히 설명할 수 없는 자연현상이 위대한 지혜에서 유래하는 것임에도 이를 부인하고 모조리 우연(偶然)이라고만(eaque casu fieri) 주장하는 자를 어찌 인간으로 부를 수 있겠는가?"(*De natura deorum* 2.38.97)

73) 대자연이 모든 사물보다 월등하므로(superior), 당연히 이성이 깃들여 있어야 한다는 것이 스토아의 논지다(*De natura deorum* 3.8.22~23).

으로 인해서 얼마나 많은 사안들이 맹서(盟誓)로 다짐이 되던가! 종교심에 바탕한 약조(約條)들이 우리의 안녕에 얼마나 이바지하던가! 신들이 내릴 죄벌이 무서워서 악행을 멈추는 사람들이 얼마나 많던 가! 불사의 신들을 심판관이자 증인으로 중간에 세움으로써 시민들의 결사(結社)와 시민들 사이의 결속은 얼마나 성스러워지던가! 내가 자네한테 제시하고 있는 바는 『법률론』 서론일세. 플라톤이 이것을 그렇게 불렀거든.[75]

17　퀸투스: 형님, 정말 그렇습니다. 더구나 형님이 플라톤 그분과는 다른 주제와 다른 견해로 접근하시는 그점이 마음에 듭니다. 전에 형님이 말씀하신 점으로 보더라도, 그리고 신들에 관해 서두를 끄집어내신 이 점으로 보더라도 이처럼 차이 나는 면은 도무지 없습니다. 형님이 플라톤 그분을 본뜨는 것처럼 보이는 유일한 면은 언어상의 화법(話法)입니다.[76]

마르쿠스: 제발 그랬으면 좋겠네. 하지만 누가 감히 플라톤을 모방해내며, 앞으로도 모방해낼 수 있겠는가? 그의 사상을 옮겨놓기는 퍽 쉬운 노릇이지. 내가 전적으로 내 자신이 되고 싶다는 생각만 없다면[77] 나도 기꺼이 그런 일을 하겠어.[78] 같은 내용을 같은 단어로 옮겨서 말하는 것이야 뭐가 힘든 일이겠어?

퀸투스: 전적으로 동감입니다. 저로 말하자면 방금 친히 말씀하셨

---

74) 이른바 실용주의에 입각한 유신론으로도 간주할 만하다.

75) legis prooemium: Plato, *Leges*, 722~723.

76) orationis genus: 퀸투스는 형의 작품이 플라톤의 단순한 모방작이 아니고 독창적인 저술임을 강조한다.

77) nisi plane esse vellem meus: "전적으로 독창적인 것을 쓰고 싶다는 욕심이 없다면."

78) 사실상 플라톤의 『티마이오스』 등을 번역하는 등 키케로는 고전작품의 번역에도 열성을 보였다.

듯이 형님이 전적으로 형님 자신이 되시는 편이 더 좋습니다. 하지만 당장은, 괜찮으시다면, 종교에 관한 법률들을 제시해주시지요.

18 마르쿠스: 내 힘껏 제시해보겠네. 그리고 자리도 화제도 가족적인 만큼 나는 법률 문체를 써서 법률들을 제시하겠네.

퀸투스: 그게 무슨 말씀이지요?

마르쿠스: 퀸투스, 법률의 용어가 분명히 따로 있어. 고대 12표법에나 신성법(神聖法)[79]에 나오는 것처럼 아주 오래된 용어는 아닐지라도 좀더 큰 권위를 풍기는 용어일수록 이 자리에서 우리가 구사하는 언어보다 오래된 것이지. 할 수 있다면 그런 문체로, 또 간결한 문체로 해보겠네. 내가 공포할 법률들은 현안의 완전한 내용은 아니지만 (그러자면 한이 없어) 총괄적인 내용과 사상은 담고 있네.

퀸투스: 그야 어쩔 수 없는 일이겠군요. 여하튼 들어봅시다.[80]

8

19 마르쿠스: 신들 앞에는 정갈하게 나아갈지어다. 신심(信心)을 보일지어다. 호사(豪奢)를 멀리할지어다.[81] 그렇지 않고 거동할 자에게는 신이 몸소 복수하리로다.

---

79) Sacratae leges: 평민과 귀족 사이에서 맹서를 거쳐 체결된 약조(約條)나 법률. 호민관의 신상에 대한 불가침권, 이런 약조나 법률을 파기한 귀족을 호민관이 민회(民會)에 회부할 권리, 민회에서 결의된 선고를 원로원이 추인할 의무 등이다. "평민에게 자기네 정무직[=호민관]은 신성불가침하다[sacrosancti]는 요건이 부여되었다"(Livius, *Ab urbe condita* 2.33.1). 또 통령에게 사형언도를 받은 자가 민회에 상소할 권리(lex Valeria de provocatione) 같은 것도 신성법이었다.

80) 키케로가 제관법 조문들을 작성해 발표하고 이하 [24]절부터 해설을 가한다.

81) adeunto, adhibento, amovento: 라틴어 3인칭 복수 미래명령형이어서 '할지어다'라는 문체를 사용해본다. 키케로는 일반 동사도 일부러 고어체(e.g. faxit, habessit 등)를 구사한다.

아무도 별도로 신들을 모시지 말 것이니, 새로운 신들이든 이방의 신들이든 공적으로 인정받은 신이 아니면 모시지 말지어다. 사사로이 섬기더라도 선조들에게 의례로써 숭상받아 신으로 모셔온 신들을 섬길지어다.

도회지에서는 사당(祠堂)[82]을 둘 것이며 시골에서는 성림(聖林)[83]을 둘 것이요 성주[84]의 처소를 따로 둘지어다.

가문과 조상 전래의 의례를 보존할지어다.

신령들과 항상 천상 존재로 받들어온 이들을 섬길지어다. 또 그들의 공덕 때문에 천계에 가서 그곳에서 살도록 받아들여진 이들, 헤르쿨레스, 리베르, 아스클레피오스, 카스토르와 폴룩스, 퀴리누스[85]를 신으로 섬길지어다. 또 그로 인해서 인간을 천계로 오르게 만든 덕목 곧 멘스, 비르투스, 피에타스, 피데스도 칭송하는 사당이 있을진저.[86] 그러나 악덕에는 아무 사당도 세우지 말지어다.

성스러운 장엄축전[87]을 지킬지어다.

축일에는 법적인 분쟁을 중단할지어다.[88] 해야 할 노역을 마쳤으면 종들

---

82) delubra: 우상이 모셔진 신당. 어원은 신전 앞의 정화(淨化)의 물과 관련된다 (deluendo, lustrarum).

83) lucus: 종교적 목적으로 가꾸어진 신성한 숲. nemus(전답[ager]과 다른 '임야'), silva(숲), saltus(밀림)와 구분된다.

84) Lares (familiares): 구분이 애매하지만 Lares는 '성주' 또는 '가신(家神)', Penates는 '신주(神主)', Manes는 '조상신(祖上神)'으로 구별해 표기해본다. 성주는 집안의 벽감(lararium)에 모시던 가문의 수호신이다.

85) "마르스 신이 분노하면 그라디부스(Gradivus)라 부르고 평온하면 퀴리누스 (Quirinus)라 부른다."(Servius, *Commentarius in Aeneidem* 1,296) 로마의 세 부족, 곧 팔라티움의 람네스인(Ramnes), 퀴리날리스의 티티에스인(Tities), 카일리우스의 루케레스인(Luceres)은 퀴리테스(Quirites: 마르스의 후예)로 자처해 로마인의 별칭으로 통했다.

86) Mens(지성), Virtus(덕), Pietas(충효), Fides(신의) 등의 덕목을 신격화한 내용은 *De natura deorum* 2,23,61 참조.

87) sacra sollemnia: 국가 공식행사로 치르는 축전(祝典).

도 휴일을 갖도록 할지어다. 이런 축일은 연중을 통해서 일정한 시기에 맞아떨어지게 할지어다. 사제들은 일정한 기일에 일정한 제사에서 일정한 곡물과 일정한 과실을 공식 봉헌토록 할지어다.[89] **20** 또한 유즙과 짐승 새끼들을 풍족하게 남겨 다른 날에 쓰도록 할지어다. 이것은 빠뜨릴 수 없느니 곧 이 일을 위해 사제들이 규식과 연중 책력(冊曆)을 정해둘지어다. 각각의 신에게 어떤 제물이 영예롭고 흡족할 것인지도 정해둘지어다.[90]

각기 다른 신들에게는 각기 다른 사제들[91]이 배속되어야 할 것이며 모든 신들에게는 제관들[92]이 배속되어 있어야 하고 각각의 신에게는 신관(神官)들[93]이 배속되어 있을지어다. 베스타 처녀들은 도성에서 공공 화로의 불씨를 영구히 보존할지어다.[94]

이것들은 사사로든 공공연히 하든 일정한 규식과 의례로 행할 것이요, 모

---

88) "우리 선조들은 축일에는 공적이거나 사적이거나 분쟁을 자제하라고(inque feriis imperandis ut litibus et iurgiis abstinerent) 명했다. 플라톤의 교훈(*Leges* [11,13] 913)에 따른 습속이었다."(*De divinatione* 1,45,102)

89) libanto: 본뜻은 '맛보다'. 의식에서 음료는 제관이 제단과 제물 그리고 땅에 조금씩 뿌렸고 다른 제물은 조금 떼어 제단에서 살라 바쳤다. "곡물을 바쳐 신들을 섬기게 정한 것은 누마였다(Numa instituit deos fruge colere)."(Plinius, *Historiae naturales* 18,2)

90) 로마 제례에서는 신마다 기호 제물이 따로 있었다. 예: Aesculapius(수탉), Venus(비둘기), Demeter(돼지), Bacchus(염소), Neptunus(말 특히 검은 말).

91) sacerdotes(사제): 성직자의 일반 명칭. 일정한 신을 받드는 신도단(sodalicium: Salii, Luperci, fratres Arvales)이 사제를 선출하기도 했다.

92) pontifices(제관): 별도의 숭배조합이 없이 제신(諸神)을 받드는 공식 성직자로 국가의 종교의식 전체를 주관했다. 최고위는 pontifex maximus(대제관) 또는 rex sacrorum(제왕祭王)이었다.

93) flamines(신관): 특정한 신에게 제사를 드리는 성직자로서 대제관이 임명했고 대신관(flamines maiores: Dialis, Martialis, Quirinalis)과 소신관(minores)이 있었다.

94) Virgines Vestales: 화덕과 정조의 여신 베스타(Vesta)를 섬기는 여제관들로, 대제관이 선발하고 감독했으며 30년간 제관직에 있었다.

르는 자들은 공식 사제들에게서 배울지어다.[95] 사제들의 부류는 셋이어야 할지니, 첫째 부류는 의식과 제사를 주관하며, 둘째 부류는 신탁자들과 예언 가들의 알지 못할 발설[96]을 해석해 로마 원로원과 인민이 그 발설을 투표 로 공식 인정하게 할지어다.[97]

셋째 부류인 지선하고 위대한 유피테르의 신탁을 풀이하는 해석자들, 공 식 조점관(鳥占官)들[98]은 징후와 조점(鳥占)을 갖고서 장래를 내다보도록 할 지어다. **21** 징후를 해석하는 무술(巫術)은 그들이 보존할지어다.[99] 또 사제 들은 포도원과 유림(柳林)과 인민의 안보를 두고 점을 치도록 할지어다.[100] 누구든지 군사(軍事)와 정사(政事)를 수행하는 자들과 백성을 보살피는 자들 은 조점을 쳐서 예고를 받을 것이며, 그런 사람들은 이 예고에 순종토록 할 지어다.[101] 그들은 신의 분노에 대비하고, 그에 대령할지어다. 천계의 일

---

95) 사실상 15인 제관(quindecimviri sacris faciundis)이 시빌라의 책(Prophetiae Sibyllarum)과 조점을 감독했다.
96) 키케로는 fatidici(신탁자: 신수가), vates(예언가) 외에도 haruspices(장복관), augures(조점관), harioli(점쟁이), coniectores(해몽가)를 꼽는다(nobis essent colendi): *De natura deorum* 1.20.55.
97) senatus populusque asciverit: adscire(법률적인 공인公認: plebiscita, scita populi. 앞의 각주 43), 44), 54) 참조.
98) publici augures: 로마의 공식 제관으로 소정의 절차(inauguratio, exauguratio) 를 거쳐 취임했고 평민도 선발될 수 있었다(lex Ogulina).
99) disciplinam tenento: 문구의 뜻이 모호하다(disciplinam docento라고 읽으면 "무술은 조점관들이 가르쳐 전수할지어다"가 된다). 조점을 치는 비법은 '에트 루리아 술수'(disciplina Etrusca)로 알려져 있었다.
100) vineta virgetaque. et salutem populi auguranto: 뜻이 모호하다. augurium salutis: 신들이 국가의 안보를 청하는 기도를 들어줄지 묻던 점(占)과 연관 된다(Dio, *Epitome historiarum* 37.24; Cicero, *De divinatione* 1.47.105).
101) 국가대사에서 정무관들은 반드시 길흉을 물어야 했고(habere auspicia) 조점 관들은 관측소(auguraculum)에서 새들의 비행(飛行)과 새소리와 모이 쪼는 모습에서 길흉의 답변(nunciatio)을 내리며 정무관은 그것(publica auspicia) 에 따라야 했다.

정한 방위(方位)에[102] 발생하는 번개를 일일이 구분할지어다. 도성과 전답과 신전들은 조점에 의해서 하자(瑕疵)가 없고 길(吉)한 곳으로 간주할지어다.[103] 조점관이 부당하고 부정하고 흠이 있고 불길하다고 선언한 것들은 무효하고 무위인 것으로 될지어다. 이에 순종하지 않는 자는 극형에 처할지어다.

9

조약, 평화, 전쟁, 휴전협정의 체결에 관한 판단은 페티알레스 제관들[104]이 행하고…… 사절로 나설지어다.[105] 전쟁에 관해서 결의하는 것도 그들이 할지어다.

기사(奇事)와 이적(異蹟)들은, 만일 원로원이 명하면,[106] 에트루리아 장복

---

102) caeli regionibus ratis: 에트루리아인의 점술에 따르면 하늘을 16개 방위로 나누고 번개가 어느 방위에서 치느냐에 따라 신의 뜻을 알아내려고 했다(*De divinatione* 2.18.42).

103) templa liberata et effata habento: liberata(하자가 없는), effata(=ecfata: 길(吉)한 장소라고 '단언된'), templum("경계를 둘러친 공간, 점쟁이가 지팡이로 공중에 그은 공간, 눈에 들어오는 공간[시야]"), habento(=tenento: ……곳으로 간수할지어다). 단어들의 고전적 의미를 참작하면, "도성과 전답과 신전들은 하자(瑕疵) 없고 성스러운 곳으로 간수할지어다." 또는 "조점관이 관찰을 잘 할 수 있도록 도성과 전답을 하자 없고 길한 공간으로 간수할지어다"라는 번역이 나온다.

104) fetiales: 누마(Numa) 또는 앙쿠스 마르키우스(Ancus Marcius) 왕이 신설한 제관들로 전쟁선포, 평화협정, 로마에서 파견한 사절에 대한 모욕의 평가 등을 주관했다. 예를 들어 그 수장(pater paratus)이 국경에서 선전포고(bellum iustum indico facioque)를 하고 적진을 향해 창(hasta ferrata)을 던지는 것으로 전쟁이 시작되었다(Livius, *Ab urbe condita* 1.24.3~9; 1.32.5~14).

105) 텍스트의 훼손으로 추정판독이 다양한 문장이다. non⟨tii⟩ sunto 문구에 대해서는 다음 참조: Varro in Nonnius, *De proprietate sermonum* 362: 분쟁의 사안이 반복되면 "페티알레스 네 명을 사신으로 파견했는데 그들을 연사라고도 불렀다"(fetiales legatos res repetitum mittebant quattuor, quos oratores vocabant).

관(臟卜官)들[107]에게 품의할지어다. 그리고 에트루리아는 지도자들에게 무술을 가르칠지어다.[108] 어느 신들에게 희생제를 바치기로 결정하면 장복관들이 제사를 주관할지어다. 벼락과 벼락을 맞은 사물을 두고 신들을 무마하는 일[109]도 같은 제관들이 행할지어다.

여인들의 야간 제의행사(祭儀行事)는, 인민을 위해[110] 의례상으로 거행되는 경우 외에는, 있어서는 안 되느니라.[111] 그리스 의식으로 케레스에게 항용 바치는 제의[112]가 아닌 한 여자들 가운데 그 누구도 어떤 비의(秘儀)에도 입문하는 일이 없도록 할지어다.

22 제의 중에 저질러져 속죄가 불가능한 경우는 불경죄(不敬罪)로 간주할지어다. 속죄가 가능한 경우라면 공식 사제들이 속죄제를 행할지어다.

공식 경기[113]에서 마차경주와 신체의 경주[114] 없이 거행될 경우에 가요

---

106) si senatus iussit: 로마에서는 원로원의 지령이 없으면(senatus iniussu) 장엄축전을 거행하거나 신전을 세우거나 시빌라 서책에 문의하지 못했다.

107) ad Etruscos ⟨et⟩ haruspices: haruspices는 제물로 바치는 짐승의 내장을 관찰하여 길흉을 점치는 제관이다. 천지이변 관찰과 조점(鳥占)도 맡았다. "그는 벼락의 불길을 관찰하고 지축의 소리를 헤아린다"(Lucanus, *Pharsalia* 4.600).

108) "귀족들의 아들 열 명을 에트루리아 백성에게 보내어 무술(巫術)을 배우게 (ad percipiendam sacrorum disciplinam) 했다."(*De divinatione* 1.41.92; Valerius Maximus, *Factorum et dictorum memorabilia* 1.1.1)

109) procuranto: "신들에게서 인간들에게 예고되는 불길한 표징을 무마하고 속죄하는 일"(procurare atque expiare signa). (*De divinatione* 2.63.130)

110) pro populo rite fecit: 풍요의 여신 보나 데아(Bona Dea) 축제(5월 1일)는 여자들만의 야간 제전이었지만 "인민을 위하는"(pro populo) 지향으로 제물이 봉헌되었다. (*De haruspicum responso* 37; Seneca, *Epistulae* 97.2)

111) 이하 [35]~[37] 해설 참조.

112) 그리스 엘레우시스(Eleusis)의 여신 케레스에게 바쳐지는 야간의 여성제전으로 로마에서는 12월 3~4일에 거행되었다.

113) ludi publici: 경신례(敬神禮)와 결부된 축전과 경기. 아폴론 경축(Ludi Apollinares), 로마 경축(Romani), 메갈로 경축(Megalenses), 서민 경축(plebei), 카피톨리움 경축(Capitolini), 꽃 경축(florales), 대경축(Magni) 세기 경축

와 현금과 피리를 사용하면서[115] 관중의 열락을 절도 있게 조정할 것이며, 그 열락을 제신(諸神)의 영예와 결부시키도록 할지어다.

조상 전래의 의식 가운데서는 최선의 것들을 준봉토록 할지어다.

이다이아 대모(大母)의 종[116]들이 아니면, 그것도 법정일(法定日)이 아니면 아무도 헌금을 모금해서는 안 된다.

성물(聖物)이나 성소(聖所)에 위탁된 사물[117]을 훔치거나 강탈한 자는 동족살해자(同族殺害者)로 간주될지어다.[118]

거짓 맹세에 대한 신적 응징은 멸망이고 인간적 응징은 불명예로 된다.[119]

근친상간[120]은 제관들이 극형으로 처벌할지어다.

(saeculares), 밀 경축(Cereales) 등이 있었고 정무관들이 국비로 주관했다.

114) certamina corporum: ludus Troiae(마상경주), venatio(사냥), certamina gymnica(씨름), quinquertium(5종경기) 등이었다.

115) 연극 공연을 간접적으로 지칭하는 것 같다. 이하 [38] 참조.

116) Idaea Mater: 이다(Ida) 산에서 기원한 키벨레(Cybele) 여신은 마그나 마테르(Magna Mater)로 통했고 로마에서는 여신에게 대모신제(大母神祭, Ludi Megalenses)가 거행되었다. 스스로 거세한 갈리(Galli)가 여신의 몸종(famuli)을 자처하며 헌신했다(Ovidius, *Fasti* 4.351 sqq.).

117) sacrum sacrove commendatum: "성물이나 거룩한 의식으로 성별(聖別)된 사물"로도 번역이 가능하다.

118) parricida: 부모, 친척, 동료시민을 살해한 자로 사형이나 유배라는 극형을 받았다.

119) 법정이나 약조상의 거짓 맹세(periurium)는 사형에 해당했지만 키케로는 dedecus(censor가 선고하는 infamia로 투표권 등 공민권이 박탈된다)에 국한시키는 듯하다. "맹세를 경시하는 경우는 종교적 징계를 당할 만하다"(iuris iurandi contempta religio satis ultorem habet). (*Codex Iustinianus* 4.1)

120) incestum: 일반 근친상간(Tarpeia 바위에서 떨어뜨려 죽였다)보다 베스타 제관의 실정(失貞, probrum virginis Vestalis: 대제관이 감독, 처벌)을 가리키는 듯하다. "베스타 여제관 미누키아는 실절한 것이 발각되어······ 판결을 받은 다음 콜리나 성문 옆 포장도로 근방 '범죄의 밭'이라는 곳에 산 채로 땅 구덩이에 묻혔으며(facto iudicio, viva sub terram······ defossa scelerato campo)

불경죄를 범한 자[121]는 예물로 감히 신들의 분노를 무마하려 들지 말지어다.

서원(誓願)은 철저하게 준수할지어다. 이 법도를 어긴 자는 형벌을 받을지어다.

그러므로 아무도 전답을 어떤 신에게 성별(聖別)하는 일이 없도록 할지어다. 금과 은과 상아를 어떤 신에게 성별함에 있어서도 절도가 있을지어다.

사적인 제의[122]도 영구히 보존할지어다.

조상신(祖上神)들[123]의 권리는 불가침한 것일지어다. 사망에 넘겨진 선인(善人)들은 신으로 간주할지어다.[124] 그들에게는 장례 경비와 애도(哀悼)를 축소할지어다.

10

23 아티쿠스: 저 막중한 법률을 자네가 얼마나 간결하게 간추렸는지 모르겠네. 하지만 내가 보기에는 자네가 간추린 그 종교 법전 제도라는 것이 누마의 법률[125]이나 우리의 관습과 그다지 다르지 않은 것

그 부정 때문에 그 장소에 그런 이름이 붙여진 듯하다."(Livius, *Ab urbe condita* 8.15.7)

121) impius: 구체적으로 어떤 범법자를 가리키는지 모호하다.

122) sacra privata: 국가에서 공공으로 거행하는 제의(sacra publica) 외에 각 curia(종씨宗氏), gens(씨족氏族), familia(가문家門)에서 성주와 신주에게 거행하는 종교.

123) Deorum Manium iura: 제사를 받을 조상신의 권리. Di Manes(조상신): 망령을 신격화(divos habento)한 것으로 묘지에 모셔진 경우 D.M.S.(=Dis Manibus sacrum)라고 표기했다.

124) Bonos leto datos/suos leto datos/hos leto datos. 사본에 따라 번역이 달라진다. "선남(善男)들은 사후에 신으로 간주될지어다."

125) a legibus Numae: 로마에 종교제도를 확립한 것은 누마 왕이라는 전설이 있다. "누마 치세의 오랜 평화가 이 도성에는 법과 종교의 모체가 되었다"(diuturna pax Numae mater huic urbi iuris et religionis fuit). (국가론 5.2.3)

같구먼.

마르쿠스: 아프리카누스가 『국가론』이라는 서책에서 모든 국가들 가운데 우리네 상고의 국가가 최선의 국가였다고 설복하려 들 때,[126] 자네는 최선의 국가에는 그에 상응하는 법률을 부여할 필요가 있다고 여기지 않는단 말인가?

아티쿠스: 아니, 나야 의당히 그렇게 생각하고말고.

마르쿠스: 그러니 자네들도 최선의 국가를 감당할 만한 법률을 기대하게나. 그리고 만일 나더러 오늘 당장 법률을 입안해보라고, 지금의 우리 국가에는 존재하지도 않고 앞으로도 존재하지 않을 법률을 입안해보라고 요구한다면, 내가 내놓을 법률은 과거에 조상들의 관습에 존재했던 그런 것일 테지. 그 관습도 당시에는 법으로 통했으니까.[127]

24   아티쿠스: 그게 자네 마음에 든다면 바로 그 법률이라는 것을 내놓아 보게나. 그러면 나도 "찬성이오!"[128]라고 말할 수 있을 것일세.

마르쿠스: 아티쿠스, 그게 정말 자네가 하려는 말인가? 딴말은 하지 않겠지?

---

126) "모든 공화국들 가운데 그 제도적 구성이나 권력의 분배나 사회적 기강으로 미루어(aut constitutione aut discreptione aut disciplina) 우리 조상들이 우리에게 남겨주었고 우리가 받아들였던 그 공화국과 비교할 만한 것은 아무것도 없다."(국가론 1.46.70)

127) 키케로가 제시한 법률이 조상들의 관습과 다를 바 없느냐는 반문에, 로마 국가의 최선의 형태는 선조대에 있었다는 스키피오의 말을 근거로, 최선의 국가에 어울리는 최선의 법률은 어차피 고대의 관습과 비슷할 수밖에 없다고 응수한다.

128) utei tu rogas(당신이 묻는대로): 민회(comitia)에서 투표자들은 질문자에게 찬성(U.: uti rogas), 반대(A.: antiquo '그대로 놔두라') 의사를 밝히면 질문자가 표결판에 기록하여 투표단위의 집단의사를 결정했다. 기원전 139년 이후 비밀투표로 바뀌게 된다. 여기서 구두투표의 방식을 재현하고 있다.

아티쿠스: 대강(大綱)에 대해서는 어느 사항에도 이의를 제기하지 않겠네. 세부사항에서는 자네가 바란다면, 자네한테 결정을 맡기겠네.[129]

퀸투스: 저도 같은 생각입니다.

마르쿠스: 하지만 내 얘기가 오래가지나 않을까 자네들은 조심하라고!

아티쿠스: 그래도 좋아. 딱히 우리가 더 요긴하게 하려는 일이 뭐가 있던가?

마르쿠스: 법률은 첫 조목에서 명하기를,[130] 신들 앞에는 정갈하게 나아가라고 하네. 다시 말해서 정갈한 마음으로 나아가라는 말인데 그 속에 모든 것이 갖추어져 있지. 신체의 정결함도 제외되지는 않지만 마음이 신체보다 얼마나 월등한지 이 점을 깨달을 필요가 있네. 정결한 몸으로 나아감이 준수되어야 한다면 마음이 정갈해야 하는 것은 훨씬 더 준수되어야 마땅하지. 몸의 부정이야 물을 뿌리거나 일정한 기일 자숙한다면 털어지지만 마음의 부정은 오래가고 지워지지도 않고 어떤 강물로도 씻겨지지 않네.

25   신심을 보이라고, 호사를 멀리하라고 명하는 것은 신에게는 신실(信實)함이 흡족하고 낭비는 멀리해야 한다는 뜻일세. 안 그런가?[131] 우리는 인간들 사이에서도 청빈(淸貧)이 부유(富裕)와 더불어 동등하게 취급받기를 바라는 터인데, 어째서 제의에 사치를 덧대어 청빈이 신들에게 다가가지 못하게 가로막는 것일까?[132] 특히나 신을 무마하

---

129) remittam hoc tibi: 사본해독에 따라서(와트Watt) 마르쿠스의 발언으로 편집해 "세부사항에서는, 자네가 그리고 싶다면, 찬성하지 않더라도 자넬 봐주겠네"라고 번역한다.

130) 여기서부터 키케로는 자신이 앞서 제안한 제전법을 한 조목씩 해설한다.

131) quid?: "그래?" "안 그런가?" "뭐라고?" 등의 간투사다.

고 신을 섬기는 길이 모든 사람들에게 열리지 않는다면, 그런 일보다 신의 마음에 들지 않는 일은 아무것도 없는 터에 말일세.[133) 단지 재판관이 아니라 신이 몸소 복수하는 분으로 세워진 사실로 미루어,[134) 당장의 징벌에 대한 두려움에 의해 종교가 강화되는 것으로 보이네.

자기네 신들을 섬기느냐, 새로운 신들을 섬기느냐, 이방의 신들을 섬기느냐는 종교의 혼란을 가져오고 우리네 사제들에게 낯선 의식들을 끌어들이네.[135) **26** 선조들도 바로 이 법률에 복종했다고 한다면 선조들이 모셔 들인 신들을 섬긴다는 것은 매우 흡족한 일이네.[136)

도회지에는 사당이 있어야 한다고 생각하는데, 그렇다고 내가 페르시아인의 마법사들[137)이 한 말을 따르는 것은 아닐세. 크세르크세스는 그들이 시켜서 그리스의 신전들을 불질렀다지.[138) 신들에게는 모든 것이 열려 있어야 하고 자유로워야 하며 이 세계 전체가 신들의 신전이요 거처인데 신전이라는 건축물은 사방 벽으로 신들을 가두는 것이기 때문이라는 이유였다네.[139)

---

132) cur eam sump*tu* ad sacra addi*to* deorum adi*tu* arceamus?: -tu, -to, -tu 등의 각운(脚韻)으로 문장을 돋보이게 했다.

133) 제의에 호사가 유행한다면 빈곤한 사람들은 접근할 방도가 없으리란 우려다.

134) non iudex sed deus ipse vindex: 경신례의 엄격한 준수는 신들의 가호(pax deum)를 받는 데 필수적이었다.

135) 로마에서는 예를 들어 이시스(Isis), 세라피스(Seraphis), 미트라(Mitra) 숭배가 도입되었다가 금지되었다가 다시 허용되는 등의 우여곡절이 있었다.

136) 선조들이 저 법문에 따라 분별있게 모셔 들인 신들이라면 우리도 섬길 수 있다는 논리다.

137) magos Persarum: 페르시아 전래의 마법사(Magi)들은 점성술을 펴고 예언을 하고 치병을 했으며 그들의 무술을 magia라고 했다.

138) cf., Herodotus, *Historiae* 1.131; 8.109; Cicero, *De natura deorum* 1.41.115; *De republica* 3.9.14.

139) "그리스인은 사르디스를 불사르고 그 도성 안에 있던 키벨레의 신전도 불살

하지만 그리스인과 우리 선조들은 신들에 대한 신심을 배가하려는 뜻에서 우리가 거처하는 이 도시에 신들도 같이 거처하기를 바랐는데 그것이 더 잘한 일일세. 이런 견해는 종교예식이 도시국가에 유익하다는 생각에도 일조하네.[140] 또 지극히 박식한 피타고라스가 한 저 유명한 말이 옳다면,[141] 우리가 신사(神事)에 정성을 바칠수록 백성들의 마음에는 신심과 종교심이 크게 배양된다는 것일세. 칠인의 현자들 가운데 가장 지혜로웠던 탈레스는 인간들은 자기네가 관찰하는 만물이 신들로 충만해 있다고 여김이 마땅하다고 했네.[142] 그리고 인간들이 성소에 들어가 있을 적에 가장 경건하듯이, 그때야말로 비로소 모두가 좀더 정숙한 인간이 될 것이라고도 했네. 이런 생각에 따르면 신들의 모종의 형상이 지성(知性)뿐만 아니라 시선(視線)에도 깃들여 있는 것일세.[143] **27** 시골에서는 **성림(聖林)**이 동일한 명분을 띠고 있네. 선조들에게서 전수되어온 이상 **성주 숭배**도 배척할 것이 아니네. 이것은 주인들에게도 종들에게도 똑같이 전수되어온 것이며, 토지의 초입에도 성주를 모시는 사당이 있고 농장 정면에도 있지.[144]

랐다. 페르시아인은 이 일을 생각하고 그리스에 가서도 신전들을 불태웠던 것이다."(Herodotus, *Historiae* 5.102)

140) religionem utilem civitatibus: 로마인의 실용주의 종교관을 대표하는 문장이다.

141) Plutarchus, *De superstitione* 9, 169e: "우리가 신에게 가까이 갈 적에 우리는 최선의 경지에 있는 것이다."

142) omnia deorum esse plena: Aristoteles, *De anima* [1.5.15] 411a: "어떤 사람들은 영혼이 우주 안에 혼합되어 있다고 주장하며, 아마도 이런 이유에서 탈레스는 만물이 신으로 충만해 있다고 생각했을 것이다."

143) species deorum in oculis non solum in mentibus: 인간은 지적 관념을 통해서뿐만 아니라 신전과 경신례라는 외적 사물로 신을 알아본다.

가문과 조상들의 의례를 보존하는 일, 다시 말해서 그것을 신들에게서 전수받은 경신행위로서 보호하는 일이네. 상고시대는 그래도 우리가 신들에게 가장 가까이 접근할 수 있도록 해주기 때문일세.

헤르쿨레스나 다른 인물들처럼 인류 가운데서 성별(聖別)된 이들을 숭상하라고 법률이 명한다는 사실은 만인의 정신이 불사불멸하지만 굳세고 선량한 사람들의 정신은 신적인 존재임을 가리키네. **28** 멘스, 피에타스, 비르투스, 피데스가 인간적인 덕목이지만 신으로 성별(聖別)되는 것이 좋으며[145] 로마에는 공식적으로 이들 모두의 신전이 있네.[146] 사람들은 이 덕목들을 갖추려고(선한 사람이라면 모두 갖추고 있네) 이것들을 자기들 마음속에 자리 잡고 있는 신들이라고 생각한다네. 아테네에서는 퀼론의 추종자들에게 범한 죄악을 속량하고 나서[147] 크레타 사람 에피메니데스가 조언한 대로, 무례(無禮)와 파렴치(破廉恥)에게도 사당을 만든 적이 있다네. 그러나 선덕(善德)을 신성(神性)으로 모시는 것이 마땅하지 악덕(惡德)을 모셔서는 안 되네. 로마의 팔라티움에 있던 학질에게 바쳐진 옛 제단이라든지 에스퀼리아이에 있던 악운에게 바쳐진 제단은 혐오스러운 것일세.[148] 그밖

---

144) Lares: 본래는 한 가문의 집터를 수호하는 신령(Lares familiares: 성주)이지만(앞의 각주 84 참조) 동네(Lares rurales)와 네거리(compitales), 여행(viales, permarini)과 군복무(militares)를 지켜준다고 믿었다.

145) consecrantur humanae: 다른 사본들은 consecratur manu("인위적으로 성별되는")이라고 읽는다.

146) 멘스(Mens), 피에타스(Pietas), 피데스(Fides) 여신은 카피톨리움 언덕에, 호노스(Honos) 신은 포르타 카페나(Porta Capena)에 신전이 있었다.

147) 기원전 612년 아테네에서 봉기한 퀼론(Cylon)의 일당에게, 항복하면 목숨을 살려주기로 맹약한 알크마이온의 귀족파가 팔라스 신전에서 나온 평민파를 전원 학살하고 에우메니데스의 제단에서까지 학살한 사건. 신의의 배반으로 재앙이 닥치자 크레타 사람 에피메니데스를 초빙해 속죄제를 바치고 제단을 쌓았다. Thucydides, *Historiae* 1.126; Diogenes Laertius, *Vitae philosophorum* 1.10.110, Plutarchus, *Solon* 12.

에도 이런 식의 것들은 한결같이 배격해야 마땅할 것일세. 만약 이름을 붙여서 신격화해야 한다면, (이기고 점령한다는 뜻에서는) 비카 포타라는 이름, (서서 버틴다는 뜻에서는) 스타타라는 이름이 그럴듯하고,[149] 유피테르의 별호로는 스타토르와 인빅투스라는 호칭이 그럴듯하며,[150] 희구하는 사물에 신의 이름을 붙인다면 살루스, 호노스, 옵스, 빅토리아라는 이름이 그럴듯하다네.[151] 왜냐하면 좋은 일을 기다리는 기대 때문에 마음이 진작되게 마련이며, 그래서 칼라티누스[152]는 스페스를 여신으로 성별했다네. 포르투나 역시 후유스케 디에이라고 할 만한데[153] 그 여신은 모든 날에 다 해당하기 때문이었네. 또는 보우(保佑)를 주는 행운의 여신은 레스피키엔스이겠고,[154] 포르스라고 하면 불확실한 우연을 더 많이 의미한다네.[155] 행운의 여신

---

148) Febris, Mala Fortuna: 제단뿐만 아니라 로마에 신전들이 여럿 있었다. 포르투나(Fortuna) 여신만 해도 Fortuna Aurea, Conservatrix, Privata, Virilis, Feminilis, Favoris, Stata, Stabilis 등의 별칭이 있어 별도로 숭배받았다.

149) Vica ← vincendi(이기다), Pota ← potiundi(얻어내다), Stata ← standi(서 있다).

150) 유피테르의 호칭 Stator: "불러세운 자"(사비니인에게 패해 도망하던 로마인을 로물루스의 기도로 유피테르가 불러세웠다: Livius, *Ab urbe condita* 1.12.6: Invictus: "패하지 않는 자, 불패자(不敗者)."

151) Salus(건강, 안녕), Honos(명예, 출세), Ops(힘, 재산), Victoria(승리).

152) Aulus Attilius Calatinus: 249년 독재관으로서 제1차 포에니전쟁 중 희망(Spes)을 여신으로 신격화했다(Tacitus, *Annales* 2.49).

153) Fortuna······ Huiusce diei: "오늘의 행운." 이런 이름이 붙은 여신의 신전이 두 군데(Campus Martii, Circus Maximus)에 있었다. 날마다 '오늘'이라고 불리므로 행운은 "모든 날에 해당한다".

154) Fortuna Respiciens: Respiciens ad opem ferendam(도움을 주려고 돌이켜보는 행운)이라는 이름이 붙은 신전이 티베리스 강가에 있었다.

155) Fors Fortuna: 우연한 행운. 기원전 1세기만 해도 이 이름의 신전이 로마에 세 군데나 있었다.

프리미게니아는 태어나면서부터 동행을 해주는[156] 까닭일세.[157]

12

29   축일과 축제[158]의 명분은 자유민들에게는 분쟁과 소송의 중지를, 노예들에게는 일과 노역의 중단을 의미하네. 축제일의 연중 배치는 농사일의 수행에 맞추어져야 하네. 제사의 봉헌이 적시에 준행될 수 있게 하려면, 특히 법률에 규정된 짐승의 새끼들이 제때에 봉헌되게 하려면 윤달 삽입의 계산[159]을 정확하게 해야 하네. 그 제도는 누마가 정통하게 제정해두었는데 후대 제관들의 소홀로 말미암아 이완되고 말았어.[160] 제관들과 장복관들의 제도에서 온 것은 변경되어서는 안 되네.[161] 각각의 신에게 무슨 제물로 제헌을 할 것인지, 어느 신에게는 다 큰 짐승으로, 어느 신에게는 젖먹이로, 어느 신에게는 수컷으로, 어느 신에게는 암컷으로 제헌을 할 것인지를 정한 일 말일세.

---

156) Primigenia a gignendo comestum: 사본에 따라 "행운(운수)은 출생부터 (a gignendo) 정해져 있으므로(comestum)"라고 읽히거나 "운수는 사람의 출생부터 따라다니므로(comes tum)"라고 읽힌다. 원래는 Fortuna Primigenia Iovis(유피테르의 맏딸 포르투나)였다.

157) 이하에 상당한 분량이 탈락되어 있다(cf., *De natura deorum* 2.23.61).

158) feriae festusque dies: feria(공무가 없는 '휴일'), festus dies(축전이 거행되는 '축일'). 그 반대는 dies fasti(공무가 있는 개정일開廷日), profesti(축일이 아닌 평일)였다. 책력상으로는 fasti(길일), nefasti(흉일)로 나누었다.

159) habenda ratio intercalandi: 로마 음력(1년 355일)과 양력(365일)의 차이를 조정하고자 격년으로 윤달(mensis intercalaris)을 삽입하던 계산. 율리우스력에 따라 4년마다 2월 24일을 반복하는 윤일 삽입(bis sexto Kalendas Martias)은 기원전 46년 이후에 이루어졌다.

160) cf., Livius, *Ab urbe condita* 1.19. 책력을 맡은 제관들의 착오나 고의로 윤달 계산이 소홀해졌으므로 율리우스력을 채택한 해(기원전 46년)는 67일이나 보충해야 했다고 한다.

161) 책력과 공식제례 그리고 축제는 전적으로 제관들(publici pontifices)과 장복관들의 책임과 권한에 속했다.

모든 신들에게 다수 사제들이, 각각의 신에게는 각각의 사제가 배속되어 있어서, 제관법의 문제에 답변하는 권한과 종교 행사를 주관하는 권한을 수행하네.

베스타는 그리스 이름에서 유래해 불리는데[162] (우리한테도 그리스말과 똑같은 의미를 가지며 별도로 번역된 이름을 우리는 갖고 있지 않네), 여신은 도성의 화로를 품고 있으므로 여신에게는 여섯 명의 처녀들이 시립해 봉직해야 할 걸세. 이렇게 함은 깨어 보살피면서 불씨를 간수하는 일이 좀더 용이하기 때문이고, 전적인 순결을 감수함이 여성에게 합당함을 여자들이 깨닫게 하기 위함일세.

30 그렇지만 그다음에 따라 나오는 조항은 단순히 종교와만 관련되는 것이 아니라 국가의 사태에도 관련되는데, 공식으로 제의를 주관하는 인물들 없이는 사사로운 종교도 충족시킬 수가 없다는 뜻이지. 인민이 언제나 최선량들의 고견과 권위를 필요로 함이 국가의 실상이듯이, 사제들의 부류는 법정 종교의 부류 어느 것 하나도 빠뜨리지 않고 보살핀다네. 왜 그런가 하면 어떤 제관들은 신들을 무마하기 위해서 세워졌으니 어떤 이들은 장엄축전을 주관하게 되어 있고 어떤 이들은 신탁자들의 예언을 해석하기 위해 세워졌는데, 그 신탁자들의 숫자가 많아서는 안 될 것이니 그런 일이 한정 없이 생겨나지 않게 하기 위함이고, 공식으로 채택된 내용이라고 하더라도 사제단 외부에서 누가 알아서는 안 될 것이기 때문이네. **31** 국가에서 가장 크고 가장 출중한 권리는 조점관들의 권리이며 그 권리에는 결의권(決意權)이 위임되어 있네.[163] 그것은 내 자신이 조점관이어서 그렇게 생각하는

162) 그리스어 Hestia(← hestia[화덕, 부엌], ← hestiao[따뜻이 맞다]): *De natura deorum* 2.27.67.

163) ius augurum cum auctoritate coniunctum: "로마인에게 점은 예술의 경지였고 제관단은 아주 엄숙하고 권위를 띠고 있었다."(Plinius, *Naturales historiae*

것이 아니고[164] 우리는 당연히 그렇게 생각해야 할 필요가 있기 때문일세. 권리로 따진다면야[165] 최고통수권과 최고통치권에 의해서 소집된 인민회와 평민회들도 해산할 수 있고 채택된 결의를 무효화할 수 있는 권한보다 더 큰 것이 무엇이겠는가?[166] 조점관 한 사람이 "다음날로"[167]라고 선언하면 이미 상정된 협의를 중단시킬 수 있는데, 이보다 막중한 것이 무엇이겠는가? 그리고 통령들이 정무직에서 사임해야 한다는 결정을 내릴 수 있는 것보다 더 대단한 것이 무엇이겠는가? 인민에 대해서도, 평민에 대해서도[168] 회의를 소집할 권한을 부여할 것인지 말 것인지를 정하는 것보다 더 엄숙한 것이 무엇이겠는가?[169] 법률이 만일 적법하게 상정된 것이 아닐 경우, 그것을 폐기하는 것보다 대단한 것이 무엇이겠는가? 티티우스법[170]이 조점관 협의체의 결의로 폐지되었고[171] 리비우스의 법들[172]이 통령과 조점

8,28)

164) 키케로는 이『법률론』을 집필할 무렵인 53년에 조점관직에 들어갔다.

165) 이하에 열거된 권한은 시행되고 있던 것인지, 키케로가 수립하려던 권한인지 의문스럽다.

166) "선거민회와 입법민회 그리고 회합을 해산하거나 규정을 폐지할 수 있는 (comitiatus et concilia vel instituta dimittere)" 권한, "채택된 바도 무효화할 수 있는(habita rescindere)" 권한.

167) alio die: 조점에 의한 길흉을 내세워 긍정(nunciatio)이나 부정(abnunciatio) 의 선언(alio die)을 할 수 있었다. 후대에는(lex Aelia, lex Fufia) 정무관들 특히 호민관에게도 이 권리가 부여되었다.

168) cum populo, cum plebe [Zetzel] 인민(populus)은 귀족과 평민을 포괄하며 정식 선거민회(comitia tributa, comitia centuriata)에 한데 모였다. 평민(plebs)은 평민회(plebiscita: lex가 아니었으나 기원전 3세기부터 법률의 구속력을 가짐)로 모였다.

169) ius cum populo agendi: 구체적으로는 백인대회(comitia centuriata: 귀족과 평민으로 구성)를 소집할 권리이며 ius cum plebe agendi(평민회[comitia tributa] 지역구회를 소집할 권리)와 구분되었다.

170) lex Titia 또는 lex Titiana(앞의 각주 58) 참조).

관을 겸직하고 있던 필리푸스의 판결에 따라서 폐지된 바 있네.[173] 국내 정치에서도, 군사에서도 저 사람들의 권위에 의하지 않고는 아무것도 진행되지 않았으며, 저들을 빼놓고는 누구의 승인도 얻을 수 없지 않던가?

<h1 align="center">13</h1>

32   아티쿠스: 옳아. 그 권한이 대단하다는 것은 나도 알고 인정하겠네. 그러나 자네네 협의체에서 마르켈루스와 클라우디우스 풀케르 사이에, 그러니까 가장 훌륭한 조점관들 사이에 크나큰 의견 차이가 있지.[174] 나는 그 사람들의 저서를 통해서 이러한 사실을 알았다네. 한 사람은 국가의 유익을 위해서 조점이 고안되었다고 생각하는 점이 마음에 들고, 다른 한 사람은 자네네 무술이 미래사를 점칠 수 있다고 생각하는 것으로 보았단 말일세. 이 사안에 대해서 자네는 어떻게 생각하는지 묻고 싶네.[175]

마르쿠스: 나 말인가? 미래사를 점치는 점술(占術)을 그리스인은 만티케(mantike)라고 부르는데,[176] 나는 그런 점술이 존재한다고 생각

---

171) decreto collegi: 조점관 협의체. 혹자는 '호민관 협의체'로 해석. collegium: 특수한 사안(decemviri stilitibus indicandis)에 대해서 심리인(recuperatores)들이 심사해서 내리는 결의(decretum).

172) leges Liviae: 앞의 각주 60) 참조.

173) Lucius Marcius Philippus: 91년에 통령이요 웅변가(*Brutus* 173).

174) magna dissenssio: 키케로의 동료 조점관 마르켈루스(Gaius Claudius Marcellus)는 조점이 국가의 안위를 위한 술수라고, 클라우디우스 풀케르(Appius Claudius Pulcher, *De augurali disciplina*)는 그냥 종교심의 발로라고 주장한 것으로 전해온다(*Ad Atticum* 3.4.1).

175) 훗날(44년) 카이사르의 암살 직후에 집필된 *De divinatione*에서 퀸투스는 점복(占卜)을 옹호하고(제1권) 마르쿠스가 반론을 펴는 것으로 되어 있다(제2권). 그러나 여기서는 일반적으로 점복을 수긍하는 태도를 보인다.

하네. 그중에서 새와 그밖의 징표들에 대한 부분이 우리네 무술에 해당하지. 신들이 존재한다고, 또 그들의 지성에 의해서 세계가 통치된다고, 신들이 인류를 보살핀다고, 그리고 미래사의 징표를 우리에게 보여줄 수 있다고 우리가 수긍한다면, 내가 군이 점술을 부인해야 하는 까닭을 모르겠네.[177] **33** 내가 제시한 징표들이 엄연히 존재하는 이상, 거기서부터 우리가 원하는 바를 결론으로 끄집어낼 수밖에 없다네. 우리 시대의 국가에서만도 참으로 허다한 사례들로 가득 차 있으며, 모든 왕국 모든 백성 모든 민족들이 그렇다네.[178] 조점관들의 예언 가운데 많은 것들이 믿기지 않을 정도로 그대로 일어났단 말일세. 그런 일이 실제로 일어나지 않았더라면 폴뤼이도스의 명성, 멜람포스, 몹소스, 암피아라오스, 칼카스의 명성, 그리고 헬레노스의 명성도 없었을 걸세.[179] 또 숱한 나라들이 이 시대까지 조점을 간직해오지도 않았을 것이고. 예컨대 프리기아인들, 뤼카오니아인들, 킬리키아인들, 특히나 피시디아인들의 나라가 그렇다네.[180] 그것이 확실하다고 오랜 세월이 가르쳐주지 않았던들 그러지는 못했을 것일세. 그런 일이 없었다면 우리네 로물루스가 길조를 보고 도성을 창건한 일

---

176) mantike: 점술(divinatio 또는 mantike)을 키케로는 이렇게 정의한다: "점술이란 미래사에 대한 예견 내지 지식이며(praesentio et scientia rerum futurarum) 사멸할 인간 본성이 신들의 능력에 가장 가까이 접하는 길이므로, 그것이 존재만 한다면, 참으로 훌륭하고 유익한 것이다"(*De divinatione* 1.1.1).

177) cf., *De divinatione* 1.38.82~83. 스토아 관점에서 개진하는 옹호론이다.

178) "점술은 두 종류가 있으니 하나는 술수이고 하나는 자연의 현상이다. 어느 민족이 예언을 하든 기사와 번개를 해석하든 조점사나 점성가나 무당을(aut extipicum aut monstra aut fulgura interpretantium, aut augurum, aut astrologorum, aut sortium) 두지 않던가?"(*De divinatione* 1.6.12)

179) Polyidos, Melamphus, Mopsos, Amphiaraos, Calchas, Helenos: 그리스 서사시들에 등장해 점과 예언을 행하는 전설적 인물들이다.

180) cf., *De divinatione* 1.41.92.

도 없었을 것이고,[181] 아투스 나비우스[182]의 명성이 그토록 오랫동안 기억에 남지도 못했을 것이네. 저 모든 인물들이 진실에 상응하는 확고한 기사(奇事)들을 예고하지 않았더라면 말일세. 하지만 조점관들의 이러한 무술 또는 기술이 오랜 세월과 태만으로 쇠퇴한 것만은 의심의 여지가 없네. 그렇더라도 우리 협의체에 이러한 무술이 한 번도 존재한 적이 없다고 부정하는 사람에게는 나도 동조하지 않겠네.[183] 물론 지금 아직도 그것이 온전히 존재한다고 여기는 사람한테도 동조를 못하지만 말일세. 내가 보기에 우리 선조들한테는 그것이 이중으로 이용되었는데, 하나는 국가의 어려운 시점에 이용되었고 다른 하나는 중요한 결정을 내릴 때 빈번하게 자문 역할을 했지.

34 아티쿠스: 나도 정말 그렇다고 믿네. 그리고 그 명분에는 나도 동조하네.[184] 하지만 나머지도 설명해보게나.

14

마르쿠스: 설명하지. 그리고 가능하면 짧게 하겠네. 전쟁의 법도에 관한 법률이 따라 나오는데, 전쟁을 개시하고 수행하고 종결함에서 정의(正義)와 신의(信義)가 크게 중요시되어야 한다는 것, 그에 관한 공식 해석자들이 있어야 한다는 것을 우리는 법률로 재가했네.[185]

---

181) cf., *De divinatione* 1.1.2; *De republica* 2.4.9; 2.9.16.

182) Attus Navius: 타르퀴니우스 프리스쿠스(Tarquinius Priscus) 시대의 점술사 (Livius, *Ab urbe condita* 1.36.3~5). *De divinatione* 1.17.32; *De republica* 2.20.36.

183) "반벙어리 에피쿠로스를 빼놓고(praeter Epicurum balbutientem) 나머지는 모두 신들의 본성으로 미루어 점술이 있음을 입증했다."(*De divinatione* 1.3.5)

184) 에피쿠로스파인 아티쿠스는 [33] 전체의 논지에 찬성한 것이 아니고 키케로의 마지막 문장 곧 국가의 어려운 시점과 중요한 결정을 내릴 때 점술이 이용되어왔다는 사실만 수긍한다.

185) 이 책 2.9.21 참조. 여인들의 '야간제의'도 참조.

장복관들의 종교에 관해서, 속죄제사와 고사(告祀)[186]에 관해서는 저 법률에서 충분하리만큼 말했다고 생각하네.

아티쿠스: 공감이네. 여태껏 얘기한 이 모든 언사가 종교에 관한 것이니까 말일세.

마르쿠스: 그러나 뒤따라 나오는 얘기에 대해서는 자네가 동의를 할지, 나로서도 어떻게 티투스 자네를 반박해야 할지 의문스럽네.

아티쿠스: 그게 도대체 뭔가?

35 마르쿠스: 여인들의 야간 제의행사에 관해서일세.

아티쿠스: 그점에서는 나도 자네에게 동의하네. 각별히 성대하고 공식적인 저 제의에 관해서는 법률상으로 예외를 두었다는 점에 동의하네.

마르쿠스: 그런데 만약 야간 제의를 없애버린다면 이아코스[187]는 어찌 할 것이며, 자네네 에우몰포스의 후손[188]들은 어찌 할 것이며, 존귀한 저 비의(秘義)들은 어찌하란 말인가? 우리가 법률을 펴는 것은 로마 인민만을 위하는 것이 아니고 선량하고 건실한 모든 백성을 위하는 일일세.

36 아티쿠스: 저것들이라면 우리가 입문한 비의들에서조차도 자네가 예외로 간주하는 것으로 보는데.[189]

---

186) procuratio: 액풀이로 바치는 고사. "지진이 일어나자 새끼 밴 암퇘지를 잡아 바쳐 액풀이를 했다"(sue plena procuratio fieret). (*De divinatione* 1.45.101)

187) Iacchos: 프로세르피나(Proserpina) 여신의 오라비 또는 배필. 바쿠스 (Bacchus, 디오니소스Dionysos)의 별명이기도 하다.

188) Eumolpidae vostri: 에우몰포스(Eumolpos)는 케레스를 숭배하는 엘레우시스 밀교(Eleusinium) 창시자이자 그 집안(Eumolpidae)이 밀교의 대사제직을 계승한 것으로 전해오며 아티쿠스는 이 집안과 친분이 있었다(*Ad Atticum* 1.9.2).

189) 그리스를 찾는 로마인 가운데 다수는 케레스 여신의 밀교에 입문했고 키케로도 이 밀교에 관심을 보였다(*Tusculanae disputationes* 1.13.29).

마르쿠스: 나도 그것은 예외로 할 생각이네. 나한테 자네네 아테네는 훌륭하고 성스러운 비의들을 많이도 탄생시켰고 인간의 삶에 그것을 도입한 것으로 보네. 그리고 그 비의들 가운데서도 우리가 촌스럽고 야만적인 생활로부터 문명(文明)으로 헤어나오고 순치(馴致)되게 만든190) 것들보다 더 좋은 것은 도무지 없는 것으로 보이네. 우리는 저 비의에 들어가는 입신(入信)이라고 불리는 것도 삶의 진정한 출발이라고 인정하는 바이네.191) 거기서 우리는 기쁨을 안고 살아갈 명분을 받아들일 뿐만 아니라 좀더 나은 희망을 안고 죽음을 맞이할 명분을 얻네. 야간 제의에서 내 마음에 안 드는 점은 희극 시인들이 손가락질하는 그점일세.192) 만일 로마에서 저런 방종이 허용되었다면 제의행사에 고의적으로 파렴치 행위를 도입한 저 사람은 도대체 무슨 짓을 저질렀겠는가?193) 여자들만의 제전이므로 남자가 신중하지 못하게 눈길을 던지는 것만도 온당치 못한 자리였는데 말일세.

아티쿠스: 자네는 로마를 생각해서 이런 법률을 제안하게나. 하지만 우리한테서 우리 법률을 앗아가지는 말게.

---

190) quibus excuti ad humanitatem et mitigati sumus: 키케로에게 쓰이는 humanitas는 '문명', '인문', '인본', '인성' 등으로 의미가 넓다.

191) initique…… vera principia vitae: '입신'(initia)의 본뜻이 '시작'이므로 principium(삶의 시작)과 의미상 연결된다.

192) cf., Menander, *Epitrepontes* 451aqq.; Plautus, *Aulularia* Prol. 36, 794sqq. "저 따위 혼탁 속에 제의(祭儀)가 이루어지고 사내들이 계집들과 어울리고 한밤의 방종이 허용되며 거기서는 아무것도 파렴치나 불륜으로 여겨지지 않고 불가한 것이 아무것도 없고 이 지독한 짓이 저 종교행사에서 이루어진다니……"(Livius, *Ab urbe condita* 39.13)

193) ille qui: Publius Clodius Pulcher. 키케로의 정적으로 기원전 61년 카이사르의 저택에서 거행된 밀교의식에 남장을 하고 참석했다가 발각되어 원로원에 소환되었다(*Ad Atticum* 1.12.3; 1.13.3). 경멸의 뜻으로 이름마저 언급하지 않는다.

15

37   마르쿠스: 그럼 자네가 말하는 우리 법률로 얘기를 돌리겠네. 그 법률에 의거해서, 그야말로 중인(衆人)들의 환시(環視) 속에 대낮의 환한 빛이 여인들의 명예를 지켜줄 수 있게 법으로 철저하게 규정해두어야 하네.¹⁹⁴⁾ 그래서 여인들은 로마에서 시행되는 의례에 준해서 케레스 여신에게 입신해야 하네. 이 문제에 관해 선조들의 엄격함이 어느 정도였는지는 바쿠스 축전에 대한 원로원의 옛 포고¹⁹⁵⁾와 통령들이 군대를 동원해서까지 감행한 수사(搜査)와 처벌(處罰)이 잘 말해주네. 우리가 혹시 너무 가혹하게 생각할지도 모르나 그렇게 보이지 않는 것은 그리스 중부에서는 테바이 사람 파곤다스¹⁹⁶⁾가 영속법(永續法)¹⁹⁷⁾을 발동해 모든 야간 행사를 폐지해버렸다네. 구(舊)희극¹⁹⁸⁾의 신랄하기 이를 데 없는 시인작가 아리스토파네스¹⁹⁹⁾는 새로운 신들과 그 신들을 섬긴다면서 밤새도록 거행되는 철야 행사를 공격했으

---

194) 앞의 클로디우스 사건이 정치문제화되자 카이사르는 클로디우스의 돌출행위를 묵인한 폼페이아와 이혼하기에 이르렀다(*Ad Atticum* 1.13.3: uxori Caesarem nuntium remisisse). Plutarchus, *Caesar* 9~10; *Cicero* 28~29.

195) senatus vetus auctoritas de Bacchanalibus: 기원전 186년의 senatus consultus가 동판으로 잔존한다(Livius, *Ab urbe condita* 39.8~19).

196) Pagondas(사본에 따라서는 Diagondas) Thebanus: 달리 알려져 있지 않은 인물이다.

197) lex perpetua: *De natura deorum* 1.15.40: lex perpetua et aeterna. 현대어 번역 (Zetzel: a permanent law/Keyes: a law enacted/Appuhn: une loi perpetuelle/Costa: una legge irrevocabile) 참조.

198) 그리스 희극은 3기로 분류된다: 전기 희극(vetus comoedia: Sophrones, Eupolis, Cratinos, Aristophanes), 중기 희극(media comoedia: Antiphon, Alexis, Eubulus, Anaxandridas), 후기 희극(nova comoedia: Menander, Diphilos, Philemon).

199) Aristophanes comicus(기원전 444~380). 소크라테스를 풍자한 *Nubes*로 알려진 고전기 희극작가. 44편을 썼다는데 11편이 전해온다.

며, 그의 작품을 보면 사바지오스[200]와 다른 신들이 외래 신으로 판결되어 국가에서 추방당하는 것으로 묘사될 정도네.[201]

공식 제관은 고의적이 아닌 행위에 대해서는 결연한 자세로 속죄제(贖罪祭)를 올려 백성을 공포심에서 풀어주도록 해야 할 것이네. 종교행위에 추한 음행을 삽입하려는 몰염치는 단죄할 것이며 불경스러운 행위로 판결해야 마땅할 것이네.[202]

38　공식 축전은 극장과 경기장으로 나뉘는데, 신체경기는 경주(競走), 권투, 씨름으로, 마차경주는 일정한 승리지점까지의 주행(走行)으로 경기장에서 행하도록 규정되어 있고, 극장에서는 음악에 노래와 현금과 피리를 곁들이되[203] 이것들은 법이 정한 절도가 지켜지도록 할 것이네. 나는 음악의 다채로운 가락들만큼 민감하고 유약한 성정(性情)에 쉽사리 영향을 줄 만한 것이 또 없다는 점에서 플라톤에게 동감하지.[204] 그 가락들의 영향력이 좋거나 나쁘거나 두 방향 모두 음악의 영향력이 얼마나 큰지는 형언하기 힘들다네. 음악의 힘은 시들해진 마음을 추켜세우는가 하면 흥분한 마음을 가라앉히기도 하고, 때로는 마음을 풀어주고 때로는 긴장시키며, 그래서 그리스에서는 다수 국가들이 옛 노랫가락을 보전하는 데 관심을 기울였다네. 왜 그런가 하면 국가의 풍속이 약한 쪽으로 타락함과 동시에 음악으로 인해

---

200) Sabazios: 트라키아 지방에서 유래한 신으로 사바지아(Sabazia)라는 축제가 바쳐졌다. Sabazii Iovis cultus(Valerius Maximus, *Factorum et dictorum memorabilia* 1.3.2)라는 용어도 쓰였다.

201) 유실된 작품(*Horae*)의 내용인 듯하다.

202) impia("속죄할 수 없는", piare: 치성을 드려 무마하다, piaculum: 속죄제사). 이 부분에서 "속죄가 불가능한 불경죄의 경우" 범법자를 처벌해야만 신을 무마할 수 있다는 대목이 탈락된 것으로 추정된다.

203) 사본에 따라서 cavea cantui vacet ac fidibus et tibiis/cavea cantu, voce ac fidibus et tibiis/cavea cantu viget fidibus et tibiis 등으로 다양하게 읽힌다.

204) cf., Plato, *Respublica* 401~402, 424d; *Leges* 800.

서 더욱 변질되었는데, 이것은 혹자들이 생각하듯이 음악의 감미로
움과 유혹으로 인해 풍속이 비뚤어졌든지, 엄격한 풍속이 다른 악덕
들로 인해 먼저 변질되었고 그다음에 유약해진 귀와 마음이 저런 변
화에 여지를 주었든지 둘 중 하나겠지.[205] **39** 바로 그래서 그리스
의 가장 지혜롭고 탁월하고 박식한 저 인물은 이러한 퇴폐를 심히 두
려워했던 것일세. 그는 공공 법률이 변하지 않은 채로 음악의 선율이
변하는 일이 가능하리라는 것을 부정했네.[206] 나는 그 정도까지 심
히 두려워해야 한다고는 생각하지 않으나, 그렇다고 그것을 노골적
으로 무시해야 한다고도 생각하지 않네. 우리가 알다시피 한때는 사
람들이 리비우스 안드로니쿠스와 나이비우스의 가락에 맞추어 비교
적 소박한 오락으로[207] 흡족해하던 것이 상례였는데, 지금에 와서는
똑같은 극장이지만 사람들을 들뜨게 만들고……[208] 사람들은 가락
의 변조에 맞추어 고개를 꼬고 눈알을 굴린단 말일세.[209] 고대 그리
스는 이것을 엄중히 벌해왔고, 퇴락한 폐해가 시민들의 마음에 은연
중에 파고들었다가 사악한 취미와 사악한 이론으로 갑작스럽게 국

---

205) cf., Plato, *Leges* 700~701; Aristoteles, *Politica* [8.5~7] 1342a; Horatius, *Ars poetica* 202~219.

206) musicas leges: "음악의 상용 가락이 변하면서 다른 위험을 초래하지 않는지
경계해야 한다. 시민법의 중요한 법률이 바뀌지 않았는데도 음조(音調)가
바뀌는 일이 어디서도 일어나지 않아야 한다는 것은 다몬이 하는 말이고 나
도 전적으로 동조한다."(Plato, *Respublica* 424c)

207) Lucius Livius Andronicus(ca.240), Gnaeus Naevius(ca.235)는 최초로 비
극과 희극 또는 서사극을 로마 무대에 올린 사람으로서 연극의 대사(diver-
bia) 외에 노래로 하는 독백(cantica)에 피리 반주가 고작이었다(iucunda
austeritas). 그 뒤로 피리 반주에 맞춰 무용수(ludiones ad tibicinis modos
saltantes)도 등장했다(Livius, *Ab urbe condita* 7.2.8~17).

208) 이 부분에도 텍스트가 누락되었다.

209) et cervices oculosque pariter torqueant: 가락에 맞추어 무언극 배우
(histriones)의 춤동작을 관객들이 따라하던 광경을 지적한 듯하다.

가 전체를 전복시켜버릴까봐 일찌감치 배려했던 것일세. 엄격한 스
파르타에서는 티모테오스[210]의 현금(玄琴)에서 현의 숫자가 일곱 개
를 넘으면 그것을 잘라버리라고 명했다네.[211]

16

40   그리고 조상 전래의 의식 가운데서는 최상의 것들을 준봉하라는 규정
이 법률에 포함되었네. 이것에 관해서 얘기하자면, 아테네인이 어느
종교를 제일로 보존해야 할 것인지에 대해 피티아의 아폴론에게 물
었는데, "조상들의 관습에 맞는 그것을 보전하라"고 하는 신탁이 내
렸다네.[212] 사절들이 되돌아와서 조상들의 관습이 빈번하게 변경되
었다고 말씀드리고 그 다양한 것들 가운데 어떤 관습을 제일로 추종
해야 하겠느냐고 문의했더니 "최선의 것"이라고 대답했다네. 최선인
것이 으뜸가는 것으로 간주되어야 마땅하고, 따라서 신에게 가장 가
까운 것으로 간주되어야 하네.[213]

---

210) 밀레투스(Miletus)의 Timotheos(+ 357): 당대의 이름난 현금 악사이자 음
악가.

211) 그리스의 음악에 관한 키케로의 평가는 다르다: "에파미논다스가 그리스에
서 제일가는 퉁소 연주자였다고 전한다. 테미스토클레스는 몇 해 전에 잔치
상에서 현금(玄琴)을 물리쳤다 해서 무식한 사람으로 취급당했다. 그래서
그리스에서는 음악가들이 융성했고 누구나 음악을 배웠으며 그것을 모르는
사람은 교양을 제대로 갖춘 것으로 취급받지 못했다."(*Tusculanae disputationes*
1.2.4)

212) cf., Xenophon, *Memorabilia* 4.3.16: "나라의 관습에 맞는 그것을"이라는 신
탁이 내린 것으로 되어 있다.

213) id[optumum] habendum sit antiquissimum et deo proximum: 라틴어
antiquus는 본래 '성스러운, 고귀한'이라는 뜻을 갖고 있어 '최선의 것은 으
뜸가는 것, 시간적으로 가장 오래된 것'이요, 따라서 '신에게 가장 가까운
것'이라는 비약이 가능하다. 키케로의 어법에서 nihil est mihi antiquius는
"내게 이보다 소중한 것은 없다"는 의미다.

우리는 헌금을 금지했네. 단지 수일간, 이다이아 대모(大母)에게 바치는 헌금이 아니라면 말일세. 그것이 자칫하면 마음에 미신을 끌어들이고 가산을 탕진케 하기 때문일세.[214]

독성자(瀆聖者)에 해당하는 형벌[215]은 성물을 훔쳐간 사람뿐만 아니라 성지(聖地)에 위탁된 사물을 훔쳐간 사람에게도 내리네. **41** 지금도 사물을 신전에 보관하는 이 일은 여러 성소[216]에서 이루어지고 있으며, 알렉산드로스도 킬리키아에서 솔로이의 시민들에게 금전을 맡겨 신전에 보관하도록 했다고 전해지네.[217] 또 아테네 사람 클레이스테네스는 훌륭한 시민이었으면서도 자기 처지에 대해 걱정이 되자 딸들의 지참금을 사모스 섬의 유노 신전에 위탁했다고 전하지.[218]

거짓 맹세와 근친상간에 관해서는 이 자리에서 아무것도 논할 필요가 없겠네.

불경죄를 범한 자들은 감히 예물로 신들의 분노를 무마하려 들지 말아야 하네. 선한 사람이라면 아무도 부정한 인간에게 선물을 받고 싶어

---

214) 축제 중(4월 4~10일) 행렬이 지나가면 사람들이 거리에 은전과 동전을 던지는 습속이 있었다(Lucretius, *De rerum natura* 2.626~627).

215) 독성(sacrilegium)을 범한 자는 친족살해 조사관(quaestores parricidii)이 조사하는 사안(quaestiones perpetuae)이었으며 유죄판결을 받으면 극형(interdictio aquae et ignis, deportatio, damnatio ad bestias)이 내려졌다.

216) fanum: 조점관들이 봉헌한 신전(templa augusta)이며 거기서 조점관들이 새들의 비상을 관찰했다(templari → contemplari). 그밖에 모든 경신례를 행하는 장소이기도 했다(Suetonius, *Caesar* 54: fana templaque).

217) 공금(公金)이나 사유재산도 신전에 예치하는 경우가 있었다. 단 알렉산드로스의 행적을 기록한 사가(Arrianus, *Anabasis* 2.5.5~7; Quintus Curtius Rufus, *Historia Alexandri* 3.7.2)들도 솔로이(Soloi) 시민에게서 받은 돈을 신전에 예탁했다는 기록을 남기지 않았다.

218) Cleisthenes: 아테네의 정치인으로 참주정치에 반대하고 솔론법과 정치제도를 민주적으로 개혁했다. 스파르타와 손잡은 수구세력 이사고라스(Isagoras)에게 패해 추방당했다.

하지 않을 텐데, 하물며 신이라면 어떤 심경일지 의심치 말라고 한 플라톤의 말을 경청해야 할 것이네.[219]

서원(誓願)을 준수하는 정성은 법률에서 충분하리만큼 언급했네.[220] 서원으로 인해서 우리가 신에게 의무를 지는 약조(約條)가 이루어지는 법일세. 종교심을 훼손한 죄벌은 여하한 정당한 항변도 용납하지 않는다네. 여기서 내가 무엇 때문에 이런 죄인들의 실례를 들어야 하겠는가? 비극들을 보면 그런 사례로 가득하지 않던가?[221] 목전에서 벌어진 일들, 그런 일을 예로 들겠네. 이런 일을 상기하는 것이 인간의 운명을 두고 분수에 넘치는 짓을 하는 것처럼 보이지나 않을까 두렵기는 하네. 하지만 내가 하는 말은 자네들을 상대로 하는 것이어서 나는 아무것도 숨기지 않겠으며, 단지 내가 얘기하는 이것이 불사의 신들에게 감사를 표하는 것으로 보이기를 바랄 따름이며 인간들에게 위협을 가하는 가혹한 짓으로 보이지 않기를 바라네.

17

42   내가 유배를 떠나자 망할 놈의 시민들의 범죄 때문에 종교의 법도가 유린되었으며 우리 집안의 성주들이 시달렸다네.[222] 그리고 성주

---

219) cf., Plato, *Leges* 716~717.
220) 본문: dictum est[dicta est/…… ac votis sponsio. 원문이 훼손되었다.
221) 트로이 전쟁의 영웅 아이아스(Aiax)의 운명을 대표적으로 그리스, 로마의 비극에서 많이 다루었다.
222) 기원전 63년에 키케로가 통령으로서 카틸리나 일당을 재판절차 없이 처형한 것이 문제가 되어 기원전 58년의 삼두정치(폼페이우스, 카이사르, 크라수스) 아래서 정치적으로 몰리자 친우 호르텐시우스, 카토의 권유대로 키케로는 자발적으로 유배를 떠났다. 그러자 정적 클로디우스는 키케로의 팔라티움 저택, 투스쿨룸과 포르미아이의 별장을 불질러버렸는데(Plutarchus, *Cicero* 31) 키케로는 이 사건을 딴 곳으로 모셔가지 못하는 성주(Lares)를 해친 종교적 불경죄로 규정한다.

들을 모신 사당이 있던 자리에는 '방종(放縱)'에게 바쳐진 신전이 재건축되었지.[223] 카틸리나 같은 자들의 횡포에서 사당을 지켜준 내가 바로 그 사당에서 쫓겨나버린 셈일세. 자네들은 (누군지 이름을 거명할 계제는 결코 아니네만) 사건의 결말이 어떻게 났는지 진중하고 예리한 눈으로 둘러보게나.[224] 우리는 우리 재산이 송두리째 몰수당하고 상실당하는 일이 있더라도 도성의 수호신[225]인 저 여신이 불경스러운 자들에게 유린당하는 것만은 참을 수가 없었네. 그래서 우리는 우리 집에 있던 그 여신을 여신의 친정집으로 옮겨갔네.[226] 나는 조국을 구했다는 원로원의 판정, 이탈리아의 판정, 나아가서는 뭇 백성들의 판정을 얻은 사람일세. 한 인간에게 이보다 더 명예로운 무엇이 있을 수 있었겠는가? 그러니 그자들의 행악으로 종교는 붕괴되었으며, 그러다 내팽개쳐진 저 인물들로 말하자면 일부는 사라지고 망해서 파멸했으며, 종교라면 오로지 불경스럽게 처신한 자들 외에도 이런 행악의 주모자 노릇을 한 자들은 극심한 고통과 수치 속에 삶을 영위했을 뿐만 아니라 죽어서도 매장과 장례의 도리를 누리지 못했다네.[227]

---

223) 클로디우스는 팔라티움의 키케로 저택 자리에 자유(Libertas) 여신의 사당을 건축케 했으므로 키케로는 빗대어 방종(Licentia)의 사당을 지었다고 공격한다. "그대의 여신[자유]이 결국 나의 신주들과 집안의 가신들을 추방하고 말았구나"[ista tua Libertas deos Penates et familiares deos Lares expulit]. (*De domo sua* 106) "그대가 만든 것은 공공의 자유의 신상이 아니라 방종의 신상일 따름이다"[simulacrum non libertatis publicae, sed licentiae]). (*Ibid.*, 131)

224) 키케로가 그의 정적 클로디우스(앞의 각주 199) 참조)에게 패해 기원전 58년에 유배를 당한 경위를 이야기한다.

225) illam custodem urbis: 미네르바(Minerva) 여신상(일명 Pallas).

226) 일설에 따르면 키케로는 집에서 정성껏 모시던 미네르바 여신상을 카피톨리움의 유피테르 신전("여신의 친정집")에 안치한 다음 한밤중에 로마를 빠져나갔다(Plutarchus, *Cicero* 31).

43 퀸투스: 형님 나도 그것을 그렇게 인정하고 있습니다. 또 신들에게 의당 감사를 드리고 있습니다. 하지만 사태가 그와는 너무도 달리 풀려나가는 일도 흔히 목격하는 중입니다.

마르쿠스: 퀸투스, 신적인 징벌이 어떤 것인지 우리가 제대로 평가하지 못하기 때문에 그렇다네. 우리는 대중의 의견에 사로잡혀 오류에 빠지고 참된 것을 간파하지 못하지. 우리는 곧잘 죽음이나 신체의 고통이나 마음의 번뇌나 재판의 패소 등을 인간의 비참으로 평가하게 마련인데, 내 말하거니와 그런 것들은 모두 인간적인 무엇이며 다수의 선인들에게도 닥쳤다네. 죄악의 징벌은 음울한 것이며, 거기서 따라 나오는 결과들을 제외하고도 죄악 그 자체로 막중한 것일세. 저 사람들은 조국을 미워하지 않았더라면[228] 결코 우리와 원수가 되지 않았을 자들이네. 우리는 그자들이 때로는 탐욕에 불타고 때로는 두려움에 떨고 때로는 양심에 괴로워하고 때로는 무엇을 해야 할지 퍽이나 두려워하는가 하면 때로는 정반대로 종교를 무시하는 인간들임을 보았단 말일세. 그런데 그자들에 의해서 관철된 재판은 인간의 부패행위일 따름이지 신의 것이 아닐세.[229]

44 나도 내 자신을 억제해야겠네. 더 이상 이 이야기를 끌고 나가지 않겠네. 내가 신들에게 청한 징벌보다 더 많은 징벌이 그들에게 내려졌으니 더욱 그렇다네. 간단히 이것만은 말하겠네. 신들의 징벌은 이중적이라는 점일세. 그것은 살아 있을 때에 마음을 괴롭히는 것과 죽

---

227) sepultura et iustis exsequiarum carent: 키케로는 자기를 추방한 정적들(클로디우스, 가비니우스, 칼푸르니우스 피소, 크라수스, 폼페이우스, 카이사르)이 모두 비참한 말로를 보내지 않았느냐며 자위한다.

228) nisi odissent patriam: 키케로는 자기 정적에 대한 증오를 오로지 자기 애국심의 발로로 표방한다.

229) "인간들을 매수(corruptela)한 것이지 신들을 매수한 것은 아닐세"라는 번역도 가능하다.

은 다음에 오는 저 악명 두 가지로 성립되는데, 그들의 파멸이 잘되었다는 판단, 살아 있는 사람들의 판단과 기쁨으로 이 점들이 더욱 강화되는 법이네.

18

45　전답을 성별하지 말라는 점에서 나는 플라톤의 의견에 동의하네. 그의 말을 내가 번역해본다면, 그는 대강 다음과 같은 어투로 글을 썼다네. "땅은 집안의 화덕마냥 모든 신들의 성스러운 곳이다. 그러니 그 누구도 또다시 똑같은 그 땅을 성별하지 말아야 한다. 금과 은은 도회지에서도 신당에서도 사택에서도 부러움을 사는 물건이다. 상아로 말하자면 생명 없는 몸에서 뽑아낸 것으로, 결코 신에게 바치는 성스러운 예물일 수는 없다. 더구나 구리와 쇠는 전쟁의 도구이지 신당의 물건이 아니다. 그러나 누구든지 목재로 된 예물을 드리고자 한다면 통나무로 만들어 봉헌할 것이다.[230] 석재로 된 예물도 공공의 신당에 안치하고자 한다면 똑같이 그렇게 할 것이요, 천으로 된 것이면 여자의 한 달 수공을 넘는 물건이 아니어야 한다. 하얀 색은 특히나 신에게 영예로운 색깔이며 그밖의 모든 물건에서도 그렇지만 특히 천은 흰색이 영예롭다. 염색한 것은 전쟁에 쓰이는 기장(旗章)이 아니면 멀리할 것이다. 가장 신성한 예물은 날짐승들과 한 화가가 하루 만에 그린 그림들이다. 그밖의 예물들도 이런 본보기에 준한 것이어야 한다."[231] 플라톤의 마음에 드는 것은 대충 이런 내용이네. 그렇지만 나는 다른 면에서 이처럼 엄격하게 규정을 내리지는 않겠네. 사람들의 재력이나 시간의 여유로 보아도 그러하네.[232] 만일 땅을 이용

---

230) uno e ligno: "조각들을 이은 것이 아닌 통나무로" 또는 "한 종류의 나무로만 만들어서."

231) Plato, *Leges* 955e~956b.

하고 쟁기로 가는 일에까지 일종의 미신이 스며든다면 땅을 경작하는 농사가 시들해지지나 않을까 염려스럽네.[233]

아티쿠스: 그 말은 알아듣겠네. 이제는 영속적인 제의와 조상신들의 권리에 대한 법도에 관해서 할 얘기가 남았네.

마르쿠스: 오, 폼포니우스, 자네의 기억력은 놀랍네 그려! 나는 아예 잊고 말았거든.

46 아티쿠스: 그럴 것 같았어. 하지만 나는 지금 논해야 할 그 점을 특별히 기억해두고 있었고 그 얘기가 나오기를 기다리고 있었다네. 그것은 제관법(祭官法)[234]과 시민법[235] 양편에 두루 해당하거든.

마르쿠스: 맞아. 또 이 사안에 대해서는 법률 전문가들이 많은 유권해석을 내렸고 책도 집필되었지.[236] 나는 우리의 논의가 어떤 종류의 법률을 다루게든지 간에, 이 연설 전부를 통틀어서 힘이 닿는 데까지 이 문제와 관련시켜 우리네 시민법을 다루겠네. 그렇지만 법의 어떠한 부분을 다루든지 그 부분이 이끌려 나오는 전거(典據)를 알 수 있

---

232) 텍스트(Costa, Appuhn, Keyes: hominum vitiis vel······ victus)에 따라서 "사람들의 악습으로 보아서도 시대의 추세로 보아서도 내가 양보할 수밖에 없겠네"라고 읽힌다.

233) 전답이 신에게 성별된 거룩한 것이라는 미신 때문에 감히 땅에 쟁기질하기를 꺼려할까 염려된다는 말이다.

234) pontificium ius: 여기서는 종교와 관련되는 모든 법(이하 [47]에서 ius civile [시민법]와 영역구분을 볼 수 있다). ius sacrum은 보통 점복(divinatio)에 국한한다.

235) ius civile: 이 책 1.4.12, 각주 46) 참조. 키케로는 이 책 3권에서 시민법을 제안한다.

236) 키케로가 자기 저서들에서 언급하는 법률가들: Appius Claudius Caecus, Publius Sempronius, Tiberius Coruncanius, Sextus Aelius Petus, Cincius Alimentus, Cato maior, Manlius Manilius, Marcus Iunius Brutus, Publius Mucius Scaevola, Crassus Mucianus, Mucius Scaevola augur, Rutilius Rufus, Aelius Tubero, Mucius Scaevola pontifex, Sulpicius Rufus.

도록 할 셈이네. 그래야만 그런대로 재능을 갖고 임할 수 있는 사람이라도 새로운 소송이나 법률자문이 발생할 경우, 의뢰인의 권리를 지켜주기 위해서 어떤 쟁점에서 배상을 청구할 것인지를 파악하는 데 어려움을 느끼지 않을 것일세.[237]

19

47 그러나 법률가들[238]은 간혹 단일한 지식에 근거한 내용을 한정 없이 세분하는 버릇이 있다네. 그것은 사람을 혼란에 빠뜨리려는 의도[239]일 수도 있는데, 그렇게 함으로써 자기들이 좀더 많은 것을 알고 있고 또 좀더 어려운 것을 알고 있는 것처럼 보이려는 것이겠지. 그렇지 않으면 가르치는 기술이 없는 무식함에서 그러는 것일 텐데,[240] 이것이 사실에 더 가까운 것으로 보이네. 그 까닭은 학술이라는 것이 단지 무엇을 아는 것이 아니며, 가르치는 기술 또한 일종의 학술이기 때문일세. 바로 이런 주제만 하더라도 두 사람의 스카이볼라[241]가 얼마나 대단한 위업을 이루어놓았던가! 둘 다 제관이요 똑같이 법사상에 정통하기 이를 데 없는 사람들인데 말일세. 푸블리우스의 아들은 이런 말을 했네. "나는 시민법을 아는 사람이 아니라

---

237) causa, consultato, tenere ius, quo capite, repetundum: 로마 재판에서 쓰이는 법률용어들이었다.

238) iuris consulti: "법률가란 법률과 한 국가에서 사인들이 사용하는 관습에 정통하며, 법률 자문, 소송 또는 변론 그리고 대리인의 보호에 정통한 인물이다"(iurisconsultus…… ad agendum et ad cavendum peritus esset). (*De oratore* 1.48.212)

239) erroris obiciundi causa: "오류를 피하려는 의도에서"라고도 읽힌다.

240) ignoratio(전문지식에 대한 무지)는 ignorantia(단순한 무지)와 구분되며 당사자의 탓을 면하지 못한다.

241) Publius Mucius Scaevola(133년 통령: *De republica* 1.20.31), Quintus Mucius Scaevola(117년 통령: *De republica* 1.18.33)를 가리킨다.

면 그 누구도 훌륭한 제관이 아니라는 말씀을 선친에게서 자주 들었다."242) 모두 그렇다는 말인가? 또 어째서 그렇다는 말인가? 담벽에 관한 법, 수도(水道)에 관한 법, 조명(照明)에 관한 법 등이243) 종교와 결부되지 않는 한, 제관한테 무슨 상관이 있다는 말인가? 그리고 제의에 관한, 서원에 관한, 축일에 관한, 묘소에 관한, 그밖에 이와 비슷한 것들에 관한 법은 또 얼마나 소소한 것들인가? 그런데도 우리는 그밖의 나머지는 정말 사소한 것으로 보면서 이런 것들, 예를 들어 제의에 관한 것은 대단한 무엇으로 간주하는 이유가 무엇일까? 제의에 관해서 말하자면, 그 범위가 대단히 넓음에도 다음과 같은 문구 하나밖에 없네. 사적인 제의도 항상 보전할 것이며 그리고 가문들에게 물려받도록 하라는 것이네. 그런데도 내가 법률에다 "제의는 영구히 보전할지어다"라는 구절을 넣은 이유가 무엇일까? **48** 여하튼 이렇게 규정함으로써,244) 그래서 제관들의 권위를 빌려서 이런 법이 만들어짐으로써, 가부장(家父長)의 사망으로 조상대대로 내려오는 제사245)에 대한 기억이 사라지지 않게 하고, 가부장의 사망으로 돈이 건너갈 사람들에게 그 제사를 위임하게 하려는 것이네. 이 한 가지만을 규정해둠으로써 그런 법규에 관한 지식을 얻기에 충분하지만, 이 한 가지 규정에서 무수하게 많은 세칙들이 생겨나며 법률가들의 책들을 보

---

242) 키케로는 퀸투스 스카이볼라의 문하생이었으므로(*Laelius* 1.1) 이 말을 직접 들었던 것 같다.

243) 텍스트의 차이(Ziegler): aut luminum/Costa, Keyen: aut ullo omnino nisi/ Appuhn: omnino. Ergo, quod.

244) haec positae: 무리한 판독이어서 다른 판독(Costa: hoc posito haec iura/ Appuhn: hoc uno posito haec iura/Keyes: Exposite haec iura pontificum)이 더 낫다.

245) 마네스(Manes)에게 바치는 경우 고인의 기일이나 생일이 제일(祭日)이었다.

면 그런 세칙들로 가득 차 있네. 예컨대 가문의 제사를 거행할 의무를 진 사람이 누구냐를 따지게 되네. 그러면 제일 먼저 상속자가 누구인지를 따지는 것이 가장 온당하네. 생명을 하직한 사람을 대신할 사람보다 더 가까운 사람은 아무도 없네. 그다음에는, 가부장의 사망이나 유언으로 상속을 받되 다른 모든 상속자들이 받는 몫 전체와 똑같은 몫을 차지하는 사람이네. 이것 역시 순서에 따라 이루어지는 것이니 규정된 바에 부합하는 까닭일세. 세 번째로 만약 상속자가 아무도 없으면 가부장이 사망할 당시에 그의 소유였던 재화에서 대부분을 점유함으로써 시효취득(時效取得)[246]을 한 사람이 제사를 지닐 의무를 갖게 되네. 네 번째로, 상속자도 없고 시효취득을 하는 사람도 없어 재산을 차지하는 사람이 아무도 없을 경우에는 사망한 가부장의 채권자들 가운데서 가장 많은 몫을 보전하는 자가 제사를 지닐 의무를 갖게 되네. **49** 맨 마지막으로, 사망한 사람에게 금전을 빚지고 아무에게도 그 빚을 갚지 않은 자가 그 위치에 서는 신분이니, 그가 빚진 돈은 마치 상속받아 취득한 돈처럼 간주되어야 하네.

20

이것이 우리가 스카이볼라에게 배운 바인데, 선대의 법률가들은 이와 똑같이 배정해놓지는 않았네. 그들은 다음과 같은 말로 가르침을 내려왔지. "제사를 지닐 의무는 세 가지 형태로 위임된다. 상속에 의해서 위임되거나, 그렇지 않고 재산의 대부분을 취득했으면 그에게 위임되거나, 또는 재산의 상당 부분이 유증(遺贈)되었으면[247] 비

---

246) usucapio(pro herede): 『12표법』에 따르면, 선의로 사물을 점유하고 있어 발생하는 소유권으로 부동산은 2년간 점유, 동산은 1년간 점유하면 시효취득을 주장할 수 있었다.

247) 로마에서는 유증에 제한이 있어 1000asses 이하이어야 하거나(lex Furia), 상

록 그중에서 무엇을 취득했더라도 취득한 그 사람이 제사 지낼 의무를 갖게 된다." 하지만 우리는 여기서 일단 제관의 말을 따르기로 하세.[248] **50** 자네들이 보다시피 이 모든 규정들이 하나의 원칙에 달려 있네. 그 원칙이란 제관들이 가문에서 올리는 제사가 물려받는 재산과 결부되기를 바란다는 것이며, 그리고 재산을 물려받는 바로 그 사람들에게 제사를 올리는 축일과 예식이 위임되어야 한다고 생각한다는 것일세.[249]

그리고 이것 역시 스카이볼라 부자의 가르침이네. 곧 유증에 의한 재산분할이 있으나 만일 유언서에 유증으로 분배되는 공제분이 명기되어 있지 않아서 유증을 받는 사람들이 모든 상속인들에게 남겨진 몫보다 적은 몫을 취득하는 결과가 온다면[250] 유증을 받는 자가 제사를 거행할 의무에 구속되지 않는다는 것이지. 증여에서는[251] 같은 내용을 그들도 달리 해석하고 있네. 가장(家長)이 자기 권한에 있는 사람이 죽으면서 행한 증여에 관해서 차후에 승인했으면 증여행위가 유효하네. 그런데 가장이 알지 못하는 사이에 증여가 이루어졌고 가장이 그것을 승인하지 않았다면 그 증여는 유효하지 않다는 말일세. **51** 이 같은 규정에서 소소한 문제들이 많이 파생했지. 만일 누

속분 총액을 초과해서는 안 되거나(lex Voconia), 주상속자의 상속지분을 초과해서는 안 된다(lex Falcidia)고 규정해왔다.

248) Quintus Mucius Scaevola pontifex를 가리킨다.

249) 로마 희극(Plautus, *Captivi* 1.4.8; *Trinummus* 2.4.83)을 보면 유산은 물려받되 제사는 떠맡지 않았음을 자랑하는(sine sacris haereditatem sum adeptus) 인물들이 등장한다.

250) deducta scripta non sit: "유증분이 유산에서 공제(deductio)되어 있지 않아서 재산의 분할(partitio)이 일어나는 경우" haereditas(유산), legatio(유증), donatio(증정)에 따라 수혜자도 haeres(상속인), legatarius(수여자), donatarius(피기증인) 등의 명칭을 얻는다.

251) donatio mortis causa(사망에 의한 증여)에 국한한다.

군가 거기서 파생하는 문제들을 이해하지 못하는 경우가 있으면, 저 원칙으로 소급해서 보면 자기 혼자서도 쉽사리 문제를 파악하리라 보네.[252] 만일 누군가 제사를 올리는 본분을 지지 않으려고 유증으로 배당된 몫보다 적은 몫을 취득했는데 후에 그 사람의 상속인들 가운데 누가 나서서 자기가 상속을 한 당사자가 제외시켰던 부분을 받아 냈다고 하세.[253] 그리고 앞서 취득한 지분과 합해 그가 차지하게 된 재산이 유증을 남긴 사람의 모든 상속인들에게 남겨진 몫보다 적지 않게 되었다고 하세. 그럴 경우에 그 재산을 받아낸 사람은, 공동상 속자들을 빼놓고, 혼자서 제사 거행의 의무를 지게 된다는 걸세. 그 와는 달리 스카이볼라 부자는 또한 다음과 같은 방책을 마련하기도 하네. 혹자에게 제사를 거행하는 종교적 의무를 지우지 않은 채로 그 가 받을 수 있는 몫보다 많은 몫이 유증되었다고 하세. 그럴 경우에, 당사자가 정식매매[254]를 통해서 유증분을 유언의 상속자들에게서 매입(買入)할 수 있다는 것일세. 이러한 매매행위를 명분으로 해서 유증이라는 상속행위는 해지되고 따라서 그 재산이 유증된 일이 없 는 것처럼 사안이 바뀐다는 말일세.[255]

---

252) "제사가 물려받는 재산과 결부되어야 한다"는 원칙에서 이하 제2권 나머지 전부가 제의에 관한 해설로 충당된다.

253) exegisset pro sua parte: "자기 몫이라고 청구했다고 하세."

254) per aes et libram solvere: 정식매매(mancipatio)는 법무관 앞에서 5명의 증 인과 계량인(libripens)을 세우고 매수인(qui mancipio acoiunt)이 대금을 지 불하고 매수를 공언하고 나서(hanc rem ex iure Quiritum meam esse aio, haec mihi empta est hoc aere aeneaque libra) 동전(sestertium)으로 저울(libra)을 두 드리며 매도인은 "양도한다!"(mancipo)라고 선언한다.

255) 상속자는 상속 토지에서 유증된 지분을 피유증자에게 현금으로 지불해야 하는데, 이 절차를 밟으면 자기 지분을 유증받는 권리를 상속자에게 매각하 고, 매각대금처럼 그 지분을 받기 때문에 유증에서 초래되는 제사거행의 의 무를 벗어난다.

21

52   스카이볼라 부자여, 이 시점에서, 그리고 다른 여러 자리에서 나는 두 분에게 묻고 싶습니다. 두 분 다 대제관이요 내가 판단하기에도 명민하기 이를 데 없는 인사들이신데, 제관법에 시민법을 보태는 까닭이 무엇입니까? 어떤 면에서 여러분은 시민법의 지식으로 제관법을 무력화시키는 셈입니다. 왜냐하면 제사를 드릴 의무가 재산과 결부된 것은 제관들의 권위로 이루어진 것이지, 어떤 법률로 그렇게 정해진 것이 아니기 때문입니다. 그러니까 저분들이 제관으로 그쳤더라면 제관의 권위는 보전되었을 법합니다. 그렇지만 같은 인물들이 시민법에도 매우 정통한 분들이다보니까 시민법에 관한 이 지식을 갖고 제관법에 관한 저 지식을 무시해버린 셈입니다. 모든 상속인들의 상속분을 합친 것과 동등한 지분을 취득한 자는 제사를 거행할 의무를 지게 된다는 것은 푸블리우스 스카이볼라와 티베리우스 코룬카니우스[256)](둘 다 대제관들이었습니다)와 그밖의 인사들이 호감을 보인 견해였습니다. 나도 제관법은 알고 있습니다.[257)] **53** 시민법에서 무엇이 여기에 추가되었습니까? 시민법에 따르면 유증의 분할에 관한 요점은 유증으로 받은 금액에서 은전 100냥[258)]까지는 공제할 수 있다는 주도면밀한 단서가 붙어 명문화되었습니다. 어떻게 하면 유증받은 재산 때문에 제사를 지내는 귀찮은 일에서 벗어날 수 있을지 명분을 짜낸 것입니다. 만약 유언서를 작성한 당사자가 이러한

---

256) Tiberius Coruncanius: 통령(기원전 280년)으로서 에트루리아 군대와 피로스를 토벌했고 평민 출신의 최초 대제관(기원전 254년)을 지낸 법률가. *Pro Plancto* 8.30; *De oratore* 3.15.56.

257) habeo ius pontificum: "이것은 어디까지나 제관법입니다."

258) centum nummi: Keyes: 100sestertii. 카이사르 시대에 직업군인 연봉의 9분의 1에 해당했다.

단서조항을 원하지 않는다고 말할라치면, 무키우스는 제관이면서도 그때는 법률가로 행세하면서, 그렇다면 유증을 받는 사람은 상속인들 전부에게 남긴 것보다 적은 지분을 취득하게 조처하라는 상담을 해줄 것입니다. 선대인들은[259] 무엇이든지 취득했다면 제의를 거행할 의무를 져야 한다고 말해왔으면서도, 지금에 와서는 어떻게 하면 그 의무에서 벗어날 수 있을지 궁리를 해준다는 것입니다. 이런 내용은 제관법과는 아무 상관이 없으며 시민법에서 나오는 것입니다. 즉 정식매매를 거쳐서 유언상의 상속인을 토지의 유증분을 피유증자에게 현금으로 지불하는 의무로부터 해지해주는 것이고, 그러한 조건 아래서는 사안이 마치 재산이 결코 유증된 일이 없는 것처럼 되고 마는 것입니다. 그러고 나면 유증을 받은 자가 자기한테 유증된 바로 그것을 대상으로 정식으로 매매계약을 체결하고는 엄연히 유증된 재산이 마치 매매계약의 체결로 자기한테 당연히 귀속되는 것처럼 수작을 부려 제사 거행의 의무에서 면제되게 만들고 있습니다.[260]

54[261] 나는 조상신들에 대한 법도를 논하는 데로 돌아가겠네. 우리 조상들은 지극히 현명하게도 조상신 숭배를 제정했고 지극히 경건하게 공경했네. 2월은 과거에 한 해의 마지막 달이었는데, 조상들은 2월에 돌아가신 부모님께 제사를 지내고 싶어했지. 그런데 시센나[262]가

---

259) superiores : Costa etc. : super "앞에서는."

260) sitque ea non sacris non astrcita라고 보충한 추정독해다. [52]~[53]에서 동일인물이 제관으로서는 재산상속과 제사봉행을 직결시킨다면서 변호사로서는 제사봉행의 의무를 면하는 방도만 강구해주는 허점을 키케로는 지적했다.

261) 사본에서 탈락되었을 상당 분량의 본문에서 키케로는 이 책 2.9.22이 나온 "조상신들의 권리는 불가침한 것일지어다"라는 법구의 해설과, 가문의 제사와 죽은 선조들을 받드는 신주 공경을 논했을 것으로 추정된다. 이하는 치글러만 따르는, 람비누스(Lambinus) 사본에 첨가되어 있는 부분이다.

262) Lucius Cornelius Sisenna : 기원전 78년 법무관으로서 키케로에 맞서서 베레

기록한 바에 따르면 데키무스 브루투스[263]는 10월[264]에 그 행사를 하곤 했네.[265] 그 사연을 혼자서 곰곰이 궁리해보았는데, 나는 브루투스가 이 사안으로 조상들의 관습에서 이탈한 것은 다음과 같은 사연이 있었음을 발견했지. 내가 보기에 시센나는 왜 저 인물이 옛 제도를 준수하지 않았는지 사연을 몰랐던 것일세. 브루투스가 우리 조상들의 제도를 함부로 소홀히 한 것은 아니라는 것이 그럴듯하네. 브루투스는 상당히 박학한 사람이었고 아키우스[266]는 그와 아주 친숙한 사이였네. 내가 보기에 옛 사람들은 2월을 한 해의 마지막 달[267]로 여긴 반면에 이 인물은 10월을 따랐던 것이네. 그렇더라도 이 사람은 돌아가신 부모님에게 제사를 지내는 데는 대대적인 희생제물을 바치는 것이 효도의 본분이라고 여겼던 것일세.

22

55   묘소에 대한 신심(信心)도 이미 극진한 것이어서[268] 가문의 제례

스(Verres)를 옹호했다. 술라 시대를 전후한 로마사(*Historiae*)를 저술한 것으로 전해온다.

263) Decimus Iunius Brutus: 기원전 137년의 통령으로 에스파냐를 정복했다.

264) December: 후에 달력이 바뀌면서 사실상 1년의 열두 번째 달이 되었다.

265) 치글러가 [54]에 삽입한 Plutarchus, *Quaestiones Romanae* 34("어떤 사람에 따르면 로마인은 2월에 망자를 위해서 헌주와 헌물을 바치는데, 데키무스 브루투스는, 키케로의 연구 결과에 따르면, 10월에 모든 것을 했다")에 준한 해설이다.

266) Accius(기원전 170~87): 로마의 비극작가. 극중인물들에게 로마 의상 (praetextus)을 입히기 시작했다.

267) mensem extemum anni: 조상신들의 축제(Parentalia)는 "마지막 달"에 열렸는데 로마인은 한때 3월(mensis Martius)을 새해로 삼았으므로, 키케로는 그 전통대로 섣달을 2월(Februarius)로 지칭하고 시센나는 브루투스가 새 달력의 마지막 달인 10월(December)에 축제를 지냈다고 기술했으리라는 설명이다.

268) "사망에 넘겨진 선인들은 신으로 간주할지어다"라는 법조문에 대한 해설에

를 따르지 않거나, 같은 문중에 속하지 않는 자들을 묘소에 출입시키는 일[269]은 가당치 않다고 주장할 정도네. 우리 조상들의 시대에는 포필리우스 문중의 사례를 두고 아울루스 토르콰투스가 판결을 내린 것이 그 예라고 할 수 있겠네.[270] 위령제일(慰靈祭日)[271]들은 본래 사망이라는 단어에서 비롯되었고 망자들에게 안식을 주는[272] 까닭에 그렇게 부르는데, 만약 이승의 삶을 하직한 조상들이 신들의 반열에 들기를 바라지 않았다면, 다른 천상 존재들의 안식일처럼 휴일(休日)[273]이라는 명칭이 붙지는 않았을 것일세. 위령제일들을 천계의 신령들에게 바치고 노동을 하지 않는 날로 정한 것은 법이지만, 그 위령제일들은 사사로운 제일도 아니고 공공 축일도 아닌 별도의 축제일이지.[274] 이 제관법의 제정 전체가 종교와 예식이 막중함을 보여주는 것일세. 상(喪) 중인 가문의 범위가 어디까지인지, 성주에게 양(羊)을 바치되 어떤 식의 희생제사를 바쳐야 하는지, 절단해낸 뼈를 어떻게 땅에 묻어야 하는지,[275] 제수로 잡아놓은 암돼지에다 어떤

들어간다.

269) extra sacra et gentem inferri: 단어 inferri 때문에 "묘소에 매장하는 일"로도 번역된다.

270) Titus Manlius Torquatus(165년 통령 및 제관)가 시민법과 제관법을 집대성했다고 하나 무슨 사건인지는 역사적으로 알려져 있지 않다.

271) denicales (feriae): 사망 후 아흐렛날에 고인을 추도하고 집안을 정화하던 제일인데 키케로는 그 뜻을 de+nece(원래는 '피살')+piare(액풀이)로 풀이하고 있다.

272) residentur mortui라면 "망자들이 안식하는"이라는 의미가 된다. 바로 아래 각주의 caelestium quieti dies 참조.

273) caelstium quieti dies feriae (denicales): feriae는 노동이 없는 휴일: dies quietus. 앞의 각주 158) 참조.

274) ipsius가 망자(亡者)를 가리킬 경우 feriae는 '제일'을 뜻한다.

275) 로마인은 시체를 화장할 때, 장작더미에 불을 붙이기 직전 망자의 손가락 하나를 부러뜨려 잘라낸 다음(membrum abscidi mortuo: Festus) 별도로 땅에

의식을 치러야 하는지,[276] 어느 시각부터 묘소로 간주되고 규정에 의해서 종교적 보호를 받기 시작하는지[277] 따위는 굳이 우리가 설명할 필요는 없겠네. **56** 단지 나는 매장의 가장 오랜 형태는 크세노폰의 글에 나오는, 키루스가 사용한 것으로 보고 있네.[278] 몸이 흙으로 돌아가서 어머니의 품에 감싸이듯이 그렇게 눕혀지고 놓여지는 것 말일세. 우리 임금 누마도 폰스 신의 제단에서 멀지 않은[279] 무덤에 같은 의식으로 묻혔다는 전설을 우리는 받아들이고 있지. 우리가 알기로 코르넬리우스 문중도 우리 시대에 이르기까지 이 매장법을 사용해왔네.[280] 술라는 승리하고 들어오자 극심한 증오의 충동으로 가이우스 마리우스의 안장된 유해를 파내서 아니오 강에 흘려버리라고 명했지.[281] **57** 그가 난폭한 그만큼만 현명했더라면 좋았을 것을! 똑같은 짓이 자기 몸에 닥치지 않을까 두려워서 그는 귀족 코르넬리우스 가문에서는[282] 처음으로 불로 화장하기를 바랐다네. 시인 엔니우스[283]는 아프리카누스를 두고 이렇게 선언했지. "여기에 그가 누워 있도다."[284] 맞아, 묻힌 사람들은 거기 누워 있다고들 말하니까. 하지

묻었다.

276) quaeque in porca contracta iura sint: 화장한 유골을 안치하기 전에 유족은 암퇘지를 잡아서 제사를 올리고(이하 [57] 참조) 집안을 정화했다.

277) religione teneatur=sacrum esse. 묘소는 성스러운 곳으로 침범하지 못했다.

278) cf., Xenophon, *Cyropaedia* 8.7.25; Cicero, *De senectute* 22.79,80~81. 임종시 키루스는 온갖 좋은 것을 내고 보존해주는 '흙 속에' 자기를 묻으라고 유언한다.

279) Fons(또는 Fontus): '샘'의 신(야누스 신과 유투르나 여신 사이의 아들). 야니쿨룸 언덕에 신전이 있었다.

280) 대부분 화장을 하는 풍속과 달리 그 문중(gens Cornelia)은 매장을 하고 있다는 말이다.

281) Valerius Maximus, *Factorum et dictorum memorabilia* 9.2.1.

282) e patriciis Corneliis: 코르넬리우스 문중(gens)에는 평민 가문도 있었다.

283) Quintus Ennius(기원전 239~160). 상고 라틴문학의 대가(*Annales*).

만 상례가 치러지기 전에는,[285] 그리고 제수용 돼지가 도살되기 전에는[286] 그들의 묘소는 아니지. 지금은 묻힌 자들 전부에 대해서 '매장되었다'는 관습적 표현을 쓰지만, 그 위에 흙이 뿌려지고 그 흙이 그를 덮어주고 있을 때에만 본래적으로 그런 표현을 썼지.[287] 제관법도 흙을 뿌리는 그런 관습을 확인해주고 있네. 화장된 유골 위로 흙이 뿌려지기 전에는, 시체가 화장된 그 장소도 신성한 성격을 전혀 띠지 않네. 흙이 뿌려지면 화장된 사람도 매장된 것이고 따라서 그 지점도 묘소라고 불리지.[288] 드디어 그때부터는 그곳이 여러 종교적 권리를 갖게 되네. 그러므로 사람이 선상(船上)에서 피살당했고 바다에 던져졌다면, 그의 유골이 땅 위에 남아 있지 않는 까닭에, 푸블리우스 무키우스[289]는 그 가문이 정(淨)하다고 판결했네.[290] 상속인은 암돼지를 잡아야 하고 3일의 상장(喪葬)을 지내야 하며 희생제사로는 돼지 암컷을 바쳐야 하네.[291] 만일 사람이 바다에서 죽었다면 똑같은 상례

---

284) Hic est ille situs: "여기에 그가 놓여 안치되어 있도다."

285) antequam iusta facta: iusta funera facere(solvere) ←→ funus tacitum 등의 전형적 장의(葬儀) 용어가 쓰인다.

286) et porcus caesus est: 화장된 유골이든 시신이든 그것을 매장할 때는 돼지를 잡아(porca contracta: 앞의 각주 285 참조) 제사를 지냈다. cf., Varro, *De re rustica* 2.4.9.

287) humati: 화장되어 묘소의 납골당(columbarium) 벽감에 안치되는 경우도 있으므로 유골이나 시신이 흙 속에 묻힌 경우만 '매장'이라고 한다.

288) 사본에 따라 tum tumultus et humatus ex gleba vocatur(Costa: "그러고 나면 봉분이라고, 흙덩이로 매장되었다고 불리지"), 또는 tum et illic humatus est, et gleba vocatur(Appuhn, Keyes: "그러고 나면 묻혔다고, 토분이라고 불리지")로 되어 있다.

289) Publius Mucius: 앞의 각주 248) 참조.

290) 가문의 망자가 매장되지 못한 채로 남아 있으면 부정을 탔고 따라서 정화의 식이 필요했다.

291) porco femina piaculum faciundum: Costa/Appuhn, Keyes: piaculum pati "희생물이 바쳐져야 하네."

를 바쳐야 하지만 희생제사와 상장일은 빼도 되네.

23

58   아티쿠스: 제관법에 무엇 무엇이 들어 있는지 이제 나도 알겠네. 그
럼 일반 법률에는 제의에 관해서 도대체 무엇이 들어 있는지 묻고
싶네.

마르쿠스: 티투스, 조금밖에 들어 있지 않을 뿐 아니라, 내가 판단하
기에는 자네들도 그것을 모르지 않지. 그러나 종교적 예식에 관해서
는 그다지 언급을 하지 않고 묘지법에 관해서 주로 언급한다네. 12표
법에 "죽은 사람을 도성 안에 묻지 말며, 도성 안에서 태우거나 하지
말지어다"라고 하네.[292] 나는 이 법조문이 화재의 위험 때문일지도
모른다고 생각하네. "또는 도성 안에서 태우거나 하지 말지어다"라
고 덧붙인 것을 보면 묻힌다는 것은 땅에 매장되는 것이지 화장되는
것이 아님을 가리키네.

아티쿠스: 12표법 이후로도 도성 안에 매장된 유명인사들은 어떻게
되는 것인가?

마르쿠스: 티투스, 그들은 포플리콜라처럼, 투베르투스처럼[293] 이
법률 이전에 본인의 공덕 때문에 도성 안에 매장되는 특권이 부여
된 사람들이거나, 그들의 후손들이 특권으로 도성 안의 매장을 고수
한 것이라고 믿네. 그렇지 않으면 파브리키우스 루스키누스처럼,[294]

---

292) Hominem mortuum in urbe ne sepelito neve urito: 12표법 10.1.

293) Lucius Valerius Publicola[Poplicola]는 국왕을 추방하고 공화정을 수립한
    인물이요 Publius Postumius Tubertus는 사비나인을 두 차례 무찌른 인물.

294) Gaius Fabricius Luscinus: Iustus(의인)라는 별칭이 붙을 정도로 청렴하고
    국가에 공헌이 커서 원로원에서 이러한 특전을 받은 인물(*Pro Balbo* 23.50; *De
    officio* 3.22.86; *Brutus* 14.55).

공덕 때문에 이 법률에서 면제를 받아 그런 특권을 획득한 사람들이거나 할 것일세.295) 하지만 도성 안에 매장되는 것을 법률이 금하듯이,296) 제관단은 공공장소에 묘소를 설치하는 것이 적법하지 않다고 결정했다네. 자네들도 콜리나 성문297) 밖에 있는 호노스 신의 신당을 알고 있지. 그 자리에 제단이 있었다는 전설이 내려왔다. 그 제단 근처에서 동판(銅版)이 발견되었기 때문에, 또 판에 "호노스 신의 소유"라는 문구가 새겨져 있었기 때문에 이 신당이 바쳐진 것일세. 그런데 그 자리에는 무덤들이 많이 있었으므로 그것들을 모조리 파냈다고. 그러고 나서 제관단이 공공장소는 제사처럼 사사로운 종교행사를 거행하는 데 사용될 수 없다고 정했네.

59 12표법에 담긴 다른 규정들에도 이미 장례 경비와 상중(喪中) 호곡(號哭)을 축소해야 한다는298) 조항이 있었는데, 대개 솔론의 법률에서 번역해 도입한 것이었네. "…… 이상은 하지 말지어다. 화장에 쓸 장작은 도끼로 쪼개지 말지어다"라는 구절도 있네. 뒤이어 나오는 내용은 자네들도 알고 있는 그대로네. 우리가 어렸을 적에 필수 가요를 배우듯이 12표법을 배우곤 했는데 요즘에는 아무도 그것을 배우지 않아. 여하튼 비용을 줄였고 초상 머릿수건299)은 세 장까지, 자색 겉

---

295) 베스타 여신의 신관들(Vestales)과 후대의 황제들(Imperatores)은 예외로 도성 안에 매장되는 예우를 받았다(Plutarchus, *Quaestiones Romanae* 79).

296) cf., Ulpianus, *De religione et sumptibus funeralibus*.

297) porta Collina: 성밖으로 '노멘타나 가도'(Via Nomentana)가 뻗어나갔다.

298) 로마인의 장례는 호상(designator), 악사들(tibicines), 곡하는 여자들(mulieres lamentatrices: 10명 이상 금지), 상복을 입은(atra vel lugubri veste) 유가족이 울긋불긋한 천(stragula vestis)으로 덮은 상여(lectica)를 따랐다. 가족과 친지가 상여를 멨으며(efferre) 장지에 이르면 시신을 송판(rostra) 위에 안치하고 나서 고인에 대한 추모사(laudatio)를 행하고 화장 장작더미(ustrina)에 올렸다.

299) recinium: 네모로 짠 양털 수건. 네 겹으로 접어서 상주들의 머리에 덮었으며

옷에다[300] 악사는 열 명까지로 줄였고 호곡도 없앴지. "여인들은 뺨을 할퀴지 말지어다. 또한 상중의 애곡(哀哭)도 하지 말지어다."[301] 이 구절을 두고 상고의 문전 해석가 섹스투스 아일리우스, 루키우스 아킬리우스는 자신들마저도 제대로 알아듣지 못하겠노라고 말한 바 있네.[302] 그들은 'lessus'라는 말을 일종의 상복(喪服)이 아닌가 추측했고, 루키우스 아일리우스[303]는 그 단어 자체가 의미하는 대로 'lessus'를 '처참한 울부짖음'[304]이라고 풀이했네. 나는 후자인 아일리우스의 해석이 더 맞다고 판단하네. 솔론의 법률도 바로 그것을 금하고 있거든.[305] 이런 조처들은 칭송할 만한 것들이고 부유한 사람들에게나 평민들에게나 공통되네. 그것은 더할 나위 없이 자연본성에 합치한다고 하겠으니, 죽음에서는 운명의 차별이라는 것이 없어지는 까닭일세.

24

60   12표법은 애도를 연장시키는 그밖의 장례의식들도 폐지했네. "죽

화장 불에 던져 사르게 되어 있었다.

300) tunicula purpurea: 상주들이 입고 가서 장지에서 불태운다.

301) neve lessum funeris ergo habento: 12표법 10.6. lessus funeris는 이하에 해석 상의 난점을 소개한다.

302) Sextus Aelius Paetus Catus: 로마 법률가로 시민법에 관한 저서를 썼다(*De oratore* 1.45.198; 1.48.212; 1.56.240). Lucius Acilius: 로마 법률가(*De amicitia* 2.6: "그는 시민법에 정통해서 현자라고 불렸다"[prudens esse in iure civili]).

303) Lucius Aelius Stilo Preconinus: 로마 문헌학자. "그는 많은 사람들에게 연설 문을 적어주었다"[qui scriptitavit orationes multis](*Brutus* 169)이며 키케로 와 바로의 스승으로 12표법 해설서를 쓴 것으로 전한다.

304) 그래서 희극작가(Plautus, *Truculentus* 4.2.18)는 lessum을 pausam(휴식)으로 읽을 경우를 희화화하기도 한다.

305) cf., Plutarchus, *Solon* 21.

은 사람에게 두고두고 애도를 행하려고 화장한 유골을 수습해 집으로 가져오지 말지어다"라고 되어 있네.[306] 전쟁 중의 죽음과 여행 중의 죽음은 제외되네.[307] 법률에는 그밖에 이런 것들이 있다네. 시신의 도유(塗油)에 관한 것으로는 "노예를 시켜서 행하는 도유는 폐지할지어다. 순배(巡杯)도 일체 폐지할지어다."[308] 이런 것들이 폐지된 것은 옳았고 또 이런 것들이 존재하지 않았더라면 폐지되는 일도 없었을 것이네. "사치스러운 헌주(獻酒)도, 기다란 화환도,[309] 분향상자들도 마련하지 말지어다"[310]라는 조항은 그냥 지나쳐도 되겠네. 그러나 법률이 명하기를 본인의 무훈(武勳)으로 획득한 화관은, 가짜로 하는 것이 아니라면, 그것을 획득한 장본인에게든 그의 부친에게든 시신에 씌워주라고 하는데, 이것은 훈장이 죽은 이들에게 속하는 것 자체가 고인에 대한 칭송의 의미를 담고 있기 때문이네. 한 사람에게 수차의 장례를 거행하고 다수의 관가(棺架)를 진열하는 것이 행습(行習)이었다고 나는 믿는데, 그런 짓은 하지 말라고 법률로 제정했네.[311] 법률에는 "금을 부장(附葬)하지 말지어다."[312]라는 조항

---

306) Homini mortuo ne ossa legito quoi pos[qui post] funus faciat: 12표법 10.5.

307) 전장에서 죽거나 여행 중에 죽으면 화장한 유골을 수습해 고향으로 운반할 수 있다는 말이다.

308) 12표법 10.6: servilis unctura et omnisque circumpotatio auferitor. 사람이 임종하면 장의사(libitinarii)를 명부(冥府)의 비너스(Venus libitina) 신전에 보내어 장부(ratio)에 이름을 올리고 값을 치러(arbitrium) 장사에 필요한 것을 가져온다. 장의사가 다녀오면 도유사(pollinctores)들이 시신을 더운 물로 씻고 향유를 바르는데 엄숙한 의식이라서 노예에게 시킬 수 없었다.

309) longae coronae: corona는 머리에 씌우는 화관, longae coronae는 꽃과 잎으로 기다랗게 엮은 화환이다.

310) murrata potio ne inditor: 12표법 10.6.

311) 시체를 수습한 다음 생전에 가장 높았던 관복을 입히고 입에 동전(triens vel obolus)을 넣어 시신을 관가(棺架, lectus feralis)에 얹었다(componere). 필요 이상으로 관가를 진열하고(lectique plures: 밤에 음식을 진설하는 제사상) 그

이 있는데, 다음 법률에서 예외를 둔 것이 얼마나 인간적인지 보도록 하게나. "그러나 치아에 금을 입힌 경우에 금을 입힌 채로 매장하거나 화장하더라도 위법이 아니다." 자네들은 이것을 보면 매장하는 것과 화장하는 것을 아예 다르게 취급했음을 알 것이네.

61 이밖에도 묘소에 관한 법률은 두 가지가 더 있네. 그중의 하나는 사인(私人)들의 건물에 관한 조처이고, 다른 하나는 묘소 자체에 관한 조처일세.[313] "다른 사람의 건물에서 60보(步) 이내에 주인의 의사에 반해 새로운 화장터나 화장장을 만드는 것을 금지"하는데,[314] 이것은 불을 놓아 화재가 일어나는 것을 금하는 것으로 보이네.[315] 그리고 "통로(다시 말해서 묘소의 입구)라든가 화장터에 대해서 제삼자의 시효취득(時效取得)을 금한 것"[316]은 묘지에 대한 권리를 보호하려는 것이네. 이것들은 모두 12표법에 나오는 것들이고 한결같이 법률의 준거라고 할 자연본성에 의거한 것이지. 그 나머지는 관습에 의거한 것으로 다음과 같은 것들이 있네. "장례식에 만약 어떤 경기가 개최될 양이면 이를 공지할 수 있다.[317] 장례식의 호상(護喪)은

위에 대대선조들의 흉상(imagines maiorum)을 안치하는 풍습을 금한다.

312) 12표법 10,8: neve aurum addito.

313) 12표법 10,9에 구체 내용이 나와 있다. 이하 문장 참조.

314) rogum bustumve: rogus: 화장을 하려고 쌓아놓은 장작더미; bustum(seu ustrina buro, uro '태우다'): 화장터 또는 화장 후 유골을 매장한 무덤 (tumulus: 봉분).

315) incendium videtur arcere vetat: 다른 사본들과 차이가 크다. Costa: incendium veretur acervum vetat/Appuhn. Keyes: incendium veretur acervum. "화재가 두려워 그곳에 장작더미를 쌓는 것을 금한 것이네."

316) forum bustumve usu capi vetat: 12표법 10,10: fori bustive aeterna auctoritas esto. "통로와 화장터의 소유권은 영구할지어다."

317) 부유층과 세도가들은 장례를 공지해(indicta erat) 조문객들을 모아 참석케 하고(exequias comitari) 화장터에서 경기(ludi funebres)를 개최하기도 했다. 주로 검투사경기였으며 막간에 희극배우(histriones vel scurrae)가 고인의 언

길라잡이와 권표운반원들을 부릴 수 있다.[318] **62** 공직에 있던 인사들이면 식장에서 송덕문(頌德文)을 발표할 수 있다. 송덕문 발표에는 피리의 반주를 곁들인 노래가 따를 수도 있다." 이 노래에는 애가(哀歌)라는 이름이 붙는데 그리스인에게도 이 단어는 장송곡을 가리키네.[319]

25

아티쿠스: 우리네 법제가 자연에 부합하다는 말을 들어 기쁘고 또한 선조들의 지혜가 대단히 반갑네. 그렇지만 나는 다른 경비의 한도와 마찬가지로 묘소에 들어가는 비용의 한도도 묻고 싶네.[320]

마르쿠스: 묻기를 잘 했네. 나는 자네도 가이우스 피굴루스[321]의 묘소를 보면, 무덤에 엄청난 경비를 쓰는 저런 사안에서 도대체 어느 정도까지 경비가 부풀려졌는지를 보고 남았으리라고 믿네. 우리 선조들의 본보기가 많은데 과거에는 저 따위의 일에는 미미한 욕심밖에 부리지 않았음을 보여주네. 우리가 제안한 법률을 해석할 사람들은, 조상신들의 권리를 논하면서 경비와 애도를 축소하도록 명하는 장(章)을 보면 무엇보다도 우선 묘소들의 호사(豪奢)를 줄여야 한다

행을 풍자하기도 했다(defuncti personam agebant).

318) dominus funeris(호상), accensus(길라잡이), lictores(경비원 또는 권표운반원).

319) cui nomen neniae: 그리스어로 장송곡은 *threnos*(←threomai '곡성을 지르다'), nenia를 어원으로 하여 neniato이라는 단어가 전해온다.

320) 사본의 훼손 때문에 의미가 모호하다: sed re[cedo]quiro/Costa, Keyes: sed requiro, ut ceteri…… /Appuhn: ……delector. Marcus: Sed credo, Quinte, ut caeteri……

321) Gaius Marcius Figulus: 카이사르와 함께 통령을 했던 인물(*Ad Atticum* 1.2.1; 12.21.1)로 키케로의 통령직도 후원했던 인물(*Orationes Philippicae* 2.5.12). 호화로운 묘소가 소문났던가보다.

는 점을 간파해야 할 것일세.[322] **63** 지극히 현명한 법률 제정가들도 이 점을 간파하지 않았다네. 사람들이 하는 말에 따르면 아테네인의 관습에서 죽은 자를 땅에 묻으라는 법제는 케크롭스 왕 때부터[323] 지속적으로 내려왔다고 하네.[324] 친척들이 죽은 자를 땅에 묻으라는 법도를 실행해 흙을 뿌리고 죽은 자를 곡식처럼 심고 나면 그 결과 죽은 자에게는 어머니 같은 품이 주어지고[325] 토양 역시 곡식으로 정화되어 산 이들에게 그 곡식이 되돌아갔던 것이네. 그다음에 향연[326]이 따르곤 했는데 거기에는 친지들이 화관을 쓰고 참석했네. 그 사람들 사이에서 고인에 대한 찬사로 무엇인가 언급된다면, 거짓말 한다는 것은 불손한 짓으로 간주되었을 테니까 진실한 무엇이 언급되었을 테고,[327] 그렇게 된다면 상례는 끝나는 것이었네.[328] **64** 그런데 팔레론의 데메트리오스[329]가 기록한 바에 따르면, 후대에 장례

---

322) 그러나 조상전래의 관습은 존중해야 한다는 것이 키케로의 견해다
 (*Tusculanae disputationes* 1.45.109).

323) Cecrops: 아테네를 창건했다는 전설적 임금으로 아크로폴리스에 그의 무
 덤이라고 전해오는 봉분이 있었다고 한다(*Fragmenta historicorum Graecorum*
 [Muller ed.] Antiochus 15).

324) 텍스트: Costa: nam et Atheniensium in more a Cecrope/ Keyes: nam
 et Athenis iam ab illo primo rege Cecrope/Appuhn: ……iam ille mos a
 Cecrope.

325) "땅은 보드랍고 가래질된 품에다 뿌려진 씨앗을 받아들인다네. 그리고 꼬옥
 안아주는 힘으로 씨앗을 터뜨려 거기서 싹과 푸르름을 돋게 한다네"(terra
 gremio mollito et subacto sparsum semen excepit…… compressu suo diffundit
 et elicit herbexentem ex eo viriditatem). (*De senectute* 15.51)

326) epulae [funebres]: silicernium이라고도 불렀다.

327) 고인에 대한 거짓 덕담(suggestio falsi)도 삼갔겠지만 덮고 싶은 얘기도 입에
 올리지 않았으리라(suppressio veri)는 말이다.

328) iusta confecta erant: "마지막 예가 끝나는 것일세."

329) Phalereus Demetrius (fl.316): 아테네 정치가, 웅변가, 소요학파 철학자. 5권
 의 아테네 법률집을 집대성했다고 전한다(Cornelius Nepos, *Miltiades* 6: 이 책

식이 호사스러워져서 통탄할 지경까지 되기에 이르렀는데, 솔론의 법률에 의해서 그런 호사스러운 풍속이 폐지된 것이네. 그 법률을 우리네 십인관(十人官)이 열 번째 표에 거의 글자 그대로 새겨놓았단 말일세.[330] 그 이유인즉, 머릿수건 석 장이니 하는 저 숱한 규정들은 솔론의 글이기 때문일세. 애도(哀悼)에 대해서 솔론의 법률에 글자 그대로 표현되어 있네. "여인들은 뺨을 할퀴지 말지어다. 또한 상중의 애곡도 하지 말지어다."

26

그런데 솔론의 법률에는 묘소에 관해서는 "아무도 묘소를 훼손하지 말며 외인(外人)을 들이지 말지어다"라는 구절 외에 더 이상 아무것도 없다네. "만일 누가 봉분(내가 보기에 그리스어로 튐보스라고 부른다고 생각하네)이라든지[331] 비석이라든지 석주(石柱)를 범접하거나 제거하거나 파손하면" 징벌이 있었네. 하지만 얼마 지나지 않아서 우리가 케라메이코스에서 보듯이[332] 묘소들의 크기가 하도 광대해져서 다음과 같은 법으로 규제했네. "누가 묘소를 만들려면 열 사람이 사흘 동안에 만들 수 있는 것보다 더 품을 들여서는 안 되느니라." **65** 그리고 묘소를 벽화로 장식을 해서도 안 되며,[333] 헤르마[334]

3.14).

330) in decimam tabulam: 이 저서에 인용되는 12표법은 모두 열 번째 표에 실렸다는 법문들이다.

331) bustum: Festus, "장지(bustum)는 원래 망자가 화장되는(combustus) 장소를 말한다"(bustum proprie dicitur locus in quo mortuus est combustus). tymbos tupho(연기를 내다, 불때다). 그러나 화장한 유골이든 일반 시신이든 매장터를 bustum(tymbos)이라고 불렀다.

332) Kerameikos: 아테네의 한 광장으로 전사자들의 묘소가 있었다.

333) tectorium: 회로 만든 부조(浮彫)나 그 위에 그려진 벽화.

334) Herma: 사각 기둥 위에 헤르메스(Hermes)의 두상이나 흉상이 새겨진 축

라고 부르는 것을 설치해서도 안 되며, 국장(國葬)의 경우가 아니면
335) 고인에 대한 송덕문을 발표해서도 안 되고, 발표를 하더라도 그
일을 하도록 공식으로 지목된 사람이 아니면 발표해서는 안 되게 규
제를 했다네.336) 남녀 인간들의 운집(雲集)도 폐지되었지. 그 덕분
에 호곡337)도 줄었네. 사람들이 몰려들면 애도도 늘어나는 법이거든.
66 그리하여 현자 피타코스338)는 장례식에 가문에 속하지 않는 타
인은 아무도 참석하지 못하게 금했다네. 그러나 앞에서 팔레론의 데
메트리오스가 하는 말처럼, 장례와 묘소에서 호사가 다시 성행했고
그게 지금 로마에 거의 그대로 잔존하네. 바로 그가 나서서 법률로
이런 관습을 축소했지. 그 인물로 말하자면, 자네들도 알다시피, 지
극히 해박했을 뿐만 아니라 국가의 위대한 시민이었고339) 국가를 수
호하는 일에도 경륜이 깊은 인물이었네. 그래서 그는 벌칙으로뿐만
아니라 시간(時間)으로도 장례 경비를 줄였지. 날이 밝기 전에 출상
(出喪)을 하라고 명령한 것이네. 신축 묘소에 대해서는 제한을 두었
지. 왜냐하면 흙으로 된 봉분 위에는 삼 척(尺)이 넘지 않는 작은 기

조물.

335) in publicis sepulturis: 국고로 거행하는 장례식.

336) 그리스에서 페리클레스(기원전 431), 데모스테네스(기원전 338) 같은 웅변
가가 전몰자를 위한 명연설을 했고 로마에서도 그런 습속이 있었는데 사인
(私人)에게도 과장된 조사(laudatio funebris)를 썼다.

337) lamentatio: "통곡은 사실 곡성을 곁들인 병고"(aegritudo cum eiulatu,
Tusculanae disputationes 4.8.18).

338) Pittacus: 그리스 칠현(七賢) 중의 하나로 입법자(Aristoteles, *Politica* [2.9]
1274b).

339) civis in re publica maximus: 텍스트도 다르고(civis utilis reipublicae) 또 옮긴
이에 따라 이해가 다양하다. Zetzel: a very public-spirited citizen/ Costa: un
personale politico/Appuhn: un citoyen eminent/Rudd: a most conscientious
citizen/Keyes: a very able citizen in the practical administration.

둥이나 석상(石床)이나 선조에게 제물을 올리는 석반(石盤) 외에는 아무것도 설치하지 않기를 원했거든. 또 이 용건을 보살필 관리를 두어 감독하게 조처했지.[340]

27

67   이것은 자네네 아테네 사람들이 시행하던 것일세. 그러나 플라톤을 보세. 그는 장례 의식을 종교법 해석자들에게 위임했네. 우리도 그 전통을 유지하고 있지. 묘지에 관해서는 이런 말을 했어.[341] 경작하는 전답이나 경작이 가능한 땅에서는 그 어느 땅 한 조각도 묘지로 수용하지 못하게 금했네. 하지만 전답의 성격상 산 사람들에게 폐해를 끼치지 않으면서 죽은 이들의 시체를 받아들일 수 있는 한에서만 그 땅조각은 묘지를 만들어 최대한으로 이용할 수 있도록 배려해두었네. 어떤 땅이든 소출을 낼 수 있고 어머니가 하듯이 먹을 것을 마련할 수 있는 땅이라면 죽은 이든 산 이든 우리한테서 이 땅을 앗아가서는 안 된다는 것이지.[342] **68** 그는 묘소를 축조할 때, 다섯 사람이 닷새 동안 일해 마칠 수 있는 것보다 높게 해서는 안 된다고 금지했네. 묘비도 망자의 송덕문을 새기되, 영웅들을 기리는 운각(韻脚)으로[343] 4행 이상이 들어갈 수 있는 넓이 이상으로 세우거나 무덤 위에 설치해서는 안 된다고 했네. 엔니우스는 이 운각을 장시(長詩)라고 부르지.[344] 그런즉 우리는 묘지에 관해서까지도 가장 위대한 이

---

340) 석주(columella), 석상(mensa), 석반(labellum) 등은 모두 묘소 앞에 제상을 차리거나 간단히 제주를 붓거나 곡식을 뿌리는 제사에 사용되었다.

341) cf., *Leges* [12.9] 958d.

342) neve vivos neve mortuos: "산 사람들을 위해서든 죽은 사람들을 위해서든." Costa, Appuhn, Keyes: neve vivus neve mortuus.

343) hexameter dactylicus(육각시六角詩)는 서사시(敍事詩)에 주로 사용되었다.

344) longos [versus]: Ennius, frag.(Warmington ed., p. 562), Isidorus, *Origines*

인물의 권위를 갖추고 있는 셈이지. 그는 장례비용까지도 미리 정해 두었는데 과세 기준으로 1므나부터 5므나까지라네.[345] 이어서 그는 영혼의 불사불멸에 관해서 이야기하고 사후에 선인들에게 남겨진 안식과 악인들에게 남겨진 죄벌에 관해서 논하네.

69   이상으로 종교에 관한 주제는 자네들한테 모두 해설했다고 생각하네.

퀸투스: 형님, 우리한테 모두 해설이 되었고 그것도 넉넉하리만큼 해설이 되었습니다. 하지만 남은 얘기도 마저 하시지요.

마르쿠스: 물론 마저 하겠네. 자네들이 그렇게 하라고 나를 떠다 밀 생각이니까 오늘 강의로 내처 끝마치겠네. 각별히 오늘 같은 날이라면 말일세. 내가 알기에 플라톤도 똑같이 해냈어. 법률에 관한 그의 강의 전부가 여름날 하루에 이루어졌거든.[346] 나도 그렇게 해보겠네. 그러면 정무직(政務職)에 대해서 얘기하겠네. 종교제도가 확립되고 나면 국가를 건설하는 데 가장 요긴한 것이 바로 그것일세.

아티쿠스: 자네 말을 계속하게. 자네가 마음먹었던 계획대로 밀고 나가게나.

1,38,6.

345) 아테네가 융성할 적에 노 젓는 사람의 하루 품삯이 1드라크마(drachma)였고, 1므나가 100드라크마였다고 하면 상당한 금액이었다(Plato, *Leges* 959d).
346) cf., Plato, *Leges* 683c.

제3권

1

1　마르쿠스: 나는 내가 작정한 대로 저 신성한 인물을[1] 따라가면서 얘기를 하겠네. 내가 그 인물에게 너무나 탄복하고 감명을 받은 나머지 아마도 필요 이상으로 빈번히 그분을 칭송하는 것 같네만.

　아티쿠스: 자네는 플라톤을 얘기하고 있구먼.

　마르쿠스: 아티쿠스, 바로 그분일세.

　아티쿠스: 자네가 그분을 아무리 많이 칭송한다거나 아무리 빈번히 칭송한다 해도 지나치지 않네.[2] 왜 그런가 하면 우리 측 사람들도 자기네 수장(首長)이 아니면[3] 아무에게도 칭송을 바치는 일을 좋아하

---

1) divinum illum virum: 키케로는 위인에게 바치는 최고의 경칭으로 divinus(신성한)라는 호칭을 사용한다(*De oratore* 1.7.26, 1.29.131, 1.46.202, 1.53.227).

2) *nec nimis* valde umquam *nec nimis* saepe: 우아미(concinnitas)를 살리면서도 과장법을 구사하는 두운법(頭韻法) 문구다.

3) nam *hoc mihi* etiam *nostri illi qui neminem* nisi *suum* laudari: 온통 대명사와 대명형용사들로 꾸며진 병치법은 사람들을 구분하고 편을 가르는 기법이다. 또 nostri(에피쿠로스 학파)와 suum(학파의 창시자 에피쿠로스)의 병행 역시 키케로가 경멸하는(아래 "그 사람들치고는" 참조) 학파와 아티쿠스 사이에 거리를

지 않지만, 그분만은 내 마음대로 경애하도록 내버려둔다네.

마르쿠스: 그 사람들치고는 썩 잘하는 일이네. 자네의 고상한 취향에서 그보다 합당한 일이 무엇이 있겠는가? 여하튼 내가 보기에 자네의 한평생과 언변은 엄격함과 교양을 한데 결부시킨다는, 그 지난한 과업을 달성한 것 같네.[4]

아티쿠스: 자네 말을 끊고 들어간 것이 나로서는 기분이 좋구면. 왜냐하면 그 덕분에 자네가 나를 어떻게 판단하는지 더할 나위 없이 명확하게 증언해주어서 하는 말일세. 여하튼 자네 얘기를 본격적으로 시작하게나.

마르쿠스: 그럼 먼저 법률에 찬사를 보내는 얘기부터 시작할까? 진실한 찬사, 나름대로 법률에 어울리는 찬사 말일세.

아티쿠스: 좋지. 자네가 종교법에 관해서[5] 여태껏 행한 것처럼 말이지.

2 마르쿠스: 자네들도 알다시피 정무직(政務職)의 권력은 바르고 유익하고 법률에 관련된 바를 감독하고 규정하는 일이네.[6] 법률이 정무직을 감독하듯이 정무직이 인민을 감독하지. 정말 정무직은 말하는 법률이고, 법률은 말없는 정무직이라 할 수 있네.[7] 3 사실 통치권만큼 자연의 법도와 체계에 부합하는 것은 아무것도 없네. 내가 이

만들어준다.

4) 고상한 삶과 언행(elegantia vitae morumque: *Pro Sulla* 79)이 당대 교양인들의 미덕(dignitas, gravitas, humanitas)과 함께 나열되어 있다.

5) de religionum lege: 이 책 제2권 전체가 키케로의 종교법의 발의와 해설로 이루어졌다.

6) 공권력의 명분을 요약한 구절로 꼽힌다.

7) magistatum legem esse loquentem, legem autem mutum magistratum: 로마의 격언이 되었다. "그림은 말없는 시(詩)요, 시는 말하는 그림이로다"(Simonides in Plutarchus, *Moralia* 346).

말을 할 때 자네들은 내가 얘기하는 것이 법률임을 이해해주기 바라네.[8] 통치권 없이는 가문도 국가도 민족도 인류도 존속하지 못하며, 심지어는 대자연과 세계[9]까지도 존속하지 못하네. 왜냐하면 세계도 신에게 순종하고 바다와 땅도 신에게 순명하며 인간 생명 역시 최고법[10]의 명령에 복종하게 되어 있네.[11]

2

4   그러면 우리에게 더 가깝고 더 익숙한 문제에 다가가 보겠네. 옛 민족들은 한때 임금들에게 복종했네. 이런 유형의 통치권이 처음에는 더할 나위 없이 정의롭고 현명한 사람들에게 위임되었고,[12] 왕권이 지배하는 동안은 우리네 국가에서도[13] 이러한 통치형태가 우세

---

8) "내가 '자연의 법도와 체계'(ad ius condicionemque naturae)라고 하는 말은 다름 아닌 '법률로서의 자연'을 가리켜 말하는 것으로 알아들었으면 하네."

9) '대자연'(rerum natura omnis)과 '세계'(mundus): 수사적인 중언법(hendyadis)이다.

10) suprema lex: '자연의 법도와 체계'(ius condicioque naturae), '법률로서의 자연'(natura ut lex)을 거쳐 '자연법'을 지칭하는 단어로 정착시킨다(이 책 1.6.19에서는 성문법 이전의 자연법을 지칭). 이하(3.3.8)에 나오는 "인민의 안녕이 최고법"(salus populi suprema lex)이라는 문장과는 맥락이 다르다.

11) 키케로의 의도적 어법대로 굳이 구분하자면 '순종'(parere, '줄곧 따름' ↔ imperare), '순명'(oboedire, '한 마디 한 마디에 따름' ↔ iubere), '복종'(obtemperare, '자기 뜻을 누르고 따름' ↔ praecipere)으로 번역할 만하다.

12) "당사자의 정의(正義)에 관해서 대다스가 추호도 의심치 않는 사람들이 통치하도록 선출되곤 했다."(*De officiis* 2.12.42)

13) in re publica nostra: 키케로의 글에 이런 표현이 가능한 것은 이 용어가 '공화정(共和政)'이라는 정치형태보다는 '사유재산'(res privata)에 대당되는 '인민재산'(res populi) 또는 '공공재산'(res publica)을 가리켰기 때문이다. 현대 번역본(commonwealth [Zetzel]/in our country [Rudd]/in our own State [Keyes]/dans notre État [Appuhn])에 따라 이하에 res publica는 일반적으로 '국가'로 번역하겠음.

했지. 그다음에는 통치권이 그들의 후손들에게 넘어갔네. 지금도 왕정으로 군림하는 사람들에게서 그 통치형태가 존속하고 있네. 왕권이 마음에 들지 않아 폐지한 사람들의 경우, 그들이 아무에게도 복종하지 않겠다는 것이 아니라 언제까지나 한 사람에게만 복종하는 그것이 싫다는 것이었지.[14) 그런데 우리가 법률을 부과하는 것은 어디까지나 자유로운 인민들에게 부과하는 것이며,[15) 우리가 최선의 국가에 관해서 어떻게 생각하는지는 그 제목으로 집필한 여섯 권의 책에서 앞서 얘기한 바 있네.[16) 이 시점에서 우리가 인정하는 저 국체(國體)에 맞추어서 법률을 적용할 생각이네.[17) **5** 정무직의 슬기로움과 성실함이 없이는 국가가 존립하지 못하는 이상 정무직은 필요하며, 정무직의 편제에 모든 국가의 원만한 통솔이 포함되는 것일세. 또 그들에게 통솔하는 방법만 정해주면 되는 것이 아니고 시민들에게도 복종하는 방법을 정해주어야 하네.[18) 왜 그런가 하면 통솔을 잘

---

14) *non ii nemini, sed non* semper *uni* parere: "왕에게서 폭군이 출현하고 한 사람의 사악으로 국가가 좋은 상태에서 가장 나쁜 상태로 전환하는 것을 여러분은 보지 못합니까?"(국가론 2.26.47).

15) leges damus liberis populis: 속민들을 지배하는 것이 그들의 자유를 지켜주는 행위라는, 로마인의 패권사상이 드러난 문장이다. 참조: "우리가 법률을 펴는 것은…… 선량하고 굳건한 모든 백성들을 위하는 것일세"(omnibus populis leges damus): 이 책 2.14.35; "로마인이여, 그대는 통치권으로 만백성에게 군림한다는 것을 기억하라. 백성들에게 평화의 법도를 부과하고……"(tu regere imperio populos, Romane, memento…… pacisque imponere morem): Vergilius, *Aeneis* 6.851~854.

16) in sex libris: *De republica*을 가리킨다. 이 책 1.6.20에도 같은 표현.

17) leges damus, accommodabimus leges ad illum statum: 키케로가 선호하는 '국체'(civitatis status)는 군주정, 귀족정, 민주정이 조화롭게 합쳐진 체제이지만(*De republica* 1.29.45, 1.45.69) 개인 취향으로는 귀족정치였다.

18) imperandi sed etiam civibus obtemperandi modus…… '방법'(modus)은 지배하고 복종하는 "한계를 정해준다"는 의미도 암시한다.

하려면 본인도 언젠가 누구에게 복종해보았던 경험이 필요하기 때문이네. 그리고 공손하게 복종하는 사람은 언젠가 통솔하기에도 합당한 사람으로 보이지. 따라서 복종하는 사람은 자기가 어느 시기엔가 통솔하게 되리라는 희망을 가질 필요가 있지. 또 통솔하는 위치에 있는 사람은 머지않은 시기에 자기도 복종을 해야 하리라는 생각을 할 필요가 있네.[19] 우리는 또한 정무직에 복종하고 순종하라고 지시할 뿐만 아니라 그들을 받들고 사랑하라고 지시한다네. 카론다스[20]가 자기의 법률에서 행하는 그대로일세. 그런데 우리 플라톤은[21] 저 천계의 존재들에게 맞서는 자들이나 정무직에 항거하는 자들이나 종족(種族)으로 따지면 티탄 족속에 해당한다고 단정했다네.[22] 그건 그렇다 치고 괜찮다면 이제는 법률로 돌아가세.

아티쿠스: 자네가 한 말로 보나 사안의 순서로 보나 그게 좋겠네.

3

6   마르쿠스: 통치권[23]은 적법한 것이어야 할지어다. 통치권에는 시민들이 공손하고 핑계 없이 복종할지어다. 관(官)은 불복종하고 유해한 시민을[24] 벌

---

19) cf., Aristoteles, *Politica* 1277b.

20) 이 책 1.22.57과 2.6.14에도 언급된 시실리의 카타니아 법률가.

21) cf., Plato, *Leges* 701c. 거인족이 유피테르에게 반역한 신화를 빗대었다.

22) 관권(magistratus)에 대한 복종문제는 다음을 참조: Xenophon, *Cyropaedia* 1.6.20; Stobaeus, *Florilegium sermonum* 44.40, et 46.

23) imperium : Lex curiata de imperio에 명기된 국가 최고통치권으로 왕정시대의 왕(rex), 공화정 시대의 통령(consules), 독재관(dictator), 법무관(praetores)에게 국한되며, 나머지 관권(potestas)은 행정상의 권한이었다. 통치권자들은 입법권(ius agendi cum populo), 집회소집권(ius contionem habendi)을 관장했다.

24) 사본에 따라 판독이 다르다: [Ziegler] nec oboedientem et innoxium civem "복종을 하지 않지만 악의가 없는 시민이라면……"

금(罰金), 금고(禁錮), 태형(笞刑)으로 징계할지어다. 동등한 권한이나 상위 권한이나 인민이[25] 이러한 징계를 제지하지 않는 한에서 말이다. 다만 인민에게 상소(上訴)할 권리를[26] 보전할지어다. 관이 형벌을 판결하고 부과할 때 인민 앞에서 벌금과 형량의 타당성에 대한 쟁론이 있으면 이를 심의에 붙이도록 할지어다.[27] 전장에서는[28] 통수권이 있는 자[29]에 대항해 상소할 권리를 부여하지 말지어다. 전쟁을 수행하는 자가 명령하는 바는 적법하고 유효한 것으로 간주할지어다. 하급 정무직의 분할된 권한은 권한의 숫자만큼 다수의 정무직이 있도록 할지어다.[30] 전장에서 하급 정무직은 지휘권이 있는 부하들에 대해서 지휘권을 가질 것이며, 그 부하들에 대해 천부장[31]들이 될

---

25) par maiorve populusve: 로마 통수권 행사의 특성은 각 부서의 단체성 (collegialitas)에 있었으며, 통령(2명), 법무관(8명)의 단독 결재는 동료 정무직의 묵인 아래서만 유효했다.

26) ius ad populum provocandi: 발레리우스법에 준해 로마시내에서 형법상의 형벌(사형, 체형 그리고 유배)을 선고받는 로마시민이 민회인 백인대회(comitia centuriata)에 상소할 권리.

27) 상소(provocatio)가 제기되면 해당 정무직은 쟁송(certatio)이 열릴 일자를 정하는데(diem dicere) 소(訴)가 제기된 지 17일 이후로 하고, 민회에서 쟁론해 판결을 확정하거나 기각하거나 변경했다.

28) militiae: '전시(戰時)에'(domi militiaeque)도 뜻하고 '로마 시를 떠나서'도 뜻한다.

29) 군대의 통수권을 갖는 자는 통령, 법무관, 통령대행(proconsul), 법무관대행 (propraetor), 독재관(dictator), 기병대장(magister equitum) 등이었다.

30) 정무직 구분: ① 정규 대정무관(*maiores ordinarii*): 통령(consules), 독재관 (dictator), 법무관(praetores), 호구조사관(censores); ② 특별 대정무관(*maiores extraordinarii*): 기병대장(magister equitum), 도시수호관(praefectus urbis); ③ 정규 소정무관(*minores ordinarii*): 호민관(tribunus plebis), 관리관(aediles), 재무관(quaestor); ④ 특별 소정무관(*minores extraordinarii*): 곡물 감독관(praefectus annonae), 수군통제 10인관(decemviri navales), 식민시 건설 3인위원(triumviri colonis deducendis).

31) tribuni militum: 한 군단(legio)의 지휘관으로 군단당 6명이 있었고 각자가 1,000명의 사병을 인솔했다. 휘하에는 백부장 60명이 있어 각 백부장은 100

지어다. 국내에서 하급 정무직은 국고를 관리할 것이며[32] 범인들의 구금을
관장할 것이며,[33] 극형(極刑)을 집행할 것이며,[34] 공식으로 동전과 은전과
금전을 주조할 것이며,[35] 제소된 분쟁을 판결할 것이며,[36] 무엇이든지 원로
원이 의결하면 집행할지어다.[37]

7 관리관(管理官)들은 수도(首都)와 양곡(糧穀)과 장엄축전을 관장하는 감독
관이 될지어다.[38] 그들에게는 이 직책이 상위 공직의 직급으로 오르는 첫째
관문이 될지어다.[39]

호구조사관은[40] 인민의 연령,[41] 자손, 가족 그리고 재산을 등기(謄記)하

명씩의 사병을 거느렸다.

32) 국고(pecunia publica) 관리는 시재무관(quaestores urbani) 소관으로 각종 명목
으로 징수한 세금을 사투르누스 신전 금고(aerarium Saturni)에 보관하고 필요
에 따라서 지출했다.

33) 죄수들은 감옥(carceres)이나 구치소(custodiae)에 사슬(cum catenis)이나 착고
(compedibus)나 수갑(manicis)을 차고 구금되었다.

34) capitalia vindicare: tresviri capitales(집행리 3인위원)의 소관이었다.

35) tresviri monetales(화폐주조삼인관)의 소관이었다.

36) lites contractae(제소된 분쟁)을 판결하는 일은 praetor urbanus(로마시법무관),
그의 부재시 decemviri stlitibus [litibus] iudicandis(소송심리십인관)에게 위임
되었다. 이 직책을 감독하는 일은 quaestores(재무관)였다.

37) 그 집행(agere)을 위해 호민관(tribuni plebis), 평민관리관(aediles plebis)은
지역구 평민회를 소집했고(cum plebe agebant), 통령과 법무관은 백인대회
(comitia centuriata)를 소집했다(cum populo agebant).

38) aediles plebis(평민관리관): 호민관과 같은 면책권이 있었고 식량 창고, 시장,
식료품점, 도로, 이자소득, 빵의 배급, 도량형을 감독했다. 장엄축전(ludi sol-
lemnes) 가운데 평민관리관은 평민축제(ludi plebei), 곡신제(ludi Cereales)를
주관하고 로마축제(ludi Romani), 화신제(花神祭, Floralia), 키벨레 축제(大母
神祭, Megalensia)는 귀족관리관(aediles curules)이 주관했다.

39) 로마인의 경력(cursus honorum)은 aedilitas(관리직), quaestura(재무관직),
praetorium(법무관직), consulatus(통령직)의 순서로 밟아 올라갔다.

40) censores: 왕정시대부터 중책이었던 이 직위는 우여곡절을 거쳤는데 키케로
는 원래의 직무와 권위를 되찾아주고자 하며, 임기 5년으로 선출되면서도 18
개월만 재임하고 그 뒤로는 직함만 보존하던 관습을 없애고 5년 근속시키고

고, 도성의 신전[42]과 도로와 수도(水道)와 국고와 세금을 관장하고, 인민의 무리를 지역구로 분류하고,[43] 그것에 준해서 재산과 연령과 위계를 구분하고, 기병(騎兵)과 보병(步兵)의 신병(新兵)들을 배당해 등록할지어다.[44] 독신자들을 금하고, 인민의 풍습을 다스리고, 원로원에 오점을 남기지 않도록 할지어다.[45] 호구조사관은 2명으로 하고 5년의 정무직을 맡으며 그밖의 정무직들의 임기는 1년으로 할지어다. 그 권한은 영구히 존속토록 할지어다.[46]

8　법의 재정인(裁定人)이 되어 사인(私人)들의 사건을 공판하거나 공판이 열리게 명하는 일은 법무관이 할지어다. 그는 시민법을 수호할지어다.[47] 원로

자 한다. 이 책 3.20.47에서는 법전보존인(nomosphylakes)의 책임도 그에게 맡겨야 한다고 주장한다.

41) populi aevitas(aetas): 병무징집을 기준으로 iuniores(17~45세)와 seniores (46~60세)로 나누고 시민명부(census)에 올리는 일이었다.

42) urbis tecta templa: 원래 templum(경내)은 조점관들이 사방으로 트인 높다란 공지에서 새들의 비상(飛翔)을 관찰하던 구역이며(contemplor '자세히 관찰하다' cum+templum), 그곳에 지붕이 설치되면 tecta templa(천장 경내) 또는 sarta tecta(지붕을 씌운 경내)라고 했고 후대에는 신전을 가리키는 일반 어휘가 되었다.

43) 로마의 자유민(patres, clientes, plebs)들은 구역과 담세능력에 준해서 지역구로 나뉘고 각 부족은 현역으로 전장에 나갈(ut foris bellum gereret) 청장년 백인대(centuriae iuniorum)와 예비역으로 도성을 방어할(ad urbis custodiam ut praesto essent) 노장년 백인대(centuriae seniorum)들로 세분되어 정치상의 의결과 납세와 군복무를 감당했다.

44) prolem discribunto: "기병의 신병과 보병의 신병들을 따로 구분해 배정할지어다." 그러니까 "기병의 자식들과 보병의 자식들을 다른 백인대에 들어가지 않게 구분해서 등록하라"는 뜻은 아니다.

45) 불미스러운 사생활로 부적격한 자를 원로원에서 제명하는(senatu movere) 일도 호구조사관의 권한이었다.

46) eaque potestas semper esto: 18개월의 재임 후 명예직으로만 5년간 직함을 유지하는 관행을 없애고 "끝까지 재임할지어다"라는 뜻도 가능하고, 술라의 전횡 이후 공화정 말기에 호구조사관 직책 특히 호구조사와 재산등록이 유명무실해졌지만 "이 직책은 폐지하지 말지어다"라는 해석도 가능하다.

47) iuris civilis custos: '시민법'은 시민들 사이의 사적인 분쟁을 다루는 법

원이 의결하거나 인민이 명령해 이 직책에 몇 사람을 둘 것인지 정하며 그들 사이에는 권한이 동등할지어다.

군왕통치권[48]을 가진 자는 두 사람으로 할지어다. 통솔하고 재판하고 협의하는 임무가 그들에게 속하므로 그들을 법무관이요 재판관이요 통령이라고 부를지어다.[49] 전장에서 그들은 최고통수권을 장악하고 아무에게도 복종하지 말지어다. 그들에게는 인민의 안녕이 최고법이 될지어다.[50]

9   10년의 간격이 경과하지 않는 한, 동일한 직책을 다시 차지하지 말지어다.[51] 직책을 맡는 연령에 관해서는 연령법[52]을 준수할지어다. 좀더 위험한 전쟁이나 시민내란이 발생한 경우에는, 원로원 의결이 있으면, 6개월이 넘지 않는 범위 내에서 2인 통령이 장악하는 동일한 권한을 1인이 장악할지

규로 leges regiae(왕정법ius civile Papirianum)으로 전해오는 법전, leges decemviriles(십인관법)으로 알려진 법전 등이 지목된다. 법무관은 취임 즉시 시민법의 운용지침(edictum perpetuum)을 발표하는 관습이 있었다.

48) regium imperium: 국왕(rex)을 추방하고 그 권한을 대신 장악했다고 해서 통령의 통치권을 이렇게 불렀다.

49) praeeundo iudicando consulendo…… praetores(통솔권자) iudices(재판관) consules(협의관): 국왕의 권력을 탈취한 직위가 praetor이었는데 후대에 같은 칭호를 쓰는 법무관(praetor urbanus, peregrinus) 직제가 생기면서 consul이라는 칭호로 일반화되었다. 동사 consulo(협의하다)에 어원이 있다는 설명이다. praetor는 praeo(앞장서다, 지휘하다)에서 유래하며 후대에도 통령이 군을 직접 지휘하는 경우는 praetor라고도 호칭했다.

50) 국가 비상시 원로원은 통령들에게 전권을 부여하면서 국가에 화가 미치지 않도록 통령들이 배려하라!(ideant consules ne quid respublica detrimenti capiat)라고 선언했고(Caesar, *De bello civili* 1.5; Cicero, *Pro Milone* 26.70; Livius, *Ab urbe condita* 3.4.9), 그중 한 명을 독재관(dictator)으로 선출할 경우에는 praetor maximus et iudex(대법무관 겸 판사)라는 칭호를 수여했다.

51) 기원전 342년에 '평민결의'(plebiscitum)로 통과되었던 법령이지만 제대로 준수되지는 않았다.

52) lex annalis 일명 Lex Villia annalis. 각급 공직에 취임할 수 있는 최저연령(aedilitas 31세, quaestura 37세, praetura 40세, consulatus 43세)을 규정했다(기원전 180: Livius, *Ab urbe condita* 25.2).

어다.[53] 다만 조점관에 의해서 조점이 길조(吉兆)임이 공언된[54] 다음이라야
하고, 그에게는 인민총사령관[55]이라는 칭호가 부여될지어다. 이렇게 통치
하는 자는 직속 기병대장을 임명하며, 기병대장이 누구든지 간에 법의 재정
인과 동등한 권한을 가질 지어다.[56] 총사령관과 기병대장이 선출되면 그밖
의 정무직은 정지될지어다.[57] 통령들도 총사령관도 궐위될 때는[58] 군대의
최고통수권[59]은 원로원 의원들이 가질지어다. 원로원 의원들은 자기들 가
운데서 사람을 선정해 민회에 의해서 통령이 합법적으로 선출되게 조처할
수 있어야 할지어다.[60] 통수권을 가진 자와 공권력을 가진 자와 사절(使節)

53) 독재관(dictator)의 한계: 임기가 6개월을 넘지 못한다(술라와 카이사르는 종신
　독재관으로 선출되었다), 국고에 손을 대지 못한다, 원로원의 동의 없이 이탈
　리아 밖으로 나가지 못한다, 출전의 경우 외에는 로마시내에서 말을 타고 행
　차하지 못한다.
54) ave sinistra dictus: sinister은 원래 '왼편의, 불길한'의 뜻으로 통했지만, 조점
　관은 남쪽을 향해 서서 점을 쳤으므로 왼쪽, 곧 동쪽의 비상(飛翔)은 '상서로
　운, 길조의' 뜻으로 통했다.
55) populi magister: 문맥상 독재관(dictator)을 뜻한다(De republica 1.40.63). 기
　원전 217년 파비우스 막시무스 쿵크타토르(Q. Fabius Maximus: Livius, Ab
　urbe condita 23.31) 이후로 유명무실했던 제도인데 키케로는 원로원의 계엄령
　(senatus consultum ultimum)이 미비하다고 판단해 이 직제를 법제화하고자
　했다.
56) magister equitatum: 평상시 법무관이 갖던 권한을 갖는다.
57) 독재관의 권한은 다음과 같았다: 전 인민이 그에게 복종할 의무가 있다, 군대
　에 대한 절대통수권을 갖는다, 독재관이 선출되면 그밖의 행정권들은 그에게
　이양된다.
58) nec erunt: 텍스트 해독에 어려움이 있다. Costa, Keyes: nec escunt; "그 두
　직권자가 나오지 않을 경우"/Appuhn, Zetzel: nec erint, reliqui magistratus
　ne sunto. "그 두 직권자가 궐위될 경우에 그밖의 정무직들도 모두 정지될지
　어다."
59) auspicia: 원래 "조점권을 갖다"(auspicia habere)라는 표현 외에 "군통수권을
　갖다"는 표현도 있다.
60) 선거관리인(interrex)을 선출해서 5일 시한으로 왕(interrex: 간왕間王이라고 불
　렀다)의 업무를 대행하게 했다: De republica 2.12.23.

들은[61] 원로원이 의결하거나 인민이 명령할 때 도성 밖으로 나갈 것이며, 합법한 전쟁을 합법하게 수행할 것이며,[62] 동맹국들의 생명과 재산을 보전해줄 것이며, 자신과 부하들을 통솔하도록 할 것이며, 자기 인민의 영광을 선양할 것이며, 승리해 귀국함으로써 칭송을 받도록 할지어다.

누구든지 자기 사익을 도모하기 위해 국가의 사절이 되는 일이 없도록 할지어다.[63] 평민들이 자기를 보호하고 횡포로부터 자위(自衛)하기 위해[64] 선출한 10인은 평민에 대해서 호민관이 될지어다. 무엇이든지 그들이 거부권을 행사하거나, 평민회에 의결을 요구해 통과시키거나 한 것은[65] 법적인 효력을 발생할지어다. 호민관들은 불가침할지어다.[66] 평민을 호민관 없이 남겨두지 말지어다.[67]

10　모든 정무직은 조점권[68]과 재판권을 가질지어다. 원로원은 전직 정무

---

61) imperium(군대 통수권: consules, dictator, praetor에게 위임)과 potestas(행정권)을 구분하고 있다(Rudd: magitrates with and without imperium). legati는 외교 교섭의 사절 또는 전투시 군통수권자의 막료장군을 의미했다.

62) duella iusta iuste gerunto: 패권주의 국가 로마가 표방하던 '정당한 전쟁'(iustum bellum)은 Cicero, *De officiis* 1.11.36; 이 책 2.14.34 참조.

63) legatio libera(이 책 1.3.10 각주 38) 참조).

64) ius auxilii contra vim: 기원전 493년의 Mons Sacer(성산聖山) 퇴각 이후에 세워진 호민관(tribuni)은 2명에서 10명까지 늘었다. 통령과 귀족들의 횡포로부터 평민을 보호하고(ius auxilii) 평민의 극형에 대해서 민회에 상소하고(provocatio) 평민회의에 통령을 소환하며(vocatio) 평민의 권익에 상치된다고 판단하면 통령의 포고령과 행정처분에 거부권(ius intercessionis)을 행사할 수 있었다.

65) 호민관은 지역구 평민회를 소집하고(concilium tributa agere: ius contionis) 법률을 상정해(plebem rogare) 의결할 수 있었다(plebesque scire).

66) 호민관의 신상에 해악을 가하면 모독죄가 되며 그런 범법자(sacrilegus)는 누가 죽여도 벌을 받지 않았다.

67) 호민관은 단 하룻밤도(라틴 축제일feriae Latinae은 예외) 로마 도성을 떠나 있을 수 없었다. 평민의회는 "호민관이 평민을 호민관 없이 남겨두는 일 없도록 의결했다"(Livius, *Ab urbe condita* 3.55.14).

68) ius auspiciorum: 고위직은 조점관을 대동하고(auspex maior), 하위직은 조점

직 관료들로 구성될지어다.[69] 원로원의 결의는 법적인 효력을 발생할지어다.[70] 다만 원로원과 동등하거나 상위의 권한은 필요하다면 거부권을 행사할지어다. 원로원 결의는 문서로 작성해 보관할지어다.[71] 원로원 의원 신분은 결함이 없어야 하며 다른 이들에게 귀감이 될지어다.[72]

정무직의 선출, 인민의 판결, 양자의 명령과 금령을 표결에 회부할 때에는[73] 최선량들에게 통보할 것이며 평민들에게 투표의 자유를 부여할지어다.[74]

4

만일 정규 정무직 이외에 비정규 정무직에 의해서 주관되어야 할 업무가 발생해 그럴 필요가 있을 적에는 인민이 그 업무를 주관할 인물을 선출하도

관을 대동하지는 않지만(auspex minor) 필요에 따라서 조점을 쳐달라고 요구할 수 있었다.

69) 호구조사관들(censores)이 원로원 명단을 작성하되 오비니우스법(Lex Ovinia, 기원전 312)은 일단 전직 관료들을 지명하고 여분으로만 일반인들을 선임하게 했다. 이하 3.12,27 참조.

70) eius decreta: senatusconsultum(SCtum) '원로원 긴급명령' 또는 '원로원 포고'.

71) 호민관이 거부권(veto)을 행사하지 않으면 원로원 의결은 '원로원 포고'(senatus consultum)로 채택되고 거부당하면 원로원 의사(議事, senatus auctoritas)로 그치지만 "그럴 경우에도 문서로 작성해 보관하라"는 해독도 가능하다.

72) 이하 3.12~13,28~29 해설 참조.

73) creatio magistratuum, iudicia populi, iussa vetita cum cosciscentur: "인민의 선거, 사법, 입법 행위가 있을 때에는"(키즈Keyes 번역본). 동사 cosciscere 또는 sciscere는 공식회합에서 행하는 '표결(票決)' 행위를 가리키는 전문용어였다.

74) 공정하고 자유로운 선거에 관해서는 이하 3.17,38~39에 상세히 해설한다. 로마시민들의 회합(comitia)은 백인대회centuriata(귀족과 평민이 함께: cum populo agere), 지역구평민회(tributa, 평민들만: cum plebe agere), 쿠리아회(curiata, curia 단위의 회합)로 구분된다.

록 할 것이며, 그에게 이를 주관할 권한을 부여할지어다.[75]

인민회와[76] 원로들의 회의를[77] 소집해 안건을 회부하는 권한은 통령, 법무관, 총사령관과 기병대장, 그리고 원로원 의원들이 통령을 선출하기 위해 지명한 인물[78]에게 있을지어다. 평민들이 자기네 권익을 위해 호민관들을 선출했을 경우 호민관들에게는 원로원 회의를 소집해 안건을 회부하는 권한이 있을지어다. 호민관들은 필요하다면 평민회에 무슨 의사(議事)든지 회부할지어다.

인민회에 회부하거나 원로들의 회의에 제의(提議)하는 안건들은 절도가 있을지어다.[79]

11 원로원 회의에 출석하지 않은 원로원 의원은 사유를 제출하거나 견책을 당하거나 할지어다. 원로원 의원은 자기 차례에서 절도 있게 발언할지어다.[80] 그는 인민의 현안문제를 파악하고 있을지어다.[81]

인민회에서는 폭력이 있어서는 안 될지어다. 회의에서는 동등하거나 상위의 권한이 (회의를 사회하는 자의 권한보다) 우월할지어다.[82] 그러나 의사

---

75) 지은이는 고의로 coerari[curari] oesus[usus=utilis]라는 고어를 쓴다. 그 직함은 '관리인'(curatores)이라고 호칭했다.

76) cum populo agendi ius: 백인대회를 소집하고 안건을 회부하고 사회하는 권한.

77) ius cum patribus agendi: 원로원을 소집하고(senatum cogere) 사회하고 (princeps senatus) 의안을 상정하고(referre ad senatum) 소견을 발표하는 (senatum consulere) 권한.

78) interrex(간왕間王: 사실상 선거관리인) consulum rogandorum ergo: 앞의 각주 60) 참조.

79) modica sunto: 상세한 내용은 이하 3.18.40 참조.

80) Zetzel: loco orato/Costa, Rudd, Appuhn, Keyes: "자기의 발언 순서대로."

81) causas populi teneto: '국사'(causa populi), '국가'(res populi). Costa: "(사익에 연연하지 말고) 인민의 현안문제를 염두에 둘지어다."

82) 상위 또는 동등한 권한자는 해당 회의의 사회자보다 월등한 인물로 간주되어 그 회의의 의결에 거부권을 행사할 수 있었다.

를 진행하다가 소란이 발생할 경우의 과실은 회의를 사회하는 당사자가 짊어질지어다.[83] 좋지 않은 사안에 거부권을 행사하는 자는 국가의 안녕에 이바지하는 시민으로 간주될지어다.[84]

인민회나 원로원 회의를 소집하는 자는 조점을 존중할 것이며, 공식 조점관에게 순종할지어다.[85] 의안(議案)은 공지되고 상정되고 문서고(文書庫)에 기록되어 보존되고 심의되도록 할지어다.[86] 한 의제에 한 번 이상은 의결을 행하지 말지어다.[87] 상정된 의안에 관해서는 인민에게 계도(啓導)할 것이며, 계도활동은 관에 의해서든 사인들에 의해서든 허용될지어다.[88]

인민회에 특정인을 상대로 하는 사인법(私人法)을 상정하지 말지어다.[89] 시민의 기본권에 관한[90] 법안은 인민회의 총회에 의하지 않고는,[91] 또 호

---

83) fraus actoris esto: actor(당사자)는 인민회에 회부하는 경우 '의장'(actor)이지만 일반적으로는 소란을 일으킨 '장본인'(auctor)일 수도 있어 번역이 다양하다.

84) intercessor rei malae: 거부권 행사(prohibisset)를 정권에 대한 도전으로 간주하지 말고 공익을 위한 행위로 보라는 단서조항이다. 이하 이 책 3.19.43의 설명 참조.

85) "국왕들이 제거된 이후, 전시든 평화시든 조점 없이 로마에서 공공행사를 거행한 적이 결코 없었다"(nihil publice sine auspiciis gerebatur). (De divinatione 1.1.2)

86) promulgata proposita in aerario…… cognita agunto: 사본의 탈락을 전제한 이 번역은 "상정된 의안은 국고(in aerario)에 공시해 숙지시킨 다음 회의에서 심의할지어다."라는 번역도 가능하다.

87) nec plus quam…… semul consulunto: 일사부재리(一事不再理) 원칙(consulere는 원로원의 논의와 의결을 포함함: senatusconsultum) 또는 한 사안을 두고 투표 용지 하나씩만 배부해 하나의 의결만 이루어지게 하라는 조처(Lex Caecilia Didia)로 보이는데(Rudd), "한 번 회기에 의안 하나 이상은 상정하지 말라"는 번역도 있다(Zetzel, Keyes, Appuhn).

88) privatisque patiunto: 선거운동이나 법안에 대한 찬반운동은 사인들도 할 수 있었다.

89) privilegia ne inroganto: privilegium(본래는 어느 한 개인을 대상으로 제정한 법). 12표법 9.1: privilegia ne inroganto를 그대로 옮겨놓았노라는 주장이 있다.

구조사관이 인민의 구획에 등재한 사람들[92]의 표결을 거치지 아니하고는 의결하지 말지어다.

권좌(權座)에 출마한 동안도, 수행하는 동안도, 수행한 후에도 선물은 받지도 말고 주지도 말지어다.[93] 누가 만일 이러한 조항들 가운데 어느 하나라도 위반했을 경우에 그 징벌은 죄에 상응할지어다.[94]

호구조사관들은 법률의 원본[95]을 보존할지어다. 정무직에서 이직한 사인들은 호구조사관에게 봉직 기간의 업무에 대한 기록부를 제출할지어다. 그렇다고 법률로부터 더 면책되어서는 안 될지어다.[96]

이상으로 법안의 발표가 끝났네. 이제 해산해서 투표용지를 수수하도록 명하는 바이네.[97]

---

90) de capite civis: Zetzel: the state of a citizen/Keyes, Rudd, Appuhn: '시민에 대한 사형'으로 해석. Cicero, *De oratore* 3.3.10: caput: "시민의 시민권과 자유와 생명이 달린 문제"로 해석된다.

91) maximus comitiatus: 백인대회(comitia centuriata)의 명칭. 이 회의는 원로원의 의결에 따라(ex SCto) 개회 17일 이전에(tribus nundinis) 소집되고(indici) 의안이 공시되었다(in publico promulgari). *De republica* 2.10.39~40.

92) 즉 자유민으로서 투표권이 있는 시민들을 가리킨다.

93) 키케로도 툴리우스법(Lex Tullia, 기원전 63)을 입법할 정도로 횡령죄(crimen de repetundis)에 대한 입법과 이를 치죄하는 상설 법정제(quaestiones perpetuae)가 있었지만 공직에 대한 희망(ambitus)을 가진 인사들을 상대로 한 부패는 끊이지 않았다.

94) noxiae poena paresto: 죄벌양형제를 말한다.

95) fides legum: 해석이 다채롭지만(Costa, Keyes: official text of the laws/ Zetzel: fidelity of the laws/Rudd: true meaning of the laws/Appuhn: les gardiens de la loi) 이하 3.20.46 해설에 따르면 '법률 원본'이라는 직역도 가능하다.

96) 재직기간의 위법행위에 관한 기소에서 면책되어서는 안 된다는 뜻이다.

97) 기원전 139년에 확정된 가비니우스법(lex Gabinia)에 따르면, 회의에서 법안을 발표하고(recitare), 투표판을 배부하도록 명령하면(tabellam dari rogare) 투표권자들은 의장석 앞(ponticulus)을 지나면서 찬성(U.R.: uti rogas 제안한 대로)과 반대(A.: antiquo 이전대로 한다)의 투표판 두 장(tabellae)을 받아 지정석(locus tabulatis inclusus)에 가서 바구니에(in cistam) 표를 던졌다. 참관인

5

12 퀸투스: 형님, 모든 정무직의 편성을 형님이 목전에 간결하게 제시
하셨습니다. 그런데 형님이 새로운 것을 약간 첨가하기는 하셨지만
그 내용이 거의 우리 국가의 법제 그대로이군요.

마르쿠스: 퀸투스, 아주 정확하게 관찰했네. 이것들은 스키피오가
『국가론』에서 칭송하는 내용이며, 국가의 통치에 있어서 최고라고
인정되는 바이기도 하네. 이 같은 정무직 편성이 없이는 국가가 성립
되지 못한다네. 자네들은 국가라는 것이 정무직과 그것들을 주관하
는 인사들에 의해서, 그 정무직의 배치에 의거해서[98] 성립한다고 생
각해두게나.

정무직의 배치로 국가의 형태가 어떤 것인지 파악할 수 있지. 이
체제는 우리 선조들의 손으로 지극히 현명하고 지극히 온건하게 수
립되어 있으며, 나로서도 법률에서 뜯어고칠 점은 전혀 없다고 생각
하거나 적어도 많지는 않다고 생각했네.

13 아티쿠스: 자네가 내 권유랄까 요청대로 종교법에 대해 해설을 했
듯이 정무직에 관해서도 다시 우리한테 해설해주게나. 이러한 직제
의 편성이 가장 흡족하다는 이유에 대해 토론을 해주게.

마르쿠스: 아티쿠스, 자네가 바라는 대로 하겠네. 그리고 그리스의
제일 박식한 인물들이 연구하고 토론해온 방식에 따라서 이 주제 전
체를 설명해보겠네. 그러고 나서 내가 배운 대로 우리네 법제에 손을
댈 생각이네.

아티쿠스: 내가 가장 기대하는 토론 종류가 바로 그것일세.

(rogator)과 개표인들(custodes)이 감시를 했다.

98) 이 책 1.5.17: quae composita sunt et discripta iura et iussa populorum ("인민
들의 정의와 명령으로서 구성되고 분류된 바").

마르쿠스: 사실 그 책에서는 많은 얘기를 했네.[99] 최상의 국가에 관해서 연구하면서 언급하지 않으면 안 되는 내용이었네. 그렇지만 관제에 대한 이 논제에는 독특한 무엇이 있다네. 먼저 테오프라스토스[100]가 탐구한 바 있고, 그다음에는 스토아 학자 디오게네스[101]가 치밀하게 연구한 바 있지.

6

14 아티쿠스: 그런가? 그 문제를 스토아 학자들도 다루었던가?

마르쿠스: 내가 방금 거명한 사람만 있는 게 아닐세. 그다음에는 파나이티오스가 논의했지.[102] 위대한 인물이고 무엇보다도 학식 있는 인물일세. 초기 스토아 학자들은 국가에 관해 논의하면서 말로는 아주 면밀하게 논했지만 인민과 시민의 정치적 관습에 어떻게 응용할 것인지에 관해서는 논하지 않았네. 그 대신 아카데미아 학파에서는 [103] 플라톤을 수장(首長)으로 해서 이 문제에 관한 이론들이 더 많이

---

99) 자기 저서 *De republica*(국가론)를 가리킨다.

100) Theophrastos(기원전 371~287): 아리스토텔레스를 계승해 소요학파를 지도한 인물. 정치와 법률에 관해 다수 작품(*Peri nomon*)을 남긴 것으로 전하며 (Diogenes Laertius, *Vitae philosophorum* 5.42~50) 키케로에게 영향을 주었다. 이 책 1.14.37; 2.6.15 참조.

101) a Dio⟨ge⟩ne Stoico(사본에 따라 Dion으로 되어 있으나 정치철학을 다룬 스토아 학파 디온은 알려져 있지 않다): 바빌론의 디오게네스(기원전 240~152)는 스토아 학자로 기원전 155년 '카르네아데스', '크리톨라오스'와 함께 아테네가 로마에 파견한 철학자 사절단으로 방문했고 그의 법률론(*Nomoi*)이 언급된다.

102) Panaetios(기원전 180~110): 로도스 섬 출신의 스토아 학파 지도자(기원전 129~109)로 로마 지성인들 특히 스키피오 아이밀리아누스(Scipio Aemilia-nus)와 교류(기원전 140~139)를 가졌으며 키케로의 *De officiis*에 등장한다(*De republica* 1.10.15).

103) Ab Academia: 다른 사본들은 Ab hac familia로 되어 있어 스토아 학파가 마

나왔네. 아리스토텔레스가 정치문제 전반에 대해 토론하고 규명한 다음 폰투스의 헤라클레이데스[104]가 다시 플라톤에게서 출발했다네. 테오프라스토스는 아리스토텔레스에게 사사한 인물로서 자네들도 알다시피, 이 분야에 그야말로 평생을 보내다시피 했고, 같이 아리스토텔레스에게 가르침을 받은 디카이아르코스[105] 역시 이 분야에 관한 이론과 연구가 부족하지 않았지. 그 뒤로 테오프라스토스에게 배운 팔레론의 유명한 데메트리오스가 있는데, 내가 위에서 언급한 인물이지.[106] 그 사람이야말로 신기하게도 이 학문을 식자(識者)들의 어둑한 교실[107]과 여가(餘暇)에서 햇빛으로 끄집어냈으며, 현실 세계의 먼지 속으로 끌고나왔을 뿐 아니라 위험한 전장으로 끌어들였지. 미미한 학식을 갖추었지만 국가론에는[108] 훌륭한 인물들을 우리는 상당수 기억해낼 수 있고, 지극히 박학하지만 국가론에는 그다지 간여하지 않았던 인물들도 상당수 기억해낼 수 있네. 하지만 양편에 출중한 사람, 학문의 연구로나 국가를 통치하는 데나 첫째로 꼽히는 인물이라면 이 데메트리오스를 빼놓고는 쉽사리 누구를 찾아볼 수 있겠는가?

아티쿠스: 나는 할 수 있다고 보네. 또 우리 세 명 가운데 누군가를

치 플라톤에게 정치철학의 기원을 둔 듯한 어감을 준다.

104) Heracleides Ponticos(기원전 4세기): 플라톤의 제자. 그의 국가론(*Peri politeion*)을 키케로가 수차 언급한다.

105) Dicaearchos(기원전 326~296): 아리스토텔레스의 제자로 키케로가 그의 정치론(Tripolotikon)을 언급하고 심지어 테오프라스토스와 디카이아르코스의 토론도 가상한다(*Ad Atticum* 2.16.3).

106) Phalereus ille Demetrius(기원전 316): 이 책 2.25.64, 66 참조. 저서명단이 전해온다(Diogenes Laertius, *Vitae philosophorum* 5.5.80).

107) ex umbraculis: Macrobius, *Saturnalia* 6.4.8에 따르면 키케로부터 umbracula는 '학교 교실'을 가리킨다.

108) in re publica: '정치에는'이라는 의미가 더 정확하다.

꼽을 수 있겠네.[109] 하여튼 자네가 시작한 얘기를 계속하게나.

7

15　마르쿠스: 저 사람들이 제기한 문제는 국가에 하나의 정무직만 존재하고 나머지는 모두 그에게 복종해야 하느냐는 것이었네. 국왕들이 추방당한 후 우리 선조들이 좋아했던 것이 바로 그런 문제였나 보네. 하지만 왕정 국가[110]는 한때는 승인을 받았겠지만 후대에는 왕권의 폐해 때문이라기보다는 국왕의 악덕으로 인해 배척을 받았지. 그런데 사실상 한 사람이 모든 정무직들을 통솔한다면 국왕이라는 칭호는 배격되었을지 모르지만 내용은 그대로 남아 있는 셈이네. **16** 테오폼포스[111]가 라케다이몬에서 국왕들에게 맞서게 행정감독관들[112]을 세웠던 것도 이유가 없지 않네. 또 우리도 통령에 맞서서 호민관(護民官)을 세운 것이 까닭이 없지 않듯이 말일세. 법에 정해진 바에 따르면, 통령은 그밖의 모든 정무직들이 그에게 복종하도록 되어 있는데 호민관만은 예외이지. 호민관은 후에 존재하게 된 정무직으로서 전에 존재하던 폐해가 더 이상 존재할 수 없게 하기 위한 것이었네.[113] 처음에는 자기 손아귀에 들어가지 않는 존재가 있다는 사실만으로도 통령의 권한이 위축되었지. 그런데 그다음에는 호민관

---

109) 카틸리나의 음모를 분쇄했을뿐더러 법률과 정치에 관해서 많은 저작을 한 친우 키케로를 향한 아티쿠스의 존경심이겠다.

110) regale civitatis genus: '군주정치'로 직역할 만하다.

111) Theopompos(기원전 8세기): 스파르타 국왕으로 왕권을 제한하는 뜻으로 행정감독관(ephoroi) 제도를 만든 것으로 전해온다.

112) Ephoroi: 처음에는 세 명, 후대에는 다섯 명씩 국왕이 선임했으나 후에는 민회에서 선출되었다. 국왕의 부재시 사법과 경찰을 관장하고 국왕의 전횡을 제어했다.

113) qui post existitit ne id quod fuerat esset: esse 동사를 구사해 호민관 제도를 초래한 귀족과 평민 사이의 갈등을 암시한다.

이 다른 정무직들뿐만 아니라 통령에게 복종하지 않는 사인들도 후원했네.

17 퀸투스: 형님은 상당히 큰 해악을 말씀하시는군요. 저 따위 권한이 생겨나면서부터 귀족들의 품위가 떨어졌고 대중이 세력을 떨쳤으니까요.[114)

마르쿠스: 퀸투스, 그렇지는 않아. 통령들의 단독 권력이 인민들에게 너무 오만하고 횡포하게 보였으리라는 것이 당연하지. 그뿐만 아니라 여기에 경미하고 현명한 제약이 가해진 다음에도……[115)

…… 법률은 만인에게 해당하는 것일세.[116)

8

18[117) ……귀국함으로써 칭송을 받도록 할지어다." 선한 사람들과 무죄한 사람들에게는 찬사 외에는 아무것도 돌아가서는 안 되며, 적들에게서든 동지들에게서든 찬사 외에 아무것도 돌아가서는 안 된다는 말

---

114) 이하 3,8,19~22에서 호민관직에 대한 퀸투스의 혹독한 비판이 나온다.

115) 여기서부터 상당부분이 수사본에서 탈락되어, 말하자면 앞의 [6]부터 [11]까지 키케로가 발표한 시민법 조문들 가운데 [6]~[9] 중반까지의 법조문 해설문(절반 이상)이 누락되었다. Zetel, Rudd, Keyes 등의 영역본은 Macrobius(De differentiis et societatibus, 17.6)의 다음 인용구를 이 자리에 수록하기도 한다: "누군가 자기와 국가에 이로운 것과 이롭지 못한 것을 구분하는 분별력을 갖고 있지 못하다면 어떻게 맹방들을 보호할 수 있겠는가."

116) 뒷부분과 이어지는 단편 같은데 사본마다 표기가 다르다. Ziegler: …… convertem lex in omnis est(번역이 불가능)/Costa: ……convertenda est lex in omnes/Appuhn: accessit, conversa lex in omnes est……/Keyes: …… converte, lex in omnis est.

117) 위의 법조문 [9]의 중간: "합법한 전쟁을 합법하게 수행할 것이며, 동맹국들의 생명과 재산을 보전해줄 것이며, 자신과 부하들을 제어하도록 할 것이며, 자기 국민의 영광을 선양할 것이며, 승리해 귀국함으로써 칭송을 받도록 할지어다"라는 구절의 마지막 글귀가 이하에 나온다.

일세. 그리고 누구라도 국가의 명분이 아닌 일로 사절이 되는 일보다 추한 일이 없음은 아주 분명하네.[118] 하지만 사절의 신분을 이용해 자기의 유산상속이나 차용증[119]을 집행해 받아내는 작자들이 사절로 파견되어 어떻게 행동하고 있고 어떻게 행동할 것인지는 굳이 언급하지 않겠네. 사람들에게는 어쩌면 이런 악덕이 자리 잡고 있을지 모르지. 그러나 내가 묻는 것은 이것이네. 원로원 의원이 위임도 없는 사절, 수임장도 없는 사절, 국가로부터 부여받은 직무도 없는 사절이 되는 일보다 치사한 짓이 무엇인가? 이런 종류의 사절직함이라면 내가 통령이었을 적에, 어느 경박한 호민관이 내게 반대만 하지 않았더라면 거의 폐지될 뻔했네.[120] 비록 그런 사절단을 지명하는 일이 원로원의 편익에 해당하는 것처럼 보였음에도 나는 사절단을 제한하자는 법안을 제출해 원로원의 압도적인 승인을 받아냈다고. 하여튼 기간은 내가 줄였어. 전에는 무기한이던 것을 1년 시한부로 했지. 그래서 치사스러운 면은 여전히 남았지만 장기간이라는 폐습은 제거되었네.

하지만 자네들이 괜찮다면 속주(屬州)에 관한 언급을 떠나서 로마 도성으로 이야기를 돌리기로 하세.

아티쿠스: 괜찮고말고. 다만 속주에 있는 사람들에게는 조금도 달갑지 않을 테지.[121]

---

118) 법조문: "누구든지 자기 사익을 도모하기 위해 국가의 사절이 되는 일이 없도록 할지어다."
119) syngrapha: 채무자가 채권자에게 발급하는 서장(書狀).
120) 그 호민관이 누구였는지는 키케로의 현존 작품이나 역사서에서는 밝혀지지 않는다.
121) 수사학적 기교가 담긴 문장이다. 원문대로라면 키케로의 말은 "속주에서는 떠나서 로마로 돌아가세"라고 했고 아티쿠스는 이 말을 받아 "속주에 총독이나 사절로 가서 수탈과 치부를 일삼는 자들에게는 로마로 소환당하는 일

19　마르쿠스: 그러나 티투스, 이 법률에 복종하기만 한다면야 저 사람들에게도 도성보다, 자기 집보다 감미로운 곳은 아무 데도 없을 테고, 속주보다 힘들고 귀찮은 곳이 또 없을 것이네.

하여튼 호민관들의 권한을 재가한 법률이 이어서 나오네.[122] 그 권한이 우리 국가에 엄존하지.[123] 이것에 관해서는 왈가왈부할 필요가 전혀 없네.

퀸투스: 하지만 제발 형님, 제가 묻고 싶은 것이 있습니다. 그따위 권한에 대해서 형님은 어떻게 생각하십니까? 왜냐하면 제게는 호민관 제도가 도대체 파국적인 것으로 보이기 때문입니다. 그것은 평민들의 소요(騷擾) 속에서 태어났고, 소요를 일으키자고 태어난 셈이지요. 그것이 맨 처음 태동한 일을 기억하고 싶다면 하는 말이지만, 바로 시민 내란 도중에, 도성의 이곳저곳이 포위당하고 공격당하던 바로 그 시점에 만들어졌음을 알 수 있습니다. 이 제도는 12표법에 나오는 지독한 기형아처럼[124] 당장 죽임을 당했는데[125] 무슨 수로 그렇게 되었는지 모르지만, 머잖아 되살아났고 훨씬 흉하고 추접스러운 모습을 하고 태어났지요.[126]

이 탐탁하지 않을 것"이라고 대꾸한다.

122) 법조문: "평민들이 자기를 보호하고 횡포로부터 자위(自衛)를 위해 선출한 10인은 평민에 대해서 호민관이 될지어다" 이하.

123) *De republica*(2.37.61~63)에 따르면 십인관(decemviri) 시대에는 통령도 호민관도 없었지만 모든 것이 순조로웠다는 판단이다.

124) 12표법 4.1: "부친은 혹심한 기형을 타고난 아이면 즉시 죽여 없앨지어다" (pater insignem ad deformitatem puerum cito necato).

125) 기원전 493년 평민이 획득한 이 정무직을 기원전 451년 귀족만으로 십인관을 세우면서 통령도 호민관도 폐지해버렸다.

126) 십인관 제도는 기원전 451~449년 사이의 3년밖에 가지 못했다. 평민들의 봉기로 십인관이 폐지되고 호민관이 복원되었고 호민관의 신분이 불가침한(sacrata) 것으로 강화되었다(Livius, *Ab urbe condita* 3.54~55; Cicero, *De*

9

저 호민관이 포고령이랍시고 공포하지 않은 것이 도대체 무엇입니까?[127] 그는 불효한 자나 하는 짓으로 원로원 의원들에게서 온갖 영예를 박탈해버렸고,[128] 온갖 천한 것들을 최고의 것들과 동등하게 만들었고,[129] 질서를 혼란스럽게 만들고 불순하게 만들고 말았습니다. 일단 제일시민의 품위를 땅에 떨어뜨려놓고도 결코 잠잠해진 적이 없습니다. **20** 플라미니우스[130]라든지 오래되어서 벌써 진부한 것처럼 보이는 얘기들은 빼놓겠습니다만,[131] 티베리우스 그라쿠스의 호민관직[132]이 선량들에게 남겨놓은 권리가 무엇입니까? 그보다

---

republica 2.32.56, 36.61).

127) quid enim ille non edidit? 호민관 칙령(edictum)을 가리키는데 번역이 다채롭다: Rudd: what damage did it not cause!/Appuhn, Zetzel: what has it not produced!/Keyes: of what crimes has it not been guilty!

128) ut inpio dignum fuit patribus······ eripuit: 퀸투스는 귀족을 patres로 경칭하면서 귀족의 권한을 박탈한 호민관은 어버이를 모르는 불효자(in-pius)라고 빗댄다.

129) infima summis paria: 귀족을 optimates, 평민을 infimus civis로 부르던 키케로의 어법을 약간 변조했다.

130) Gaius Flamminius: 기원전 228년 호민관이 되어 갈리아에서 정복한 토지를 평민에게 분배했고(Lex de agro Gallico et Piceno viritim dividendo) 비아 플라미니아(Via Flamminia), 플라미니우스 경기장(Circus Flamminius)을 축조하고 기원전 223년 통령 역임. 기원전 217년 통령으로서 트라수메눔(Trasumenum) 호반에서 한니발에게 패해 전사했다.

131) 묵과하겠다면서 실제로는 언명하는 수사적 기법을 암시적 간과법(praeteritio)이라고 부른다.

132) Tiberi Gracchi tribunatus: 기원전 133년의 호민관. 농지법을 시행해 평민에게 국유지를 분배하는 개혁을 시도하다 참살당했다. 여기서 선량은 기사신분을 지칭하는데, 기사신분은 원래 원로원 의원들과 부유층으로 40만 세스테르티이 이상을 가진 자들이 공유하고 있었는데, 그의 사후 기원전 129년에 법이 제정되어, 원로원 의원이 지니고 있던 공마에 대한 특권을 폐지하고 순수 기사 신분에게만 국한시킨다. 키케로는 이 조치가 국가에 큰 해악을 끼

5년 전만 해도 통령 데키무스 브루투스와 푸블리우스 스키피오(도대체 어떤 인물들이며 얼마나 훌륭한 인물들입니까!)를 호민관 가이우스 쿠리아티우스(모든 사람 중에 천박하고 추하기 이를 데 없는 인간이지요)[133]가 투옥시키고 말았지요. 전대미문의 일이었습니다.[134] 그밖에도 가이우스 그라쿠스의 호민관직은, 자기가 광장에 단검들을 풀어놓았노라고 스스로 말했다지만, 단검으로 시민들 사이에 칼부림이 나게 만들었으니 국가의 모든 체제를 교란한 것이 아닙니까?[135] 사투르니누스, 술피키우스,[136] 루푸스 그밖의 인물들[137]에 대해서는 무슨 말을 하겠습니까? 국가는 그자들을 추방하기 위해서 무기를 들지 않을 수 없었습니다. **21** 제가 왜 우리 일과 최근에 일어난 일을 제쳐두고 묵은 얘기와 남의 얘기만 하겠습니까?[138] 제가 말씀드리거

친 것으로 판단한다(*De republica* 4.2.2).

133) Gaius Curiatius: 기원전 138년의 호민관. 군대가 에스파냐로 징발될 적에 호민관 1인당 10명씩에게 군 면제를 줄 수 있도록 요구했으나 통령들에게 거부당했다. 그의 통령 투옥은 동기가 알려져 있지 않다.

134) 실은 그보다 앞서 기원전 151년에 통령 루쿨루스(Licinius Luculus), 알비누스(Postumius Albinus)가 호민관들에게 체포된 바 있다.

135) Gaius Gracchus: 기원전 123년의 호민관. 농지 개혁(lex agraria Tiberi), 곡물가 조정(lex frumentaria), 사법권 이관(lex iudiciaria) 등의 개혁을 시도하고 라틴인들에게 로마시민권을 부여하려다 귀족파에게 참살당했다.

136) L. Apuleius Saturninus: 기원전 100년의 호민관. 마리우스와 함께 개혁을 시도하다 마리우스의 손에 피살당함. P. Sulpicius Rufus: 기원전 88년의 호민관. 마리우스와 개혁시도. 술라에게 패해 피살당함. 출중한 웅변가로서 *De oratore*에서 화자로 등장했다.

137) 평민파로 기원전 99년의 호민관을 지내며 개혁을 시도하다 사형당한 티티우스(Sextus Titius), 기원전 91년 호민관을 지내며 개혁을 시도하고 이탈리아인들에게 시민권을 추진하다 암살당한 리비우스 드루수스(M. Livius Drusus)를 지칭하는 듯하다.

138) vetera aliena, nostra recentia: 교차배열법(chiasmus)으로 평민파가 득세하던 현 시국을 암시한다.

니와, 저자는 호민관으로서의 칼날을 우리한테 겨누지 않았을 뿐, 저 사람만큼 대담했고 우리 위치를 흔들 생각을 할 만큼 우리에게 적대적이었던 인물이 과연 누굽니까? 악당들에다 망할 놈의 인간들은 저 작자를 평민의 집안에도 귀족의 가문에도 입적시킬 방도를 찾아내지 못하자 국가의 암울한 시기를 틈타 가문들을 뒤섞기로 머리를 짜냈던 것입니다. 그 어떤 호민관도 우리 가문에서 무슨 비리를 찾아내어 포상을 받아낼 수 없었다는 것은 우리에게 탁월하고 불멸의 기억을 남길 만큼 영광스러운 일입니다만, 하필이면 호민관 자격도 없는 작자가 우리에게서 비리를 찾아내려고 덤볐다는 말씀입니다.[139] **22** 그런데다 그자는 얼마나 많은 학살을 저질렀습니까! 사리도 없고 그렇다고 그럴듯하게 기대하는 바도 없이, 그자는 다수 군중의 광기에 선동받아, 불결한 맹수의 광분만이 저지를 수 있는 학살들을 저질렀던 것입니다. 그러므로 저는 이 점에서는 술라를 강력하게 지지합니다. 그는 자기가 제정한 법률로, 부정을 저지르는 권한을 호민관에게서 박탈했고[140] 평민을 보호하는 권한만[141] 남겨놓았습니다. 그런데 우리의 폼페이우스에게 저는 그가 시행한 다른 모든 일에서는 늘 최

---

139) 거명은 않지만 기원전 58년의 호민관 푸블리우스 클로디우스 풀케르(기원전 92~52)를 비난하고 있다. 그는 귀족이어서 평민출신의 호민관 피선 자격이 없었는데도, 17일간의 공고절차를 거쳐야 한다는 규정을 어기고 몇 시간 만에 통과시킨 쿠리아법(lex curiata)을 제정해 나이 어린 스무 살짜리 평민에게 입양(adoptio de arrogatione)되는 절차를 밟아 호민관에 선출되었다. 키케로를 법정에 세워 자진해서 유배를 가게 만든 장본인도 그였다.

140) 술라는 기원전 81년에 호민관의 평민회의 법안 제출권과 상급 정무직 진출권을 박탈하고 원로원에 종속시켰다. "술라가 등장하고 나서 로마시의 연단에서는 드디어 호민관의 음성이 사라졌다(tribucinia voce deserta)"(*Pro Cluentio* 40, 110).

141) 통수권자들에게서 평민의 권익을 보호하는 권한(ius auxilii adversus imperium)을 가리킨다.

고의 찬사를 보내는데, 호민관 권한을 두고 행한 조처에 대해서만은 입을 다물겠습니다.[142] 그를 비난하는 일도 가당치 않겠지만 저는 칭찬할 수가 없습니다.

10

23 마르쿠스: 퀸투스, 자네는 호민관직의 폐해를 명백하게 간파했지만, 무릇 사물을 비판함에 선한 점들은 제외하고 악한 점만 열거하고 폐단들만 선정하는 것은 불공정하네. 왜냐하면 그런 식으로 말하자면 통령직 역시 비난을 받을 수 있지. 내가 일일이 꼽고 싶지는 않지만 통령들의 범법행위도 얼마든지 자네가 수집할 수 있을 것일세. 나도 호민관의 저런 권한에 나쁜 면이 내포되어 있다고 생각하네. 그러나 저 제도에서 시도하는 선(善)은 저런 악이 없이는 달성하지 못할 것이네.[143] "호민관들의 권한이 너무 비대하다!" 누가 아니라고 하겠는가? 그런데 인민의 폭력은 훨씬 격렬하고 난폭해서 우두머리가 없을 때보다도 누군가 우두머리가 있을 적에 한결 온건해지는 법일세. 우두머리라는 것은 자기가 일신의 위험을 무릅쓰고 있다는 생각은 한다고.[144] 그런데 인민의 광포한 충동은 인민 자신에게 돌아올 위험을 고려하지 않는단 말일세. **24** "그렇지만 인민이 호민관한테서 선동을 받는 수가 많다!" 또 그만큼 호민관한테서 무마되는 수도 많다네. 호민관들의 집단이 하도 가망이 없어서 열 사람 가운데 한 명도 온전한 정신이 아닌 그런 사태가 가능하겠는가? 티베리우스 그라쿠스 본인을 파멸시킨 사람은 거부권을 행사하다 무시만 당했을 뿐

---

142) 기원전 70년 그는 술라가 폐지한, 호민관의 종래의 권한을 모두 복원시켰다.
143) 키케로의 정치적 현실주의 안목을 드러내는 구절로 꼽힌다.
144) "지도자는 폭력 사태를 유발시키면서도 자기가 무슨 위험을 무릅쓰고 있는지 알고서 한다"는 뜻.

아니라 아예 정무직에서 제거당한 인물이었지. 그러니까 그를 몰락시킨 것은 거부권을 행사하는 동료에게서[145] 권한을 박탈한 바로 그 조처가 아니고 무엇인가?[146] 그러니 자네는 여기서 조상들의 지혜를 보도록 하게나. 원로원 의원들이 평민에게 저런 권한을 허용하자 평민들은 무기를 내려놓았고 봉기는 수습되었으며 자제력이 생겼고, 그것으로 아랫사람들이 자기들도 지도자들과 평등하다고 생각하게 되었다네. 바로 그 조처 하나에 국가의 안녕이 달려 있었네. "그렇지만 저 그라쿠스 형제가 있었다!" 그 사람들 말고도 자네는 불순한 인사들을 얼마든지 꼽을 수 있겠지만, 호민관으로 열 명씩 선출된다면 원로원에 해를 끼치는 호민관 몇 명쯤은 어느 시대에도 자네가 찾아낼 걸세. 경솔하고 선량하지 못한 호민관들은 아마 더 많을 테지. 하지만 호민관직 덕분에 최고 계층은 증오를 사지 않고 평민들은 자신들의 권리에 대해 위험한 시비를 전혀 만들어내지 않았네. **25** 그러니 국왕들을 추방하지 말았어야 하거나, 그렇지 않으면 평민들에게 명목상으로만 그치지 않고 실제로 자유가 부여되었어야 하네. 그러한 자유를 부여하기는 했는데 아주 훌륭한 제도의 인솔을 받도록, 제일시민들의 권위에 양보하도록 평민들을 유인하면서 자유를 부여한 셈일세.

---

145) 호민관의 가장 중요한 권한은 거부권(veto, ius intercessionis)이었으며, 열명의 호민관단에서 한 명만 거부권을 행해도 평민 의결은 무산되었다.

146) 호민관 Marcus Octavius Cecina(키케로의 극찬을 받는다: *Brutus* 95)가 그라쿠스의 법률안에 거부권을 행사하자 티베리우스 그라쿠스는 그의 발언권을 박탈하고 평민회의 투표를 거쳐 호민관단에서 축출해버렸다(Plutarchus, *Ti. Gracchus*, 10~13).

11

참으로 선량하고 다정한 아우님, 호민관 권력과 충돌한 우리의 사건은 호민관직 자체와는 아무런 시비가 없었네.[147] 평민이 선동을 받아서 우리의 사건을 방해한 것도 아니었네. 그렇더라도 감옥이 열렸고 노예들이 선동을 받았으며[148] 군대의 위협까지 보태졌네.[149] 그렇지만 우리는 그 염병할 놈과 싸움을 하고 있었던 것이 아니고 공화국의 심각한 시국과 겨루고 있었지. 그 시국 때문에 내가 한 걸음 물러서지 않았더라면 조국은 내가 베푼 혜택의 열매를 오랫동안 보존하지 못했을 테지.[150] 여하튼 사건의 결말은 다음과 같았지. 자유민뿐만 아니라 자유를 누릴 자격이 있다면 노예라고 할지라도 우리의 안전을 소중하게 여겨주지 않은 사람이 누구이던가? **26** 저 사건은 비록 국가의 안녕을 위해 우리가 감행한 바였지만, 그 결과가[151] 모든 사람들에게 반가울 리는 없었겠지. 비록 노호하는 군중의 타오르는 시기심이 우리를 유배지로 내쫓았다 하더라도, 그리고 그라쿠스

---

147) 키케로는 호민관직(tribunatus) 자체와 호민관의 권한행사(tribunicia potestas)를 구분하자고 제안한다.

148) vincula soluta sunt et servitia concitata: 클로디우스가 기원전 58년에 양곡 배급으로 평민들의 표심을 얻었고, 해방노예들로 짜인("노예의 사슬을 풀어주고 노예들을 선동했다") 폭도들을 민회에 배치해 공포분위기를 만들었다는 지적이다.

149) adiuncto terrore etiam militari: 카이사르의 군대가 로마에 육박하는 중이었고, 카이사르가 키케로에게 호감을 보이지 않는 것처럼 인민이 믿게 만들었다는 것이 키케로의 해석이었다(*Pro reditu domi* 13).

150) beneficii mei fructum: 카틸리나의 음모를 분쇄한 자기의 공적을 암시한다. 호민관 클로디우스의 자기에 대한 공격도 카틸리나를 제거한 데 대한 반발이었다고 해석한다.

151) is casus rerum: "중요하고 역사에 남을 사건은 먼저 계획(consilia)하고 그 다음 시행(actio)하고 마지막으로 결과(eventus=casus)를 기다리는 법이다"(*De oratore* 2.15.63).

가 라이나스에게 했고[152] 사투르니누스가 메텔루스에게 했듯이[153] 호민관 세력이 인민을 선동해 나에게 궐기하게 만들었을지라도, 퀸투스, 우리는 견뎌냈을 것일세. 또 우리를 위로해줄 사람들은 아테네에 있던 철학자들(그들은 그렇게 해야 할 본분이 있지)만이 아니었을 테고 아테네라는 저 도성에서 추방당한 유명 인사들도 우리를 위로해주었을 것이네.[154] 그들은 사악한 국가에 남아 있느니 배은망덕하는 국가라면 자기들한테 그런 나라가 차라리 그곳에 없는 편이 나았던 것일세. 자네는 폼페이우스를 두고 이 한 가지만은 크게 쳐주지 않은가 본데, 내 보기에 이 한 가지를 제대로 주의해 보지 않은 듯하네. 그가 무엇을 최선이라고 보아야 했느냐만 중요한 것이 아니라 무엇이 필요하다고 보아야 했느냐도 중요한 점일세.[155] 그는 호민관이라는 권한이 이 국가에는 없을 수 없음을 간파했던 것이지. 우리 인민이 호민관직의 유용성을 아직 모르면서도 그토록 간절히 희구했다면, 유용성을 알게 된 마당에 그것 없이 살 수 있겠는가? 단지 해로울 것도 없고 저항할 길도 없는 인기 있는 사안을 해롭게도 인기 있는 시민에게[156] 맡겨두지 않는 일은 지혜로운 시민의 몫이었네. 아우

---

152) P. Popilius Laenas: 기원전 132년 통령. 티베리우스 그라쿠스 피살 후 원로원의 지원 아래 그라쿠스 지지 세력을 학살했다. 기원전 123년에 가이우스 그라쿠스에게 유배당했다가 그가 암살된 후 귀환했다.

153) Metellus Numidicus: 기원전 109년 통령. 기원전 100년에 호민관 사투르니우스가 갈리아 점령지를 평민들과 마리우스의 군인들에게 배분할 적에 유배를 감수하면서도 동의하지 않았다. 얼마 후 귀환했다.

154) 조국을 위기에서 구하고도 아테네에서 추방당한 정치가 아리스티데스(Aristides), 테미스토클레스(Themistocles), 키몬(Cimon) 등을 가리킨다(De republica 1.3.5).

155) non solum ei, quid otimum······ sed etiam quid necessarium: 경험 많은 키케로의 정치현실주의를 잘 드러낸다.

156) nec perniciosam et ita popularem······ civi perniciose populari: 자기가 유배

님, 자네는 이런 종류의 연설에서는 다른 주제로 넘어가라는 뜻에서 늘상 "좋습니다"라든지 "정말 그렇습니다"라고 대꾸한다는 것을 알고 있네.[157]

퀸투스: 저는 형님 말씀에 동조가 안 되는데요. 하지만 형님이 다른 주제로 이어가셨으면 합니다.

마르쿠스: 자네는 고집도 센데다가 자네의 묵은 생각을 고수하려고 하는구먼.

아티쿠스: 나도 퀸투스와 생각이 다르지 않다네. 그러나 나머지 얘기도 마저 들어보고 싶네.

12

27 마르쿠스: 그다음 모든 정무직에는 조점권과 재판권이 주어지네. 재판권은 인민의 권한으로서 존재하는 것이며 따라서 재판에서는 인민에게 상소할 수 있네. 조점권은 무익하면서도 그럴듯한 사유를 내세워 다수의 인민회가 연기되는 것을 저지하기 위함이지. 불사의 신들은 복점(卜占)을 통해서 인민의 불법적인 충동 행위를 억눌러왔던 것일세.

정무직을 맡았던 사람들로 원로원이 구성되므로,[158] 인민의 승인을 거치지 않고는 아무도 원로원이라는 최고위치에 도달할 수 없다는 것도 상당히 민주적일세.[159] 이 법률에 따르면 호구조사관에 의한

를 당한 것은 대권(大權)이라는 '국가적 사안'(causa popularis)을 '인기에만 영합하는 시민' 또는 '평민파'(civis popularis) 카이사르에게 넘어가게 버려둘 수 없었기 때문이라는 수사법이다.

157) admodum; prorsus ita est: 자기 말을 중단시켜달라는 간접적인 부탁이다.

158) 법조문: "원로원은 전직 관료들로 구성될지어다."

159) 정무직은 인민이 선출하고 원로원은 정무직 전임자들로 구성되므로 원로원 역시 민주적으로 선출된 셈이다.

보충지명은 폐지되네.[160] 그러나 너무 민주적이라는 폐해가 있어 그에 대한 보완이 머잖아 나오네. 왜냐하면 우리가 제안하는 법률로서 원로원의 권위가 강화되기 때문일세. **28** 이어서 "원로원의 결의는 법적인 효력을 발생할지어다"라고 하고 있거든. 사정이 만약 그렇다면, 즉 원로원이 공공 정책의 주체가 되고 원로원이 제정한 바를 모든 이들이 준수한다면, 또 만일 그밖의 계층들이 제일시민 신분의 정책에 의해서 국가가 통치되기를 바란다면, 권력은 인민에게 있고 권위는 원로원에 있어야 한다는[161] 권력 분배에 의거해, 국가의 체제가 온건하고 화목하게 유지되는 일이 가능할 것이네. 더구나 곧 이어 나오는 법률에 복종하기로 한다면 말일세. 바로 다음에는 이렇게 나오네. "저 원로원 의원 계층은 결함이 없어야 하며 다른 이들에게 귀감이 될지어다."

퀸투스: 형님, 그 법률이야말로 분명하네요. 그러나 원로원 계층에 결함이 없으려면 그 법률이 널리 미쳐야 하고 또한 법률을 해석하는 호구조사관을 필요로 하게 됩니다.

29 아티쿠스: 저 계층이 전적으로 자네 편이고 자네의 통령직에 대해서 무척 고마운 기억을 간직하고 있다고 하더라도, 자네의 양해를 받고 하는 말이네만, 자칫하면 호구조사관들만 고생시키는 것이 아니라 재판관들도 모두 고생시킬 수 있겠구먼.[162]

---

160) sublata cooptatione: 전직 정무직자들로 숫자가 채워지지 않으면 감찰관이 일반시민 가운데서 보궐 지명(cooptatio)을 해서 명단을 만들었다(앞의 각주 69) 참조).

161) potestas in populo, auctoritas in senatu: 이론상 원로원은 입법이나 행정상의 실권보다도 국사에 대한 최고 자문(諮問, senatus consultum) 기관이었으며 그 원로원의 의결 등을 auctoritas(권위)라는 용어로 표현했다.

162) 현실 정치상황을 이렇게 간추린 사가도 있다: "광장에는 평화란 도무지 없고 원로원에는 합의라는 것이 도무지 없고 윗사람에 대한 존경도 도무지

13

마르쿠스: 아티쿠스, 그 얘기는 그만하게. 내가 하는 이 얘기는 지금의 원로원에 관해서도 아니고 지금 살아 있는 사람들에 관해서도 아니며 장래의 원로원과 사람들에 관해서일세. 그들이 만일 이 법률에 복종한다면 말일세. 법률이 일체의 결함이 없어야 한다고 명하는 이상, 누구든 결함이 있는 사람은 저 계층에 들어갈 수 없어야 한다는 것이지. 그것은 모종의 교육에 의해서, 또 모종의 학문에 의해서가 아니면 현실적으로 어렵네. 이에 관해서는 그럴 만한 기회나 시간이 있다면 아마도 우리가 뭔가를 이야기하게 될 테지.[163]

30　아티쿠스: 그럴 기회야 없지는 않겠지. 자네는 법률의 순서를 조절해 가면서 얘기하는 중이니까. 시간으로 말하자면 오늘 하루 종일이 있네. 자네가 뭔가를 건너뛸 양이면 교육에 관한 주제와 학문에 관한 주제를 얘기해달라고 자네한테 내가 다시 요구하겠네.

마르쿠스: 아티쿠스, 정말 자네가 그렇게 해주어야 하네. 만약 내가 다른 주제를 빠뜨리고 넘어가더라도 그렇게 해주게. "다른 이들에게 귀감이 될지어다." 우리가 이 말을 지킨다면 모든 것을 지키는 셈이네. 제일시민들의 욕심과 악덕으로 국가 전체가 영향을 받기 때문에 절제(節制)에 의해서 그것들이 고쳐지고 바로잡혀야 하지. 위대한 인물이며 우리 모두에게 가까운 루키우스 루쿨루스는 투스쿨룸 별장의 호화로움을 두고 시비를 당했을 적에 아주 재치있게 대꾸했다고 전해오네.[164] 자기한테는 이웃이 둘 있는데 윗집에는 로마 기사(騎

없고 정무직들의 한도도 도무지 없었다"(nulla in foro pax, nulla in senatu concordia, nulla superiorum reverentia, nullus magistratuum modus: Tacitus, *Dialogus de oratioribus* 40).

163) 키케로의 *De officiis*『의무론』은 바로 이런 주제를 다룬 책자다.

164) Lucius Luculus Ponticus: 기원전 74년 통령으로 폰투스의 미트리다테스

士)가 살고 아랫집에는 해방노예가 살고 있다고. 그들의 별장들도 자기 것에 못지않게 호화로운 만큼, 자기보다 낮은 계층의 인사들에게 허용된 바라면 자기한테도 허용되어야 마땅하다고 대꾸했다는 것이네. 루쿨루스, 그대는 알지 못하는가? 저 사람들이 욕심내는 바가 그대한테서 발생했고 그대가 하지 않았더라면 저 사람들에게도 허용되지 않았으리라는 것을?[165] **31** 사람들의 별장이 조각과 화폭으로 가득 차 있다면, 더구나 일부는 한때 공공장소에 있던 작품들이고 일부는 종교적이고 성스러운 작품이라면, 그것을 목도하는 사람치고 누가 그런 사람들을 보아주겠는가? 탐욕에 제동을 걸어주어야 할 장본인들이 바로 그 탐욕에 사로잡힌다면, 누구인들 그자들의 탐욕에 제동을 걸어주려고 나서지 않겠는가?

14

비록 그 자체로는 대단히 큰 악이라고 하더라도, 제일시민들이 죄를 짓는 그것이 그렇게 큰 악은 아닐세. 다수 인간들이 지도자들을 본뜨려고 나서는 그것에 비한다면 말일세. 자네가 시대의 역사를 상기해보고 싶다면, 국가의 최고 인사들이 어떤 사람들이었느냐에 따라 국가 또한 그런 나라였음을 유의해두어야 하네.[166] 지도자들에게서 습속의 변경이 있다면 똑같은 일이 당장 인민사이에서도 뒤따라

(Mithridates)를 토벌하러 나선 바 있다. 그의 별장 호르티 루쿨리아니(Horti Luculliani)는 키케로의 글에 자주 나온다(*De officiis* 1.39.140; *De finibus bonorum et malorum* 2.33.107).

165) "자네가 누리는 향락을 자기들도 누리고 싶다는 욕심을 불러일으킨 것은 자네이고, 자네가 그런 본보기를 보이지 않았더라면 그들한테도 그런 향락이 허용되지 않았을 테지."라는 지적이다.

166) qualescumque summi civitatis viri fuerunt, talem civitatem fuisse: 키케로의 명언으로 플라톤(*Leges* 711)에게서 유래한다.

오네. **32** 이것은 우리네 플라톤이 즐겨 하던 말이요, 생각보다 덜 진솔한 말이 아니네. 그는 음악의 가락이 변하면 국가의 사태가 변한다고 말했네.[167] 나는 귀족들의 생활과 의식(衣食)이 변하면 국가의 습속이 달라진다고 생각하네. 국가에서 악덕에 빠진 제일시민들보다 더 해로운 것이 무엇이겠는가? 제일시민들 스스로 악덕을 잉태할 뿐만 아니라 국가에 그것을 주입시키며, 그들이 스스로 부패했다는 점에서 그 해로움이 그치지 않고, 그들이 부패시킨다는 점에서도 그들은 해로우며, 그래서 죄악 자체보다도 본보기 때문에 그들은 더 해를 끼친다네.[168] 따라서 이 법률은 모든 계층에 반포된 것이기는 하지만 범위를 좁힐 수도 있겠네. 그러니까 소수가, 영예와 영광으로 뛰어난 소수가 국가의 습속을 부패시킬 수도 있고 광정(匡正)할 수도 있지. 그러나 이 얘기는 당장은 이 정도로 충분하겠네. 또 『국가론』이라는 저 책에서 면밀하게 다루어졌지.[169] 그러니 남은 얘기로 건너가세.

15

33 곧 이어 투표에 관한 얘기가 나오지. 나는 **투표가 최선량들에게는 공시(公示)되어야 하고 인민에게는 자유로워야 한다**고 규정하는 바이네.[170]

아티쿠스: 나도 상당히 주의를 기울여 들었네만 이 법률과 그 용어가 무엇을 의미하는지 제대로 알아듣지 못했네.

---

167) cf., Plato, *Respublica* 424c(이 책 2.15.38~39 참조).

168) plusque exemplo quam peccato nocent: 정치지도자상에 대한 명언으로 꼽힌다.

169) 키케로의 『국가론』 4권과 5권의 단편들에 이 사상이 나타난다.

170) 법조문: "정무직의 선출, 인민의 판결, 양자의 명령과 금령을 표결에 회부할 때는 귀족들에게 [의안을] 통보할 것이며 평민들에게 투표의 자유를 부여할지어다."

마르쿠스: 티투스, 내가 자네한테 말해주겠네. 어려운 점을 밝히고, 많이 또 자주 토론에 오른 문제점을 다루겠네. 정무직의 선출이나 피고의 재판에 관해서 법률이나 법안을 통과시키려 할 때,[171] 비밀투표가 좋으냐 공개투표가 좋으냐가 그 문제네.

퀸투스: 그점에도 의심이 갑니까? 다시 형님과 이견이 생길까 걱정스럽네요.

마르쿠스: 아우님, 그렇지는 않을 걸세. 왜냐하면 내가 견지하는 주장은, 내가 알기로 자네가 투표에서는 구두(口頭)로 하는 것보다 더 좋을 것이 없다고 항상 견지하던 주장 그대로이기 때문이지. 다만 우리의 주장이 그대로 관철될 수 있느냐에 대해서는 살펴봐야만 하네.[172]

34　퀸투스: 그렇지만 형님, 형님의 양해를 얻고 말씀드리겠습니다만, 형님이 말씀하시는 그런 논조는 경험이 없는 사람들을 크게 기만하는데다가 국가에 폐해를 끼친 적이 아주 많았습니다. 무엇이 참되고 바르다고 말은 하면서도 그것이 관철될 수 있음은 부인하는 까닭이죠. 인민들의 저항을 일으킬 수 있다는 핑계로 말입니다.[173] 무엇이든 강경하게 시행을 하자면 일단 저항을 받게 마련입니다. 그러고 나서는 선한 명분을 내세워 폭력으로 제압하는 편이 낫습니다, 악한 명

---

171) sciscendaque in lege aut rogatione: 법안을 내놓고 표결 통과를 얻어내는 행위(legem ferre)와 의회 등에 법률을 제정해달라고 요청하는 행위(legem rogare)가 구분되지만 rogatio 역시 법적 절차를 거치고 나면 법률이 된다 (rogatio est genus legis: Festus).

172) 사본에 따라서는 obtineri ne ea non possint videndum est로 되어 있어 "그대로 관철하는 일이 가능하지 못하지 않은지 살펴봐야만 하네"라는 이중부정문으로 번역된다.

173) obsisti posse populo: 여격(populo)을 지배하는 동사의 수동태이므로 "인민에게 저항을 야기하다"는 의미를 띤다.

분에 물러서는 것보다는 말입니다. 투표법이 최선량들의 권위를 일체 박탈해가고 말았다는 것을 절감하지 않을 사람이 누구겠습니까? 인민들이 자유로울 때는 이런 투표법을 결코 바란 적이 없습니다. 똑같은 인민이 지도자들의 압제적인 권력에 눌리다보니[174] 분기했던 것입니다. 그래서 권력이 막강한 인사들에 관해 좀더 엄중한 판결이 내려진 경우를 보면 투표판에 의한 비밀투표보다는 구두로 하는 공개투표였지요. 그러므로 좋지 않은 사안에 대해 무작정 투표에 회부하려는 세도가들의 야욕을 박탈해야 합니다. 인민에게 비밀투표라는 은신처를 제공해서는 안 됩니다. 그런 여지가 마련되면 선량들이 누가 무엇을 어떻게 생각하는지 알지도 못하는 사이에 투표판이 사실상 부정한 투표를 은폐하는 결과를 빚습니다. 그래서 선량들[175] 가운데서는 저 따위 투표법의 발의자나 제정자는 아무도 나오지 않았습니다.[176]

16

35   비밀투표법은 넷이나 되고 그중의 첫 번째 것은 정무직의 선발에 관한 것입니다.[177] 그것이 가비니우스법[178]인데, 출신이 비천하고

---

174) idem oppressus dominatu ac potentia: '압제적인 권력'을 가리키는 중언법이다.

175) boni: 키케로는 로마의 핵심수구세력을 이루는 귀족을 가리키고(*Pro Sextio* 45.96), 살루스티우스는 카이사르처럼 개혁을 추진하는 민주세력을 가리키는 용어로 썼다.

176) neque lator quisquam est inventus nec auctor umquam bonus: 입법절차에서 법안을 제출하는 정무직(legis-lator), 민회에 입법을 청원하는 청원자(rogator), 원로원에서 법령을 가결하는 자(auctor)가 구분되었다(앞의 각주 172) 참조).

177) 이하에 가비니우스법, 카시우스법, 카르보법, 코일리우스법 등이 차례로 설명된다.

저속한 인물에 의해서 공포된 법이지요. 2년 뒤에 카시우스법[179]이 나왔는데 인민의 재판에 관한 것으로, (그의 가문을 변명해 말씀드리자면) 지체 높은 인물 루키우스 카시우스가 공포했지만, 그는 선량들과 등을 지고 있었고 온갖 그럴듯한 감언이설로 민주적 명분을 얻어내려던 사람이었습니다. 그다음 세 번째는 법률의 채택과 거부에 관한 카르보의 법[180]인데, 그는 선동적이고 부정한 시민으로서 결국 선량들 편으로 복귀했지만 선량들에게서 신변의 안전을 얻지는 못했지요. **36** 그렇지만 유일한 분야에 구두 투표를 존속시켰는데, 카시우스 본인이 반역죄에 관한 재판은 비밀투표로부터 예외로 남겨두었던 것입니다. 그런데 가이우스 코일리우스[181]는 이 분야마저 투표판에 의한 비밀투표를 적용했는데, 가이우스 포필리우스[182]를 제압하려는 의도에서 반역죄에까지 비밀투표를 도입함으로써 자기가 국가에 해를 끼쳤다는 생각으로 평생 동안 괴로워했습니다. 우리 조부(祖父)께서도 이 자치도시(自治都市)에 투표법을 적용하려는 마르쿠스 그라티디우스에게 각별한 용기를 갖고 평생 동안 저항하셨지

---

178) Lex Gabinia: 기원전 139년 호민관 가비니우스(조부가 해방노예였다)가 상정한 법으로 더 이상 선거인의 호명에 의한 찬반표시가 아니라 목판의 투표(in cistam)를 행해 세도있는 입후보자들의 보복이나 조작을 차단했다.
179) Lex Cassia: 기원전 137년 호민관 카시우스(Lucius Cassius Longinus)가 반역죄 외의 모든 범죄에 대한 상소의 경우 비밀투표를 행하게 입법했다.
180) Lex Carbonis de iubendis legibus ac vetandis: 기원전 131년의 호민관(기원전 120년 통령)으로 법률의 찬반에도 비밀투표를 도입했다.
181) Lex Coelia: 기원전 107년의 호민관 코일리우스(G. Coelius Caldus)가 반역죄에 대한 판결 투표에도 비밀투표를 확대함.
182) G. Popilius: 코일리우스의 투표법은 기원전 107년 통령 카시우스의 부관(legatus) 포필리우스가 스위스에서 패하고 치욕적인 협정을 맺은 데 대해 반역죄로 기소하는 데 활용코자 한 조처였다는 해석. 당사자는 자진해서 유배를 택함으로써 불명예스러운 투표를 면했다.

요.[183] 조부께서는 그라티디우스의 누이를 우리 조모(祖母)로 맞아 혼인했지요. 그의 아들 마리우스가 에게 해에서 파도를 일으켰듯이, 그라티디우스는 저런 시도로 사람들 말마따나 찻잔 속의 태풍을 일으켰다고 합니다.[184] 이런 사안이 자기한테 알려지자 통령 마르쿠스 스카우루스[185]는 우리 조부님께 이런 말을 했다고 합니다. "원컨대 마르쿠스 키케로가 자치도시에서보다는 우리와 더불어 국가 전체를 두고[186] 그러한 정신과 용기를 쏟는다면 더 좋았으련만!" **37** 그러므로 우리는 지금 로마 인민의 법률들을 재검토하고 있는 것이 아니고 폐지된 법률들을 상기하고 새로운 법률들을 기록에 올리는 중이므로, 형님으로서는 이러한 인민과 더불어 과연 무엇을 성취할 수 있는지를 이야기하실 것이 아니라 무엇이 최선인지를 말씀하셔야 한다고 봅니다. 형님이 존경하는 스키피오도 카시우스 법률의 과오에 대해서 책임이 있는데, 스키피오의 주도 아래 발의되었다는 까닭입니다.[187] 형님이 만일 투표법을 상정한다면 형님이 그 법을 책임지실 것입니다. 저는 그 법이 마음에 들지 않을뿐더러, 얼굴 표정으로 보

---

183) 마르쿠스 그라티디우스(Marcus Gratidius)는 기원전 109년 호민관을 지냈으며 그의 아들 하나가 마리우스 집안에 입양되어 마리우스 그라티디아누스(M. Marius Gratidianus)라는 이름을 얻었다.

184) 마리우스 그라티디아누스가 기원전 85년에 법무관으로서 국정(in Aegaeo mari)에 깊이 간여한 바 있다면 그의 부친은 자치시 아르피눔에 비밀투표법을 도입하려는 '찻잔 속의 태풍'을 일으켰다가 키케로의 조부(마르쿠스 툴리우스 키케로Marcus Tullius Cicero)의 저지를 받았다는 설명.

185) M. Aemilius Scaurus: 기원전 115년 통령. 기원전 100년에는 수구적 원로원을 이끌고 사투르니우스의 급진적 개혁을 저지해 후일 키케로의 대단한 존경을 샀다.

186) in summa re publica: "최고의 국사(國事)를 두고"라는 번역도 가능하다.

187) quo auctore lata esse: "그의 주도 아래, 지원 아래 법률이 통과되었다"는 번역도 나온다.

아서 짐작컨대, 우리네 아티쿠스 님도 마음에 들지 않을 것입니다.

17

아티쿠스: 나는 민주적 제도라는 것이 조금도 마음에 들지 않았다네. 나는 이 사람이 통령으로서 확립한 그대로, 곧 최선량들의 권하에 있는 국가가 최선의 국가라고 말하겠네.[188]

38　마르쿠스: 내가 보기에 자네들은 내가 제안한 법률에 대해서 투표판을 쓰지 않고 노골적으로 반대표를 던진 셈이네.[189] 비록 스키피오가 『국가론』이라는 저 책에서 충분히 발언했지만,[190] 나로서는 선량들이 권위를 발휘하고 행사하는 한에서 투표의 자유를 인민에게 부여하려는 것이네. 그래서 투표에 관해 내가 제안한 법률은 이렇게 되어 있지. "최선량들에게 통보할 것이며 평민들에게 투표의 자유를 부여할지어다." 이 법은 다음과 같은 취지를 담고 있다네. 후대에 통과된 모든 법률들을 폐지한다는 취지일세. 아무도 투표판을 들여다보아서는 안 되고 찬성이나 반대를 하도록 탄원해서도 안 되고 호소해서도 안 된다는 식으로[191] 갖가지 명분을 내세워 투표를 비밀리에 은폐하는 모든 법률들 말일세. **39**　마리우스법[192]도 투표소로 건너가는 가교(架橋)를 더 좁게 만들었지. 이런 것들로 환심을 사려는 사람들(그

---

188) rem publicam quae sit in potestate optimorum: 아티쿠스의 입을 빌려 키케로의 정치적 견해를 토로하는 것으로 평가된다.

189) legem antiquastis sine tabella("공개 투표로 나의 법안에 반대했다"): 전문 용어들로 엮인 재치 있는 문장이다.

190) *De republica* 4.8.8.

191) ne roget, ne appellet: 전문 법률용어들이 사용되고 있다. uti rogas "원안대로 찬성[U.A.]"; "consul populum iure rogavit, populusque iure scivit (통령은 규정대로 법안을 인민의 의결에 회부했고 인민은 규정대로 가결했음)!"

192) Lex Maria: 마리우스가 기원전 119년 호민관으로서 투표장의 가교를 한 사람만 지나가게 만들어 타인의 간섭을 차단했다. 위의 각주 97) 참조.

런 사람들은 거의 언제나 있게 마련이네)이 투표자에게 접근하는 것을 방지한다면, 이런 법도 나는 굳이 규탄하지 않겠네. 그렇지만 법률이란 것이 관직에 대한 야심[193]이 아주 없어질 정도로, 자유를 과시하는 뜻에서 인민이 투표판을 지니게 만들 정도로 효력을 내지 못할 바에야[194] 차라리 가장 선량한 시민이나 가장 비중 있는 시민에게 투표판을 보여주는 편이 좋을 것이고, 아니면 그런 인물에게 아예 투표판을 건네주도록 해야 할 것이네. 그렇게 함으로써 인민에게 권한이 부여되는 것은 어디까지나 그 권한을 당당하게 선량들에게 양보한다는 뜻에서일세.[195] 인민에게 자유라는 것이 주어지는 것도 같은 뜻일세. 그렇게 된다면, 퀸투스, 자네가 조금 전에 한 말, 즉 비밀투표를 하는 투표판은 구두 투표가 유죄판결을 내렸던 것보다는 더 적은 수의 인사들을 유죄판결하리라고 한 말이 드디어 이루어지는 것이네. 인민에게는 투표권이 허용되는 것만으로도 충분한 까닭일세. 그것만 획득되고 나면 인민의 나머지 의사는 선량들의 권위(權威)와 은사(恩賜)에 내맡겨지는 법일세. 그러므로 은전(恩典)에 의해서 부패된 투표들을 빼놓고 말하자면, 만약에 투표판의 매수가 수그러든다면야, 투표에 임해서 사람들은 가장 선량한 인물들이 그 사안을 두고 어떻게 생각하느냐를 탐색하게 마련이네. 바로 그래서 우리 법률에 따르면 명분상의 자유가 부여되고, 선량들의 권위가 유지되며, 분규의 사유는 제거되네.

---

193) ambitus: 앞의 각주 93) 참조. 관직(cursus honorum)을 희망하는 정치적 야심이지만 투표에서 '유권자의 환심을 사려는 사람'(ambitiosus)을 가리키기도 했다.

194) 의역하면 "인민은 자유를 과시하는 뜻에서 투표판을 갖고 있지만, 표를 매수하려는 시도를 아예 차단하는 효력을 법률이 못 낸다면."

195) in quo populo potestas honeste bonis gratificandi datur: "선량들을 흡족하게 해주는 뜻에서 권력이 인민에게 부여된다는 뜻일세."

18

40   그다음에는 인민회를 사회하는 권한과 원로원 회의를 사회하는 권
한이 누구에게 있느냐는 법조문이 따라 나오네.[196] 그러고는 중요한,
내 생각에는 명료한 법문이 나오지. "인민회에 회부하거나 원로들의 회
의에 제의(提議)하는 안건들은 절도가 있을지어다." 다시 말해서 온건하
고 평화로워야 한다는 말이지. 제안자는 자기가 의안을 내놓는 상대
방 사람들의 지성과 의지뿐만 아니라 얼굴표정까지도 조종하고 정
형화하게 마련이네. 만약……[197] 원로원에서라면 어렵지 않지. 원로
원 의원이라면 자기 지성이 제안자의 말을 따라가는 것이 아니고 자
기 나름대로 숙고하고 싶어하는 사람이니까 말일세. 여기에는 세 가
지 법령이 있네.[198] 먼저, 회의에 출석하라는 것인데 회기에 출석자
가 많을수록 사안이 큰 비중을 갖기 때문이고, 그다음은 자기 차례
에, 즉 발언을 요구받고 나서 발언하라는 것이고, 마지막으로 절도
있게 발언하라는 것이니 한정 없이 발언하지 말라는 것일세. 왜냐하
면 문장 표현에서 간결함은 원로원 의원뿐만 아니고 웅변가에게도
크나큰 찬사에 해당하기 때문일세. 장황한 연설을 구사하는 일이 결
코 없어야 하네(이것은 거의 야망에서 비롯하지[199]). 원로원이 잘못을
저지르거나 그 어느 정무관도 이를 만류하려고 도움을 주지 않을 때

---

196) 법조문: "인민회와 원로들의 회의를 소집해 안건을 회부하는 권한은 통령, 법무
    관, 인민사령관과 기병대장, 그리고 원로원 의원들이 통령을 선출하기 위해 지명
    한 인물에게 있을지어다."

197) 뒷문장이 정반대의 뜻으로 전개됨으로 보아 상당한 분량이 탈락되어 있었
    다. Zetzel, Keyes: Quod si…… in senatu non difficile/Costa: Quod est in
    senatu non difficile/Appuhn: Quod in senatu non difficile est.

198) 법조문: "원로원 회의에 출석하지 않은 원로원 의원은 사유를 제출하든지 견책
    을 당하든지 할지어다. 원로원 의원은 자기 차례에 또 절도 있게 발언할지어다."

199) quod fit ambitione saepissime: 문장의 위치가 치글러 외에는 모두 "원로원
    이 잘못을 저지르거나" 다음에 온다.

아예 하루를 온통 허비해버리는 편이 유익하거나, 사안이 하도 중대해 사람들을 설득하든지 설명하든지 간에 연사의 기나긴 발언이 필요한 경우가 아닌 한. 이 두 가지 방면에 서 우리네 친구 카토야말로 대단한 인물이지.[200] **41** 이에 덧붙여 "그는 인민의 사안들을 파악하고 있을지어다"라는 법문이 나오지. 원로원 의원은 국사(國事)를 알 필요가 있네.[201] 이것은 범위가 아주 넓네. 군대를 얼마나 갖고 있으며, 국고(國庫)는 얼마나 건실하며, 국가는 누구를 동맹으로 두고 있으며, 국가의 우방은 누구이고 속국은 누구이며, 각각의 국가를 상대로 무슨 법률, 협정, 조약을 체결하고 있는지[202] 알고 있어야 하며, 또한 의결(議決)의 절차에도 정통하고 조상들의 관례(慣例)도 익히 알고 있어야 하네. 자네들은 이런 유형의 지식과 연구와 기록이 어떤 것인지 알고 있으며, 이런 것들을 갖추고 있지 않다면 절대로 준비된 원로원 의원이 되지 못하네.

42 그다음 인민회에서의 의사절차(議事節次)가 나오는데, 그중 첫째가는 가장 중대한 것은 "폭력이 있어서는 안 될지어다"라는 조항이네. 공화국이 성립되고 편성되어 있는 마당에 어떤 문제를 폭력으로 해결하는 것보다 국가에 더 파멸적인 것이 없고, 정의와 법률에 그토록

---

200) Cato minor(기원전 95~46)는 트레보니우스(G. Trebonius)가 속주들을 통령 관할로 분할하자는 법안을 제출했을 적에 무려 두 시간이 넘는 연설로 의사진행을 방해했고(Plutrachus, *Cato* 9) 키케로도 "그는 로물루스의 패거리 속에 와 있는 것이 아니라 마치 플라톤의 국가에 와 있듯이 연설했다"(*Ad Atticum* 2,1,8)고 그의 장광설을 비난했다.

201) nosse rem publicam: res publica는 '국가' '공화국', '공화정', '공공 재산', '국사(國事)' 등으로 번역된다.

202) '법률'(lex)은 특정 국가나 민족을 상대로 정무직에 의한 발의로 폐기할 수 없고 영구적인 구속력을 갖고 제정된 경우이며, '협정'(condicio)은 단순히 당사자 간의 합의로 체결된 것이며, '조약'(foedus)은 국가 사이에 성대한 의식과 기간이 명기되어 체결된 경우였다.

상반되고 그보다 비문명적이고 비인간적인 것은 아무것도 없네. 거부권을 행사하는 자에게는 복종하라고 명하며 사실 우리 법제(法制)에서 이보다 훌륭한 것도 없네.[203] 나쁜 일을 허용하는 것보다는 차라리 좋은 일을 저지하는 편이 더 낫네.[204]

19

의사를 진행하는 데 소란이 발생했을 경우에 과실은 회의를 사회하는 자가 짊어져야 한다고 나는 명령하겠네. 이것은 전적으로 현명하기 이를 데 없는 인물 크라수스의 생각에 근거해서 내가 한 말일세. 통령 가이우스 클라우디우스가 그나이우스 카르보의 소요(騷擾)에 관해 보고를 해서 원로원이 의결을 행할 적에 원로원이 따른 것은 다름 아닌 크라수스의 의견이었네.[205] 그에 따르면 인민회를 소집해 의사를 진행하는 인물의 의사에 반대해서 소요가 발생해서는 안 되며, 거부권이 행사된 사안을 두고 소요가 일어나면 권한을 가진 자가 즉각 회합을 정회(停會)할 수 있다는 것이었네. 정식 의안 상정이 전혀 불가능함에도 회합이 계속되어야 한다고 주장하는 자는 폭력을 시도하는 것이므로 이 법률에 의해서 면책특권을 상실하네.

그다음에는 "안 좋은 사안에 거부권을 행사하는 자는 국가의 안녕에

---

203) 법조문: "회의에서는 동등하거나 상위의 권한이 회의를 사회하는 자의 권한보다 우월할지어다."

204) impediri enim bonam rem melius quam concedi malae: 키케로의 명언으로 인용된다.

205) 기원전 92년의 통령 가이우스 클라우디우스(Gaius Claudius [Clodius Pulcher])가 기원전 96년 호민관을 지냈던 그나이우스 카르보(Gnaeus Papirius Carbo)를 소요 혐의로 고발했을 적에 원로원은 기원전 95년에 통령을 지낸 크라수스(L. Licinius Crassus)의 의견을 따랐다는 내용인데 무슨 소요였는지는 확실하지 않다.

이바지하는 시민으로 간주될지어다"라는 조문이 따라 나오지. **43** 거부권을 행사했다가 바로 이 명확한 법률 조항으로 칭송을 받는다면 누가 국가에 이바지하고자 극력 힘쓰지 않겠는가?

이어서 공공 제도와 법률에도 나와 있는 내용이 제기되어 있지. 조점을 존중할 것이며, 공식 조점관에게 순종할지어다. 훌륭한 조점관이라면 꼭 기억해야 할 것이 있으니, 먼저 국가의 중대한 절기(節期)에 반드시 임석해야 한다는 점이네. 두 번째로, 자신은 지선하고 지존한 유피테르에게 시립해 신의 뜻을 해석하는 자이며, 하수인으로 세워져 있음을 명심하고 있어야 하네. 자기가 조점을 칠 때에 곁에 시립하라고 명령을 내릴 만한 사람들이 자기에게 그런 인물로 세워져 있음과 마찬가지로 말일세. 세 번째로, 천계의 일정한 방위(方位)가 자기에게 할당되어 있음과,[206] 그 방위들에서 관찰되는 바를 포착함으로써 국가에 자주 공헌할 수 있네. 끝으로 의제의 공람에 관해, 한 회기(會期)에 한 의제만 다루는 문제에 관해, 정무관에 의해서든 사인들에 의해서든 의안에 대해서 홍보하는 문제에 관해 규정한 법률이 나오네.

44 그러고는 12표법에서 옮겨 쓴 아주 훌륭한 법조문 두 가지가 나오네. 그중의 하나는 특정인을 상대로 하는 사인법을 금지한 것이고, 다른 하나는 시민의 기본권에 관한 법안은 인민회의 총회에 의하지 않고는 의결을 내리지 말라는 것이네. 소요를 일삼는 호민관 제도가 아직 도입되지 않았고 상상도 못하던 시기에 선조들이 후일을 예비했다는 사실은 매우 놀랍네. 사인들을 상대로 하는 법률 곧 사인법을 상정하는

---

206) caelique partes sibi definitas esse traditas: 조점관은 고소(高所, templum: 앞의 각주41) 참조)에서 하늘을 관찰하되(servabant de caelo) 각자에게 하늘의 일정한 방위를 분담해 조짐(omina, ostenta, portenta, monstra, prodigia)을 살피게 했다.

일을 싫어했네.[207] 법률의 효력은 바로 만인에게 구속력을 갖도록 의결되고 명령되는 것이므로, 사인법이라는 것보다 불의한 것이 무엇이 있겠는가?[208] 백인대회에서 다루는 경우가 아니면 개인에 대해 법안을 상정하기를 싫어했다네. 인민은 막연하게 지역구별로 소집하는 편보다는 납세, 반열(班列), 연령을 기준으로 구분되는 편이 투표에서 좀더 큰 분별력을 행사하지. **45** 루키우스 코타[209]는 뛰어난 재능을 갖추고 최고의 현덕을 갖춘 인물로서 우리의 사건을 두고 얘기하면서, 우리를 상대로 해서 합법적 절차를 밟아 이루어진 것은 아무것도 없다고 했는데, 더없이 옳은 얘기였지.[210] 나를 추방하기로 결의한 민회가 노예들이 무장을 하고 에워싼 상황에서 개최되었다는 사실을 제외하고는 말일세. 시민의 기본권에 관한 법안은 지역구 인민회에서 제정되지 못한다는 것과, 한 개인을 상대로 특별법을 제정할 수 없다는 사실을 제외하더라도 말일세. 그래서 코타는 내가 유배에서 귀환하는 데에 아무런 법률적 절차를 필요로 하지 않는데, 그 까닭은 유배를 보낼 적에도 우리를 상대로 아무것도 합법한 절차를 취하지 않았기 때문이라고 발언했지. 여하튼 노예들과 강도들이 어떤 인물을 두고 자기네들이 무엇인가를 결의했다고 말은 하는데, 바로 그 인물을 두고 이탈리아 전체가 어떻게 생각하는지를 보여주는

---

207) 앞의 각주 89) 및 91) 참조.

208) privilegium은 예컨대 폼페이우스에게 미트리다테스 원정군 통수권을 위임하는 Lex Manilia, 기원전 58년에 키케로 본인을 유배보내고(*De domo sua* 47; *Pro Sextio* 65) 다시 소환하는(*Ad Atticum* 4.1.4) 등의 폐해를 키케로가 체험했다.

209) L. Aurelius Cotta: 기원전 70년 법무관으로서 형법재판에 원로원 의원, 기사, 조세선납자들(tribuni aerarii)이 배심원으로 참여하는 법안을 통과시켰다. 카틸리나 음모 분쇄 때 키케로를 지원했고, 기원전 57년 키케로를 유배지에서 소환하는 데 일조했다(*Pro Sextio* 34, 73).

210) cf., *Pro Sextio* 73.

결과가 되었으며,[211] 자네들이나 유명인사들도 그게 더 낫다고 생각했지.

20

46   이어서 뇌물 수수에 관한 법률과 독직(瀆職)에 관한 법률이 나오고,[212] 법률은 말로 효력을 발휘하는 것이 아니라 판결로 효력을 발휘하는 것이므로 "징벌은 죄에 상응할지어다"라는 법구가 첨가되어 있네. 각자는 자기의 악행에 준해 징계를 받아야 하고, 공권력에 대한 폭행은 극형으로 다스려지고, 탐욕은 벌금형으로 다스려지며, 관직을 탐한 죄는 불명예로 다스려져야 하네.

제일 마지막 법률은 우리에게는 통용되지 않지만 공화국에는 필수적인 것이라네. 우리는 법률을 보존하는 기관을 전혀 두고 있지 않았으므로[213] 우리네 보좌관들[214]이 하고 싶은 대로 법률을 보존하는 셈이네. 우리는 서기관들한테 법률의 본문을 신청하는 처지이고 공식 문안으로 날인된 공식 기록소를 전혀 갖고 있지 못하네. 그리스인은 이를 용의주도하게 처리했으니, 그들은 노모퓔라케스[215]라고 하는 자들을 선출해 왔다네. 그들은 법률의 본문만 감시하는 것이 아니

---

211) "(나에 대한 사면을) 각계각층의 사람들이 의외로 환영했고 이탈리아 전국에서 환영하는 군중이 로마로 몰려들었다."(*Ad Atticum* 4.1.4)

212) 법조문: "권좌(權座)에 출마한 동안도, 수행하는 동안도, 수행한 후에도 선물은 받지도 말고 주지도 말지어다."

213) 법조문: "감찰관들은 법률의 원본을 보존할지어다."

214) apparitores: 정무직에는 서기(scribae), 전령(praecones), 집행인(lictores), 집달리(accensi), 배달원(viatores), 비서(statores) 등이 딸려 있었다. 정무관들도 법문을 보려면 서기나 비서에게 물어야만 했다.

215) νομοφύλακες: 일종의 법사위원(法司委員)으로 입안된 법률안을 정리하고 다른 법률들과 상치하는지 검토하는 역할도 했다(Aristoteles, *Politica* [7.8] 1328b~1329a).

고(이 점은 우리 선조들에게도 똑같았지[216]) 사람들의 행실을 감시했고 법률을 준수하도록 촉구해왔네. **47** 우리가 국가에 호구조사관들을 언제까지나 두고자 하는 이상, 이 임무는 호구조사관[217]들에게 맡겨져야 하네. 정무직에서 떠난 사람들도 호구조사관들에게 정무직을 수행하는 동안 무엇을 했는지에 관해서 보고하고 해명해야 하네.[218] 그들에 대해서는 호구조사관들이 예비심사를 해야 하네.[219] 이를 위해 그리스에서도 공식적으로 소추인(訴追人)이라는 제도가 제정되어 실시되고 있네. 다만 그들이 친고인 자격으로 자진해서 나서지 않으면 별다른 비중을 갖지 못했지.[220] 그러니 호구조사관들에게 사유를 보고하고 사건을 제출하는 것이 더 낫네. 그렇지만 전직 정무관들에 대해 법률에 의거해서 고소인이 재판에 회부할 사건은 공소권이 온전히 보전되어야 하네.[221]

하여튼 정무직에 관해서는 넉넉히 토론을 했네, 자네들이 무엇을 더 바라는지 모르겠지만.

아티쿠스: 그래? 비록 우리가 입을 다물고 있기는 하지만 주제 자체가 다음에는 무슨 얘기를 해야 할 것인지 말하라고 자네한테 요구하

---

216) 로마에서는 국고재무관(quaesitores aerarii)이라는 관리가 국가 법률을 보존해왔다(Livius, *Ab urbe condita* 3.55.13).

217) '호구조사관'이라는 명칭은 censeo(세금을 매기다, 감정하다), census(세무조사, 감정평가)를 어원으로 갖는다.

218) 법조문: "정무직에서 이직한 사인들은 감찰관들에게 봉직 기간에 대한 기록부를 제출할지어다. 그렇다고 법률로부터 더 면책되어서는 안 될지어다."

219) praeiudicent: 호구조사관이 정무직 수행 중의 비리를 심사해 민회에 고발할 수 있어야 한다는 키케로의 제안이다.

220) publice constitutis accusatoribus: 아테네에는 상설적인 검찰(檢察)제도가 없어서 피해자와 친고인들(voluntarii)이 고소하지 않으면 기소가 이루어지지 않았다고 한다.

221) "사건에 대한 법률 시효, 공소권, 재판권은 온존해야 한다"고 의역된다.

지 않는가?

마르쿠스: 나한테 말인가? 폼포니우스, 이제는 재판에 관해서인가 보구먼. 물론 그것은 정무직과 결부되어 있지.

48 아티쿠스: 그런가? 자네가 처음에 정한 대로, 로마 인민의 법제에 관해서 아무 말도 안 해도 된다고 생각하는가?

마르쿠스: 이 주제에 입각해서 자네가 요구하고 싶은 것은 무엇인가?

아티쿠스: 내가? 나는 국정을 운영하는 사람들에게 가장 부끄러운 일은 무엇을 모른다고 하는 것이라고 여기네. 자네가 방금 한 말이지만 사람들은 서기관들한테 가서 법률의 본문을 청구하는 지경이지. 또 내가 관찰하기에도 정무직에 있는 사람들 상당수가 법제에 대한 무지 때문에 자기 보좌관들 측에서 상관들이 알고 있기를 바라는 정도로만 알고 있단 말일세. 그러니까 자네가 종교에 관한 법률들을 제안할 적에 사사로운 제의(祭儀)를 거행할 의무의 양도에 관해서 말을 해야겠다고 생각했지.[222] 그와 마찬가지로 자네가 법률로 정무직들을 설정했으니 정무직의 각급 권력들이 갖고 있는 권리에 대해서 자네가 토론을 해야 하네.

49 마르쿠스: 내가 해낼 수 있는 한도 내에서 간략하게 해보겠네. 자네 부친과는 동지[223]인 마르쿠스 유니우스[224]는 이에 관해서 장문으로 책을 썼고 그것을 자네 부친한테 헌정했네. 내 판단으로는 전문적으로 또 치밀하게 집필된 책이네. 우리는 별도로 자연법에 관해서 사유

---

222) 이 책 2.19.47~21.53에 de sacrorum alienatione 문제가 길게 논의되었다.

223) sodalis: 사생활의 동지. collega: 공직의 동료.

224) M. Iunius Congus: 정무직과 그 권한에 관해 *De potestatibus*를 남긴 것으로 전한다. 가이우스 그라쿠스와의 친분으로 그라카누스(Gracchanus)라는 별명이 붙었다.

해야 하고 그것을 우리 입으로 해설해야 하네. 또 우리에게 남겨졌고 전수되어온 대로 로마 인민의 법제에 관해서도 고찰하고 해설해야 하는 처지네.[225]

　아티쿠스: 나도 그렇게 생각하네. 그리고 자네가 지금부터 하려는 말을 기대하고 있네.[226]

---

225) de iure naturae(자연법), de iure populi Romani(로마 국법)이라는 두 큰 주제를 다루겠다고 공언하는데 이 책의 뒷부분은 유실되고 전해오지 않는다.

226) quod dicis exspecto: 이하에 대해서는 몇 편의 단편만 전해온다. 치글러는 5편, Keyes, Rudd는 3편, Zetzel은 2편을 말미에 싣고 있다.

부록: 단편

1. 락탄티우스, 『신적 교양』(*Divinae institutiones*) 3.19.2

"그런데 죽음이 미치는 선익에 관해 토론하는 저 사람들은 진실한 것은 아무것도 모르면서 이런 논리를 편다. 만일 사후에 아무것도 없다면 죽음은 악이 아니다. 악의 의미를 제거해버리는 것이다. 만일〔사후에〕영혼이 잔존한다면 그것 역시 선이다. 불사불멸이 따라오는 까닭이다. 이런 사상을 키케로는 『법률론』에서 이렇게 개진했다 (Cicero de legibus sic explicavit): 우리 스스로 자축하세. 왜냐하면 죽음은 생전에 있는 것보다 더 나은 처지를 가져다주거나 적어도 더 못하지는 않은 처지를 가져다줄 것이기 때문일세. 육체가 없는 채로 영혼이 왕성하다면 그 생명은 신적인 생명일세. 감각을 결하고 있다면 정말 악의 여지가 전혀 없다네."

2. 락탄티우스, 『신적 교양』(*Divinae institutiones*) 5.8.10

"공정(公正)과 선(善)에 대한 무지 때문에 사람들은 사악해진다. 이것은 키케로도 간파했다. 법률에 관해 논하면서(Cicero……
disputans enim de legibus) 그는 이렇게 말했다: 세계가 하나이며 동일
한 자연본성(自然本性)에 힘입어서 서로 조화되는 모든 부분들로 구
성되고 양생(養生)하고 있듯이, 모든 인간들이 자연본성으로 서로 뭉
쳐 있으면서도 사악함으로 인해 다투고 자기들이 혈육을 함께 하고
하나이며 동일한 보호 아래 놓여 있음을 깨닫지 못하네. 만약 이것을
깨우친다면 인간들은 분명히 신들의 생명을 살아갈 것임이 틀림없
네."[1]

3. 마크로비우스,『그리스어 동사와 라틴어 동사의 차이과 유사점
에 관해』(*De verborum Graeci et Latini differentiis vel societatibus*) 3.17.6

"그리스인은 접속법에다 두 시제(時制)를 한데 결합시킨다. 그런
데 때로는 접속법 대신에 직설법을 쓰고 때로는 직설법 대신에 접
속법을 쓰는 것이 라틴인의 특성이다.[2] 키케로는『법률론』제3권
에서(Cicero de legibus tertio) 〔이런 표현을 하고 있다〕: 유용한 것과
무용한 것을 선택하지 못한다면 누가 동맹국들을 보호할 수 있겠는
가?"[3]

4. 마크로비우스,『사투르누스 축제』(*Saturnalia*) 6.4.8

"이 단어 umbracula를 베르길리우스가 처음으로 만들었다고 생

---

1) 치글러는 이 단편을 이 책 1.12.33 하단에 삽입한다.
2) 이하의 si dilectum…… non habebit이라는 문장은 가정문이므로 non habuerit
　이라는 접속법을 써야 옳다.
3) 이 단편은 이 책 3.7.17의 탈락부분에 들어가는 것이 확실하다.

각하는 사람들이 있다. 바로가 『신사론』 제10권에서(Varro rerum divinarum libri decimo) 하는 말대로…… 그리고 키케로도 『법률론』 제5권에서(Cicero in quinto de legibus) 〔이런 표현을 쓴다〕: 태양이 정오를 약간 지나 벌써 기우는 것처럼 보이는데다 이 갓 자란 나무들을 가지고는 이 자리 전부가 응달이 지지 않으니까 리리스로 내려가지 않으려는가? 아직 남은 얘기는 그곳 오리나무 그늘에서 이어가기로 하세."4)

5. 치글러는 락탄티우스, 『신적 교양』 1.20.14의 일부가 본서의 2.17.28의 탈락 부분에서 인용한 것으로 추정한다.

---

4) umbraculum: umbra(그늘, 어둠)의 지소어(指小語)로 키케로에게서 '학교' 또는 '학교 교실'을 가리키는 용법이 나왔다. 앞의 3.6.~14 각주 107) 참조.

옮긴이의 말

　인간은 타인과 더불어 사회생활을 하는 한 법(法) 안에서 살고 있고, 법의 테두리를 결코 벗어나지 못한다. 그러나 막상 법이 무엇이냐고 묻는다면 답변하기가 쉽지 않다. 시대적으로도 법제도의 종류로도 차이가 크기 때문이다. 2000년 전 로마의 석학이요 정치가인 키케로의 눈을 통해서 법의 의미를 다시 한 번 음미해보면 우리나라의 현행법에 관해서는 물론 우리의 준법정신을 성찰하는 기회가 될 것이다.

　키케로의 『법률론』(De legibus)은 원제목이 복수(複數)로 되어 있다는 점에서도 어떤 특정한 법률을 다룬 것이 아니라, 여러 법률을 두고 일반적인 논의를 하고 있음을 짐작할 수 있다. 이 책을 처음 대하는 독자들은 육법전서를 펼쳤을 때의 내용을 연상하다가 곧 그런 선입견과는 무관한 책자임을 알 것이다. 오히려 대화로 엮어가는 이 책자의 전개 방식 때문에, 여태까지 주입식으로 법학을 수업해왔던 사람들은 당혹감을 느낄지 모른다. 키케로의 말마따나 모든 법의 원천은 신에 대한 경외심에서 비롯한다는 표현부터 실정법론에 젖은 우리에게는 매우 생소할 것이다. 실제로 서양 고대사회에서 인간과 집단을 결속시키는 매개체로 종교심보다 더 중요하고 확실한 것은 없었을 테지만, 현대의 지성들도 만인에게 공통된 합리성을 법원(法源)으로 보는 견해에는 동의하면서도 그 법원의 형이상학적 토대로 신적 권위까지 거슬러 올라가는 논지에는 과연 수긍할지 모르겠다.

적어도 서양 법의 원류는 로마법이다. 서양의 법을 수용한 우리나라의 법체계도 멀리 보면 로마법의 체제를 벗어나는 것이 아니어서 시대의 벽을 넘어 세계화의 흐름 속에서 로마법의 보편화가 여전히 진행되고 있음을 우리는 실감한다. 키케로의 『법률론』은 로마인이 제국을 이룬 다음에 확립한 자기 정체성에 비추어 로마시민의 법 관념을 유감없이 보여주고 있다. 그래서 이 소책자는 로마 공화정으로서의 국가의 성격을 이해하는 데 직접적인 자료를 제공하고 있기 때문에 로마사와 로마법을 연구하는 데 중요한 자료가 아닐 수 없다. 과연 로마는 하루아침에 이루어진 것이 아니다. 다만 본서의 핵심이었다고 할 '정무직법'에 대한 해설부분이 유산되어 독자의 기대를 채워주지 못함이 크게 아쉽다.

법학 입문서는 자칫하면 추상적인 규정으로 가득 차 있고 현실과 유리되거나 현실의 경험이 없는 이론가의 글에 불과한 경우가 많으나 키케로는 공화정에서 제정으로 넘어가는 로마의 정치적 격변 한가운데 서서 정치가로서 빛나는 활동을 했고, 법률가로서도 탁월한 변론들을 행해 라틴문학의 가장 위대한 웅변들을 변론서로 남겼다. 이러한 점에서 당시 정치계와 사법계의 최고 인물의 증언을 통해서 듣는 법철학 내지 법학개론 강의는 우리가 강단에서 듣는 것과는 다른 생동감을 전할 것이다.

오늘날 법과 제도는 실용주의를 표방한 도구적 합리성의 바탕에 근거를 두고 있는데 키케로는 그 합리성에 훨씬 심원한 원천을 부여했다. 세계와 만유가 합리적 구조를 갖추고 있으며, 우주적 합리성이 인간에게는 이성(理性)이라는 특유한 빛의 형태로 부여되어 있고,

이 합리성이야말로 신과 인류에 공통된 재산이어서 인간 사회의 온 갖 실정법들은 결국 신의 지성이라는 영원법(永遠法)에서 연원한다 는 스토아 형이상학이 그것이다. 그렇다면 법의 기초가 종교적 경건 이요 따라서 윤리적 가치를 배제한 채로 형식논리가 지배하는 법학 은 인류의 현자들이 기대하던 바와는 매우 다르게 기능할지도 모른 다는 우려를 자아낸다.

라틴어 원문을 직역하는 글이므로 매끄럽지 못한 문장들이 시종일 관 독자들에게 낯설 것이라고 예상한다. 라틴어 원문이 실리는 대조 본이 아님에도 각주에 필요 이상으로 라틴어 원문과 전거들을 열거 한 것은 라틴어문학도에게 행여 도움이 될까 해서다. 간혹 사본에 따 른 원문 해독의 차이까지 열거한 이유가 이것이다. 각 면의 3분의 1에 가까운 각주의 분량 역시 이 분야의 전공자들을 염두에 둔 것이다.

이 번역 작업은 '한국학술진흥재단 2002년도 동서양학술명저 번 역지원'을 받아서 이루어졌다. 이 지원사업은 공주대학교 김창성 교수와 공동으로 이루어졌고 김창성 교수가 키케로의 『국가론』(De republica)을 번역 주해하고 옮긴이가 키케로의 『법률론』(De legibus)을 번역 주해한 다음 함께 윤독하고 보완해서 완성했다. 김창성 교수는 로마 법제에 익숙하지 못한 옮긴이에게 용어를 선정하고 각주를 첨 가하는 데 많은 도움을 주었다. 윤독과 윤문에 참가한 안재원 박사에 게도 감사한다.
'한길사'의 「그레이트북」 시리즈에 편입되면서 초판의 번역문과 각주에 약간의 수정을 가했다.

2020년 11월
지리산 휴천재에서 성염

찾아보기

마르쿠스 툴리우스 키케로(Marcus Tullius Cicero)

키케로는 로마의 가장 걸출한 웅변가이자
라틴 문학의 최고 문장가요 공화정에서 제정으로 넘어가던
로마 정치사 한가운데서 이념적으로 결연하게 공화정을 수호하던 정치가이며,
그리스와 로마로 표방되는 서양 고대문학의 대가 가운데 한 사람이다.
키케로는 기사(騎士)신분 출신으로 로마에서 철저한 교육을 받았다. 그 뒤 아테네와
로도스 섬으로 건너가 철학과 수사학을 연구해 당대에 가장 진지한 로마인
철학자로 활동했다. 탁월한 웅변으로 재무관·법무관·통령을 지냈으며,
통령직에서 이룬 가장 뛰어난 업적으로 자처하기는 카틸리나의 정부 전복 음모를
알아내 그 일당을 소탕한 일이다. 귀족의 공화정을 수호하려는 그의 정치적인
입지는 카이사르와 맞서는 것이었으므로 삼두정치가 출현한 이듬해인
기원전 58년에 유배를 가기도 했지만 폼페이우스의 중재로 귀환할 수 있었다.
내란 중에는 폼페이우스와 원로원을 편들었으며 카이사르가 암살된 이후에는
안토니우스에 맞서 원로원의 입지를 완강하게 수호했다. 안토니우스가 보낸
자객들이 키케로를 피살한 것은, 키케로가 공화정을 회복시켜줄 인물로
기대하면서 적극 옹호하던 옥타비아누스의 묵인 아래 이루어졌는데, 그의
목이 로마 광장 연단에 걸림으로써 사실상 공화정 시대의 종말을 고하게 된다.
키케로는 한 세기에 걸친 로마의 내란기에도 평화를 애호했으나 정치적으로는
원로원의 귀족정치를 옹호하고 평민의 정치 참여와 권리신장을 반대했다.
그의 철학사상을 간추리자면 인식론에서는 회의주의적인 신(新)아카데미아
학파 사상을 견지하면서도 윤리학에서는 우주와 대자연의 이치가 인간 이성에
깃들여 있다는 스토아 학파를 따랐으며, 에피쿠로스 학파 계열의 유물론과
대중의 미신적 종교사상을 배격했다. 생애 중기(기원전 54~51)의 작품이면서
그의 핵심 정치사상이 담긴 『국가론』『법률론』에서 그는 로마 공화정 역사에
비추어 본 이상국가론, 로마의 정치 파국을 막아보려는 진지한 충언,
인간 존엄성의 천명, 인간 개개인이 인류와 우주에 참여하는
존재라는 보편사상을 피력하고 있다.

성염(成稔)

성염은 1942년생으로 가톨릭대학교 신학부와
광주가톨릭대학교 대학원을 졸업하고 로마 교황립 살레시안 대학교
고전문학과에서 라틴문학 박사학위를 받았다.
한국외국어대학교 철학과 교수와
서강대학교 철학과 교수를 역임하고 주교황청 한국대사를 지냈다.
우리신학연구소 소장 및 이사장, 한국서양고전학회 회장, 서강대학교 철학연구소장,
등으로 활동했다. 정년퇴임 논문집 『빛을 찾아서』가 간행되었고,
저서로는 『古典 라틴어』 『라틴-한글 사전』 『라틴어 첫걸음
「라틴-한글사전」(공동편집)』 『종교다원주의 시대의
기독교와 종교적 관용』(공저) 『인간이라는 심연』(공저) 『철학적 신론』(공저)
『단테, 제정론』 『피코 델라 미란돌라, 인간 존엄성에 관한 연설』 『평화의 철학』(공저)
『세계화의 철학적 기초』(공저) 등이 있다.
역서로는 아우구스티누스의 『그리스도교 교양』 『참된 종교』
『자유의지론』 『고백록』 『신국론』 『삼위일체론』 등이 있다.
아우구스티누스의 『신국론』 역주로 서우철학상(2004)을 받았고,
『삼위일체론』 역주로 한국가톨릭학술상(2020)을 받았으며
교황청 성비오 대십자훈장(2007)을 받았다.

법률론

지은이 마르쿠스 툴리우스 키케로
옮긴이 성염
펴낸이 김언호

펴낸곳 (주)도서출판 한길사
등록 1976년 12월 24일
주소 10881 경기도 파주시 광인사길 37
홈페이지 www.hangilsa.co.kr
전자우편 hangilsa@hangilsa.co.kr
전화 031-955-2000~3 팩스 031-955-2005

부사장 박관순 총괄이사 김서영 관리이사 곽명호
영업이사 이경호 경영이사 김관영 편집주간 백은숙
편집 김대일 노유연 김지연 김지수 최현경 김영길
마케팅 정아린 관리 이주환 문주상 이희문 원선아 이진아
디자인 창포 031-955-2097
CTP출력·인쇄 영림 제본 영림

제1판 제1쇄 2007년 10월 15일
제1판 제3쇄 2013년 12월 5일
개정판 제1쇄 2021년 5월 28일

값 27,000원

ISBN 978-89-356-6493-1 94080
ISBN 978-89-356-6427-6 (세트)

한길그레이트북스 인류의 위대한 지적 유산을 집대성한다